やってみよう！

実証研究入門

心理・行動データの
収集・分析・レポート作成を楽しもう

古谷嘉一郎・村山　綾　編

ナカニシヤ出版

はじめに

本書は，心理学的なレポート，報告書，卒業研究の執筆等に際して必要な知識となる，(1) 人からデータを収集する際の心構え，(2) アカデミックライティング，(3) 心理統計の基礎，に加え，代表的な心理学研究法（実験法，質問紙調査法，観察法，調査的面接法，フィールド研究，二次分析）の特徴をコンパクトに説明したうえで，実際に読者のみなさんにさまざまな研究法を用いた実習課題（やってみよう実証研究）に挑戦してもらうための「素材」を提供する1冊です。非心理系学部や学科に所属しながらも，大学のゼミなどで心理学を学ぶ学生さんや，学び直しの社会人のみなさん，心理学的な実験や調査に興味があるけれど，「実験や調査の本ってハードルが高くてつらい」とお考えのみなさんにとって，特に役立つ内容となるように構成しました。また，心理系学部・学科に所属し，大学のカリキュラムを通して心理学を学ぶ学生のみなさんも，研究法や実習の授業で学習した内容の復習素材として本書を活用できるでしょう。そして最後に，限られた時間や授業回数の中で，効率的に心理学の知識やスキルを教えたいと考える教員の方にもぜひ本書を手にとっていただきたいと考えています。以下より，本書を編むことになった経緯や，本書の特徴についてさらに詳しく説明したいと思います。

編者は，心理学を専門としながら，非心理系学部・学科に籍を置く大学教員として，日々を過ごしています。そして，あるもどかしさを抱きつつ教育活動を続けています。それは「限られた時間の中で，学生のみなさんに心理学の研究方法や楽しさを伝え，実際に研究に挑戦してもらうにはどうすればいいのだろう」と苦慮するときのもどかしさです。心理学に関わる講義，実習，演習を行い，レポートや卒業論文の指導を行うなかで，「ここはこう説明した方がいいなあ，ゼミの課題はこう改善しよう」などと試行錯誤を続けるものの，3 月ないしは 9 月に指導学生は卒業し，新しい学生がやってきます。そしてまた，試行錯誤を重ねてウムムと唸る日々が続いてきました。

こういった背景には，非心理系学部・学科におけるカリキュラムと心理系ゼミでの指導内容との間の整合性の問題があります。心理学を専門とする教員は，必要に応じて法学部，経済学部，経営学部，国際学部などに所属しています。そして，そのゼミ生たちは心理学的な研究方法を土台とした卒業研究を行うことが多いでしょう。心理系学部・学科であれば，卒業研究を始める前段階において，研究法や実習の科目を体系的に，時間をかけて学ぶためのカリキュラムが用意されています。一方，非心理系学部・学科では，カリキュラムの一環として心理学を体系的に学ぶ機会をなかなかもてないのが現状です。そのようななかで，心理学を専攻する学生と同程度のクオリティで卒業研究を仕上げようとする試みは，教員，学生の双方にとって非常にチャレンジングであると言えます。

事実，非心理系学部・学科に所属する多くの心理系教員，学生が，心理学的な研究方法を用いた研究や卒業論文にチャレンジし，そして「知識やスキルを身につけるにあたって，もう少し効率化できる部分があるのではないか」という歯がゆさを経験してきました。編者のみではなく，同じような立場の心理系教員からも「まだまだ工夫はできるように思うけれど，学部・学科内に心理系の教員が一人しかいないと難しい」という声も耳にします。そこで私たちは，心理学の研究法やそれに付随して必要となる知識やスキルを効率的に身につけるため，これらの必要最低限の情報をコンパクトにまとめた 1 冊を編む挑戦をしました。そして，本書のタイトルには「実証研究」を付けました。実証研究という言葉の定義は深遠であり，その定義を追っていくとその深さに魅了されそうになります。しかしここでは，量的，質的なデータを用いて検討するという意味合いを主として考えました。そのため，実証研究とは何かという議論は一度横に置かせてください。

本書は，実証研究入門編と実証研究実践編の 2 部構成です。第 1 部となる「実証研究入門編」には，3 つの軸があります。最初に，心理学を中心とした，「人」を対象にした研究をするうえで最低限理解しておいてほしいことに触れています（第 1 章)。「アンケートを取ってみよう」とスタートを切る前に，少し落ち着いて読んでほしいと思います。次に，アカデミックライティングです（第 2 章)。ここではレポートや卒業研究執筆，ひいては，社会人でも通用する「書くこと」のスキルの大切さの理解と構築を目指します。なお，2.5 章として，6 つの研究方法を紹介しています。2.5 章とした理由は，各研究方法の紹介はごくごく簡単なものに過ぎず，ぜひみなさんには次のステップとして新しい書籍や資料にあたっていただきたいという想いからです。そして最後は，心理統計のエッセンスです（第 3 章)。複雑なモデリングの紹介等ではなく，記述統計，推測統計の考え方，ならびに初学者が挫折しがちな，統計的仮説検定の基本的な流れの説明が中心になっています。以上の軸は，「人」を対象にした心理学以外の研究でも，なくてはならない知識やスキルであると編者は考えています。第 2 部となる「実証研究実践編」では，代表的な 6 つの研究法（実験法，質問紙調査法，観察法，調査的面接法，フィールド研究，二次分析）それぞれに 2 つの実習テーマを用意し，つまずきがちな方法や結果の記述を例示しました。

本書の実践編はすべてこなしていただいても構いませんし，必要な箇所をうまく使っていただいても構いません。本音を言えば，すべて目を通していただきたいところですが，時間は限られています。本書を有益にお使いください。辞書がわり，または研究のテンプレートとして利用いただいても構いません。一方で，この本だけでは物足りない，内容が不足しているとお思いの方もおられると思います。大歓迎です。新たな資料，書籍を活用し，さらなる実証研究の深みにはまっていただきたいと思います。

本書をお使いになってくださった方にとって，本書がさまざまな面で役立つことを期待しています。たとえば，学生のみなさんには，演習やゼミのレポート，卒業論文執筆で役立つ実践的なスキル，（めんどくさい心理学の）実証研究の論文やレポートを書き上げた！ という経験そのものや，その経験から生まれる自信を提供できると考えています。さらには社会人になっても，論理的で読みやすい報告書が書けるなど，種々の場面で本書が役立つことをイメージしています。また，教員のみなさんには，「学生たちが頑張ってレポートを書いてくれた！」「効率的な指導を行うことで自分自身の研究時間が増えた！」といったように，ちょっとしたことでもいいので役立てばいいなと思っています。

なお，執筆を快諾くださった先生方は，本書の執筆にはなくてはならないメンバーです。アカデミックライティング，心理統計， 6 つの研究手法は，それだけで数冊の書籍が書けるほど奥深いテーマです。担当いただいた先生方には，それらのテーマのエッセンスの中のそのまたエッセンスという形で，必要な情報をコンパクトに，そして魂を込めてまとめていただきました。この場をお借りして，編者からの無理難題に応えてくださった著者の先生方にあらためて感謝申し上げます。また，本書の執筆にあたり，ナカニシヤ出版の山本あかね様，宍倉由高様には大変お世話になりました。2019 年 12 月 31 日の京都での打ち合わせからスタートし，2 年強をかけたロングランでした。お二人の連携がなければ本書は完成しませんでした。本当にありがとうございました。加えて，「やってみたい！」と本書を思わず手にとりたくなるようなカバーと表紙デザインを提案してくださった重実生哉氏にも感謝します。そして，この本を生みだすまでの 2 年強の間に，著者，編集者メンバーにたくさんの命が生まれました。その子たちがすくすく育ちますことを祈っております。

さて，少し長くなりました。それでは早速，実証研究を体験してみましょう！

古谷嘉一郎・村山綾

目　次

第 2 部　実証研究実践編

★のついている章は，下記URLの本書ページよりデモデータをダウンロードいただけます（ページ下部をご覧ください）。ぜひデモデータを使って実際に分析をやってみてください。

URL : http://www.nakanishiya.co.jp/book/b600322.html
パスワード：yattemiru?2022

第 1 部　実証研究入門編

良い研究を行うために

村山　綾

はじめに

「心理学」と聞くと，「人の心を読むための学問」とか，「目の前の相手をコントロールするための学問」と考えている方がいるかもしれません。しかしそれは大きな誤りです。心理学は，社会科学分野の学問です。米国科学振興協会（1989）は，「すべてのアメリカ人のための科学（Science for All Americans)」において，科学を，（1）証拠（データ）に基づく主張であること，（2）仮説と理論を用いていること，（3）証拠と結論をつなぐ適切な推論がなされていること，と定義しています。心理学でも，観察したり測定したりして得られたデータを分析し，先行研究で示された理論や知見に基づいて事前に立てておいた仮説の確からしさを検証します。測定の対象は，心を一定程度反映しているであろう，「行動」です。この一連の過程において，(1) 正しい手順に沿ってデータを収集するスキル（心理学研究法：第 2.5 章，第 4 ～ 9 章)，(2) 収集したデータを分析し，得られた結果を解釈するスキル（心理統計法：第 3 章)，得られた結果をレポートにまとめるスキル（アカデミックライティング：第 2 章）は欠かせません。本書では，これら 3 つのスキルを効率的に磨き上げていくための素材を提供しています。

心理学的な研究に挑戦するにあたって，上述した 3 つのスキルを磨き上げていくことはもちろん重要です。しかしその前に，みなさんに知っておいてほしいことがあります。それは，研究する者が向き合わなければならない倫理的な指針についてです。近年は Google form などの便利な道具が増えてきて，人からデータを収集するための道具に誰もがアクセスしやすくなりました。これは大変素晴らしいことです。ただしその反面，人からデータを収集する前に考え，解決しておかなければならない多くの事項について，十分な検討がないままにデータを収集し始めるケースも増えています。本章では，良い研究レポートを仕上げるために必要な，研究者としての姿勢や，人からデータを収集する際に守るべきルール，そしてそのプロセスについて説明します。ここで言う研究者というのは，それを生業にしている専門家のみのことを指しているわけではありません。履修中の科目で心理学的な研究を実施する学生や，人からデータを収集し，報告書を仕上げる社会人の方も含みます。何かしらの仮説を立てて，その仮説を検証するためにデータを収集し，分析する過程を経験する人すべてが「研究者」なのです。

1．データを取る前に

先程も少し触れましたが，ここで筆者が過去に見たことのある，十分な検討がないままに作成されたであろう，オンライン等で実施されるアンケート(調査)の例をいくつか紹介します。

- **調査主体に関する情報が一切掲載されていない**……誰が調査の責任者なのか，何か問題が発生したときにどこに連絡したらいいのかが，まったくわからないようなアンケートを実施してはいけません。オンラインショッピングをする際に，販売側の住所や連絡先，代表者が示されていない店を信頼できるでしょうか。おそらく，不安に思って購入を控えたり，そのような情報がしっかり明記されている別の店を探したりするのではないかと思います。アンケートについても同じで，調査主体がわからないと回答者は不安になります。回答者からの信頼を得るためにも，誰がどのような責任のもとにデータを収集しているのか，研究する側はしっかりと情報を明示する必要があります。

・**データ収集に関する同意を回答者から得る手続きが抜けている**……人からデータを収集する場合，どのような形であれ，事前にその内容や目的を説明し，データ収集に対する同意を得る必要があります。

・**回答者の属性に関する項目がまったく含まれていない**……性別や年齢など，回答者の属性を確認する項目を用意しておかないと，どのような人が回答したのかがまったくわかりません。たとえばキャッシュレス化についての態度や印象を尋ねるアンケートを実施したとしましょう。自らの収入に基づいてクレジットカードを持つことができる社会人と，現金決済が中心の大学生とでは回答傾向がまったく異なってしまうかもしれません。研究の内容によって尋ねるべき属性の項目は異なりますが，事前に検討したうえで，属性に関するデータをしっかりと収集する必要があります。

・**結果に関するフィードバックの方法が明示されていない**……回答者が希望する場合，分析で得られた結果を報告するなどの社会的な還元が必要です。たとえ謝金を渡して参加してもらった研究であっても，データを取りっぱなしにしてしまうのではなく，最後まで透明性の高いコミュニケーションを提供しなければなりません。手段としては，結果のフィードバックを希望する場合に限って email アドレスの情報を共有してもらう，分析結果を公表するための Web ページをあらかじめ作成しておき，データ収集時にその情報を示しておく，などが考えられるでしょう。

これらはすべて，人からデータを取る研究を行う際に必要最低限守られるべき事柄が守られていなかった例です。残念なことに，このような事柄に関して事前の検討なしに，「なんとなく」アンケートを作って実施するというケースが増えているように思います。その理由としては，先ほど説明したように，アクセスしやすいツールが増えたことも大きいでしょう。いきなりアンケートページを作成するようなやり方は，まだ何も食材や調味料がそろっていないのにフライパンを火にかけるようなものです。また，せっかく時間を割いて作成したアンケートが，あとになってその内容に不備があり研究報告に使えないとなってしまっては困ります。では，データを取る前に，具体的にどのようなことを考える必要があるのでしょうか。研究参加者との信頼関係構築の流れや同意書の具体的内容といった研究倫理的な側面について，もう少し詳しく見ていきましょう。

2．研究参加者との信頼関係の構築

[1] 参加者の心身の安全の確保

すべての科学的研究を行ううえで，倫理的問題は考慮される必要があります。中でも，人を研究対象とする医学や心理学においては，この問題を避けて通ることはできません。大学などの研究機関では，倫理委員会と呼ばれるチェック機構があり，所属する研究者などから提出された研究計画書の内容を事前に審査します。そしてそこで承認されて，ようやく研究を実施できるようになります。近年では，倫理委員会の審査を受けずに実施した研究結果をまとめた論文は掲載を認めないという学術誌が大半を占めています。この本の読者のみなさんは，これから実証研究を始めようとする方々なので，倫理委員会による審査プロセスを経験したことはないかもしれません。また，今後，倫理委員会の審査を受けることもないかもしれません。しかし，どのような立場であれ，人からデータを取り，分析し，結果を公表するのであれば，これから説明するようなことを遵守しなければならないと考えてください。

倫理委員会ではさまざまな側面から研究の審査を行いますが，研究内容が参加者の心身の安全を脅かさないかどうかという点において，特に注意を払った審査が行われます。社会心理学の古典的研究の1つである，権威への服従について検討したミルグラムの実験（Milgram, 1974）を通してこのことについて考えてみます。ミルグラムは「記憶に及ぼす罰の効果」を検討する実験として，参加者を一般から広く募集しました。実験では，教師役と生徒役が設定されました。実際のところ，真の実験参加者は必ず教師役に割り当てられることになっていました。生徒役は実験協力者であり，ミルグラムが事前に指示した通りの振る舞いをするように決まっていました。真の実験参加者は，たまたま自分は教師役に割り当てられたと認識して，実験に参加したということになります。

教師役の参加者は，出題する問題に対して生徒役が誤答するたびに，電気ショックを与えるスイッチを押すように実験者から指示されます（参加者は本当に電気ショックが流れるのだと信じていますが，実際には電流は流れていません）。そして，誤答が続くと電気ショックの強さを上げるように伝えられます。電気ショックを与えるための機器には，最大で450ボルトを示すスイッチが用意されていました。生徒役の実験協力者は間違い続け（もちろん，事前の指示どおりに，わざと間違えています），与えられる電気ショックが強くなっていきます。生徒役は，あたかも電流が流れているかようにに振る舞い，苦しみもがきます（実際は演技です）。与える電気ショックが強くなるにつれて，当然ながら参加者は「もうスイッチを押したくない」と実験者の指示に抵抗し始めます。しかし実験者が「いいから続けてください」「続けることが絶対に必要です」などと命令します。教師役の参加者が，実験者による複数回の促しにもかかわらずスイッチを押すことを拒否し続ける，もしくは最大の450 V（致死レベル）のスイッチまで押した時点で，実験は終了です。分析の結果，65% 近くの参加者が，いくらかの抵抗を示しながらも最大の450 Vのスイッチを押したことが明らかになりました。以上のように，ミルグラムは，立場が上の人から命令されると，たとえそれが他者を傷つけることになろうとも，その命令に服従しやすい傾向を実験で明らかにしたのです。

これとまったく同じ手続きを踏む実験は，現在は行えません。なぜなら，この研究の参加者には実験中に多大なストレスが与えられたと推察されるからです。たとえ実際には電流が流れていなかったとしても，自分の押したスイッチによって，450 Vものショックが目の前にいる人に与えられたと思い込まされることは，参加者の心身の安全を著しく脅かしています。当時は倫理委員会のような機関はまだ十分に整備されていなかったこともありますが，参加者を精神的，物理的に傷つけるような研究は計画してはなりません。実験以外にも，たとえば調査などで回答しにくいプライベートな内容を尋ねたり，トラウマになりかねないような内容を含んだりしていないかという点にも注意を払う必要があります。

[2] 研究参加の同意

人を対象とした実験や調査を行う際には，その内容や，参加者（実験／調査参加者，または研究参加者と呼ぶこともあります）が被る可能性のある不利益について，事前に参加者に対して説明します。これをインフォームド・コンセントと言います。病院で手術を受ける際に，医師から手術の詳細や，起こりうるネガティブな結果（麻酔による昏睡状態など）の説明があり，その後，同意書にサインをするという手続きがあります。それらと目的や手順は同じです。心理学的な研究でも，インフォームド・コンセントを行ったあと，参加者に対して研究参加の同意書に回答を願い出るという流れが一般的です。同意書には以下のような内容が一般的には含まれます。第7章にも同意書の具体的な例が示されていますので，ぜひ確認してください。

(1) 協力に対する感謝
(2) 研究の目的
(3) データの取り扱い
(4) データ使用に関する同意の範囲
(5) 同意の日付とサイン
(6) 研究結果の公表に関する情報
(7) 問い合わせ先

[3] 事後説明の重要性

本来であればインフォームド・コンセントにおいて実験の真の目的を伝えるべきですが，あえて別の(つまり実質的には虚偽の)説明をすることがあります。これをデセプション(deception）と言います。ミルグラムの実験でも，参加者には当初真の目的（権威への服従に関わる検討）とは異なる，表向きの実験目的（記憶に及ぼす罰の効果の検討）が伝えられました。特に社会心理学の実験では，真の目的を事前に参加者に伝えることで，測定するデータが大きくゆがんでしまうことがありえます（事前に「電流は実際には流れていません」と参加者に伝えてしまったら，測定したいことを測定できないであろうことは想像できます)。このように，実験や調査の目的上，どうしても参加者を騙すような形になった場合は，セッション終了後，必ず真の目的を研究参加者に説明します。これをデブリーフィング（debriefing）と言います。

ミルグラムの実験でも，デブリーフィングは慎重かつ丁寧に行われました。具体的には，実際に電流は流れていなかったことを，生徒役の実験協力者の様子を見せたり，生徒役が痛がる様子はすべて演技であったと伝えたりすることで十分に理解してもらいました。実験者の指示に従って強い電気ショックを与えた参加者には，多くの人が同じ行動を取る（つまり，権威に服従する）ことを説明しました。また，実験者に抵抗し，服従を拒否した参加者には，あなたは正しいことをしたのだということを十分に説明しました。加えて実験終了後も，フォローアップを兼ねた追跡アンケートを実施しました。実験中に参加者に与えたストレスの強さを考えると，この研究には改善すべき点が多くあります。しかし事後説明において，できる限りのフォローをしようとした点は，参考になるでしょう。

[4] 個人情報に関わるデータの管理

実験や調査で得られたデータや同意書は，研究実施者が責任を持って管理しなければなりません。その最も大きな目的は，研究に協力してくれた参加者の個人情報を保護するためです。紙面でデータを収集したのであれば，質問票や同意書は，鍵付きのロッカーなど，セキュリティの高い場所に保管します。いつ収集したどのようなデータであるかがわからなくなると大変なので，識別情報も付記しておきましょう。電子データは，パスワード付きのハードディスクドライブ等に保存し，バックアップもしっかりと取っておきます。分析結果を公表するという観点で言うと，参加者から直接得たデータは，その研究を実施した証拠になるので，しっかりと保管しておく必要があります。当然のことながら，研究を通して得られたデータは，その研究の目的以外に使用してはいけません。

ここまでで，人を対象とした実証研究を行うにあたり守るべき倫理的指針について，ごく手短に説明をしました。オンラインで誰でも閲覧できる，日本心理学会による倫理規定（日本心理学会, 2009）では，研究法ごとにさらに詳細な倫理的指針をまとめています。研究を計画する前に，ぜひ一読してください。

 3．得られた研究知見の再現可能性

最後に，得られた研究知見の再現可能性の問題についても触れておきます。冒頭でも説明したとおり，心理学は社会科学です。したがって，ある研究で得られた結果が，別の研究者によって再現できるということは当然担保されるべきであり，そのことが研究知見の信頼性を高めます。しかし近年，著名な研究者によって示された研究結果や，その意外性などで話題になった研究結果を，他の研究者が再現できないという問題も指摘されています。心理学の研究の多くは推測統計に基づいて検討するため，「偽陽性」（本当は有意な結果ではないのに有意であるとしてしまう：第一種の過誤（詳細は第3章 p. 58））によって，仮説が支持されることもありえます。また，「問題のある研究実践(Questionable Research Practices；QRPs(John et al., 2012)」を通して，偽陽性の結果が意図的に生み出されることもあります。QRPs の代表例としては，有意な（仮説を支持する）結果が得られたところでデータの収集をやめる，有意な（仮説を支持する）結果だけ報告する，などです（池田・平石, 2016）。また，データ分析を行ったあとに仮説を構築したり，より悪質なケースとしてデータの改変や改ざんを行ったりして，あたかも意味がある結果が得られたかのように記述するケースも報告されています。得られた研究知見を，広く社会で共有し，現実場面に応用していくためにも，このような問題にしっかりと向き合う必要があるでしょう。

再現可能性問題に対する1つの解決策として，過去の研究知見に対する積極的な追試（再現研究）が挙げられます。研究する側にとっては，これまでにわかっていない，新しい知見を世に送り出す方に，大きな魅力を感じるかもしれません。しかし，得られた知見が広く，長期にわたって社会で活用され，実質的に機能するためには，追試による研究結果の再現可能性についても同時に検討されるべきでしょう。本書においても先行研究で得られた知見を対象にして，少し条件を変えたり，現在の社会状況に合わせたりして追試を行うことを目的とした章をいくつか用意しています（もちろん，追試に失敗したからといってその研究が即否定されるわけではありません（第二種の過誤（詳細は第3章 p. 58）））。

魅力ある追試を紹介しましょう。同じような実験内容で研究を再現することはできないと説明したミルグラムの服従実験について，工夫をこらした追試研究が発表されました（Burger, 2009）。この追試は，(1) 二段階の参加者スクリーニングを実施（精神疾患の既往歴を確認したあと，抑うつ尺度へ回答を求め，基準を満たしたものを参加者としました），(2) 電気ショックの強さを最大 150 V にする，(3) 実験者役を臨床心理学の専門家に担わせる，(4) 途中でやめてもいいことを3回伝える，(5) サンプルショックを 15 V にする（ミルグラム研究では 45 V），のように，倫理的配慮を改善し，倫理審査の基準を満たしました。電気ショックの上限がオリジナルの研究と大きく異なりますが，実はこの 150 V は，ミルグラムの実験において，実験協力者である生徒役が「痛いからやめてくれ」と最初に言い出すポイントでした。また，この 150 V のスイッチを押した参加者は，かなりの率で 450 V のスイッチを押すことも示されていたので，このポイントでの比較には一定の妥当性があると言えるでしょう。

結果は表 1-1 のとおりです。追試条件は，上記で示した変更点以外，極力ミルグラムの研究の手順に沿ったものです。一方，拒否条件は，もう1人実験協力者が真の実験参加者と同じ「教師役」として参加し，2人で電気ショックのスイッチを押す係を担うというものです。その実験協力者が，「もうスイッチを押すのは無理です，やめます」と発言したあとに，実験参加者がスイッチを押すよう促された際に，どう反応するかを検討しました。その結果，ミルグ

表 1-1　バーガーによる追試研究とミルグラムの研究の比較（Burger, 2009）

行　動	追試条件	拒否条件	Milgram（1974）
150 V もしくはそれより手前で中止した参加者	12 人（30.0%）	11 人（36.7%）	7 人（17.5%）
150 V 以降も継続した参加者	28 人（70.0%）	19 人（63.3%）	33 人（82.5%）

ラムの研究よりも 150 V のスイッチを押した参加者の割合は少なくはありますが，半分以上の人が実験者の指示に従いました。倫理的な配慮の欠如から，もう追試はできないと考えられていたミルグラムの研究を実にあざやかに追試し，オリジナルの研究から 35 年経ってもなお，人は権威に服従しやすいことを示したのです。

4. ま と め

本章では，これから実証研究に挑戦しようという読者のみなさんに，まず考えてほしいことについて大まかに説明しました。心理学は社会科学であること，研究実施のプロセスを確認し，参加者との信頼関係を構築する手続きを踏むこと，得られたデータにしっかりと向き合うこと，そして，得られた研究知見の信頼性を高める努力を惜しまないこと，を十分に理解したうえで，実証研究の奥深さや面白さをぜひ経験してください。

■ 引用文献

American Association for the Advancement of Science（1989）. *Science for all Americans : A project 2061 report on literacy goals in science mathematics, and technology.*（日米理数教育比較研究会（編訳）（2005）. すべてのアメリカ人のための科学：科学，数学，技術におけるリテラシー目標に関するプロジェクト 2061 の報告書）
Retrieved from〈http : //www.project 2061.org/publications/sfaa/SFAA_Japanese.pdf〉（2021 年 9 月 21 日閲覧）

Burger, J. M.（2009）. Replicating Milgram : Would people still obey today? *American Psychologist, 64,* 1-11.

池田 功毅・平石 界（2016）. 心理学における再現可能性危機：問題の構造と解決策　心理学評論, *59,* 3-14.

John, L. K., Loewenstein, G., & Prelec, D.（2012）. Measuring the prevalence of questionable research practices with incentives for truth telling. *Psychological Science, 23,* 524-532.

Milgram, S.（1974）. *Obedience to authority.* New York : Harper & Row.（ミルグラム，S.　山形浩生（訳）（2012）. 服従の心理　河出書房新社）

日本心理学会（2009）. 公益社団法人日本心理学会倫理規定
Retrieved from〈https : //psych.or.jp/wp-content/uploads/2017/09/rinri_kitei.pdf〉（2021 年 9 月 21 日閲覧）

アカデミックライティング

冨永敦子

はじめに

初心者のレポートを読むと，何を言いたいのかがよくわからないということがあります。なんてもったいない！　頑張ってデータを集め，分析し，おもしろい結果も出たのに，それを読者に知ってもらえないなんて，とても残念なことです。なぜ，初心者のレポートはわかりにくいのでしょうか？　それは書き方を知らないからです。この章では，読者に研究内容をきちんと伝えることができるレポートの書き方を学びます。レポートの各章には何を書くのか，言葉の使い方，文の書き方，パラグラフの組み立て方，引用・引用文献表の書き方の順に学んでいきます。

1．実証研究のレポートの構成

実証研究では，先行研究をもとに，研究の問い，あるいは仮説を立てます。この研究の問い／仮説に答えることが研究目的です。たとえば，

> 研究の問い：食器皿の色は食欲にどのような影響を与えるのか
> 研究目的　：食器皿の色が食欲に与える影響を明らかにする

研究の問い／仮説を確かめ，研究目的を果たすために，実験・調査・観察・面接・フィールドワークといった研究手法を使って，データを集め，分析します。そして，問い／仮説に対する答えを導き出し，研究目的を達成します。

レポートには，先行研究から問い／仮説に対する答えまでを正確にわかりやすく書きます。良いレポートの条件として以下が挙げられます。

・必要な先行研究が示されている（序論，もしくは問題）
・研究の問い／仮説，研究目的が示されている（序論，もしくは問題）
・信頼できる方法により，データを適切に集めていることが示されている（方法）
・信頼できる方法により，データを適切に分析していることが示されている（結果）
・結果を十分に検討し，研究の問い／仮説に対する答えを示している（考察）

実証研究のレポートは，表題，要旨，序論（問題），方法，結果，考察，結論により構成されます（図 2-1）。実験・調査・観察・面接・フィールドワークといった研究手法によって「方法」「結果」「考察」の各章は，書くべき情報が異なります。それぞれの研究手法の具体的な書き方は，本書の第 2 部実践編を参照してください。この節では，表題，要旨，序論（問題），方法，結果，考察，結論の一般的な書き方について紹介します。

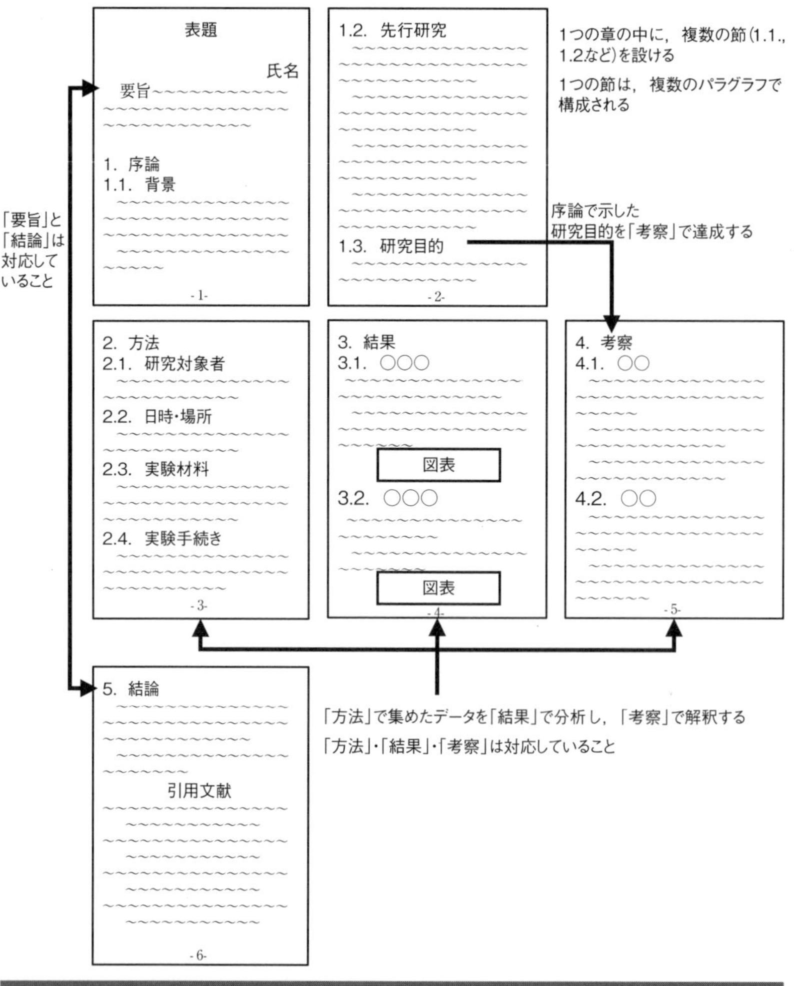

図 2-1　実証研究レポートの構成

[1] 表　題

表題には，その研究のキーワードを入れ，読者が研究内容をイメージできるようにします。キーワードには，研究の対象，変数，研究に用いた手法や理論，研究で何を行ったのか，などがあります。

例 A　大学生の学習に関するレジリエンス尺度の開発
例 B　食器皿の色が食欲に与える影響
例 C　食器皿の色は食欲に影響を与えるのか

例 A では，「大学生の学習」が研究の対象，「レジリエンス」が心理学の理論を示しており，「開発」を行ったことを示しています。例 B では，「食器皿の色」が独立変数，「食欲」が従属変数を示しており，「影響」を調べたことを示しています（p. 35 の脚注参照）。例 C のように，疑問文の形で研究の問いを表題に書く場合もあります。

良い表題を付けるのはなかなか大変です。先行研究の論文の表題を参考にすると良いです。

[2] 要　旨

要旨は，「抄録」「あらまし」「アブストラクト」と呼ばれることもあります。要旨の目的は，読者にこの研究の概要を知ってもらうことです。研究の概要として，以下の内容を書きます。

・何のために，誰を対象に，何を行ったのか？
・どのような結果が得られたのか？
・その結果から何が言えるのか？

要旨は，「方法」「結果」「考察」の要約ですから，これらの章を書き終えたあとに書きます。

[3] 序論（問題）

序論の目的は，「なぜ，この研究を行うのか？　この研究で何を明らかにするのか？」を読者に知ってもらうことです。研究の背景，先行研究，研究の意義，研究の問い，研究目的，仮説，専門用語の定義，レポートの構成，などを述べます。

序論の展開の仕方として，S･C･Q スタイルと，ホップ･ステップ･ジャンプスタイルを紹介します。

S･C･Q スタイルは，向後（2016）が推奨している方法です。Situation（状況），Complication（複雑化・焦点化），Question（問題）の順に展開するので，その頭文字をとって S･C･Q スタイルと呼ばれています。

表 2-1 の展開例を見てください。まず，Situation で「日本人の英語能力向上」という大きなテーマを掲げ，Complication で「学習方法の一つである分散学習」に焦点化し，テーマを絞り込んでいます。そして，Question で「分散学習は，大学生を対象とした英語学習においても効果があるのであろうか。」という研究の問いを示し，「本研究では，実験計画法を用いて，大学生を対象に，英語学習における分散学習の効果を明らかにすることを目的とする。」という研究目的を示しています。

表 2-1　S･C･Q スタイル

	向後による解説	展開例
Situation（状況）	社会一般の状況を述べる。社会で何が問題となっているのか。なぜ問題なのか。	英語を社内の公用語にする日本企業が増えている。その一方で，日本人の英語能力は十分とは言い難い。英語能力を向上させるには，学習方法に一層の工夫が必要である。
Complication（複雑化・焦点化）	上記の社会一般の状況の中で，この論文で扱うテーマに焦点化する。	学習効果を高める学習方法の一つに「分散学習」がある。分散学習とは……（分散学習とは何か。分散学習は学習効果が高いことなどを説明）
Question（問題）	この論文における問題提起（問い）および目的を述べる。	前述より，分散学習は学習効果が高いことが示されたが，大学生を対象とした英語学習においても効果があるのであろうか。本研究では，実験計画法を用いて，大学生を対象に，英語学習における分散学習の効果を明らかにすることを目的とする。

ホップ･ステップ･ジャンプスタイルは，見延（2008）が推奨している方法です（表 2-2）。このスタイルは，簡単に言うと「先行研究によって○○は明らかになっている。しかし，●●についてはまだ明らかになっていない。だから，本研究で●●について研究する」という展開です。

「●●がまだ明らかになっていない」と主張するには，先行研究をよく調べる必要があります。また，「●●を明らかにする意義がある」ことも説明する必要があります。

表2-2　ホップ・ステップ・ジャンプスタイル

	見延による解説	展開例
ホップ	個別テーマより大きな研究領域の重要性を主張	レジリエンスは，逆境に耐え試練を克服していく能力である。心理学の領域では，レジリエンスに関する尺度が開発されている（小塩ら, 2002；井隼・中村, 2008；平野, 2010）。
ステップ	研究領域の中で，研究が不十分な個別テーマを提示	これらの尺度は日常生活におけるレジリエンスを測定しており，大学生の学習場面におけるレジリエンスには対応していない。しかしながら，大学生の生活の中心は学習であり，学習が原因で気持ちが落ち込むことも多い。学習場面に特化したレジリエンス尺度は，学業不振により落ち込んだ状態から回復するための手がかりを見出すことができると考えられる。
ジャンプ	個別テーマに関する，研究の目的と手段の概要を述べる	そこで，本研究では，学習場面におけるレジリエンス尺度を作成し，大学生の学習に関連するレジリエンスの構成概念を明らかにすることを目的とする。

[4] 方　法

「方法」の章では，データをどのように集めたかを記述します。読者が同じことを再現できるくらい具体的に記述することにより，データが“信頼できる方法で”“適切に”集められたことを読者に示します。

「方法」の章は，以下の項目ごとに情報を整理し，節見出しを付けて記述します。

- 研究対象者：「実験参加者」「調査対象者」「被面接者（インタビュイー）」などの呼び方があります。研究対象者の人数，対象者の属性（性別や平均年齢など）を記述します。必要に応じて，研究対象者をどのように集めたか，謝金を支払ったかなどの情報も記述します。
- 日時・場所：実験日時や調査期間，実験・調査・観察・面接・フィールドワークを行った場所について記述します。特別な環境の場合は，部屋の見取り図や写真も掲載します。
- 材　料　：研究に用いた材料について記述します。実験に使った道具，提示した刺激，データを集めるためのテスト，調査のための質問紙，面接に使った質問項目，観察・面接・フィールドワークの際に使った道具（ビデオカメラ，ICレコーダー）などについて記述します。「○○を測定するために，△△を作成した（準備した，用意した，使用した）。」などの表現がよく使われます。
- 手続き　：実験・調査・観察・面接・フィールドワークで，何を行ったのかを時系列で記述します。時系列なので，「まず」「次に」「最後に」「○○を行ったあとに」といった，順番を示す言葉を入れて記述します。

[5] 結　果

「結果」の章では，正確かつ客観的に，データの分析結果を記述します。どのような分析手法を使ったのかも記述します。

重要な分析結果は図表で表します。図表の書き方には，以下のルールがあります。

- 表の上に，表番号（表1，または，Table 1）とタイトルを付ける。
- 図の下に，図番号（図1，または，Figure 1）とタイトルを付ける。
- 図番号と表番号は，それぞれ別々に通し番号を振る。

表1　学習観尺度の各因子の下位尺度得点

	環境志向	方略志向	学習量志向
実験群	3.90 (1.61)	3.95 (1.69)	3.75 (1.13)
統制群	3.85 (1.56)	3.80 (1.47)	3.65 (1.39)

注）（　）は標準偏差

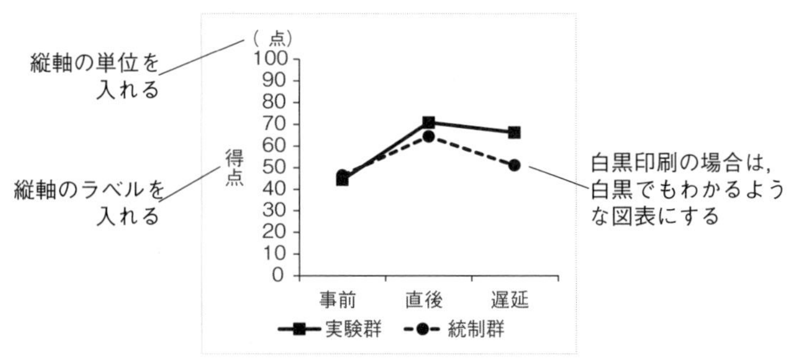

図1　実験群および統制群のテスト得点

図2-2　図表の例

ここでは一例を示しましたが，分野によって図表の示し方が異なります。そのため，教員に詳細を確認しましょう。

「結果」の本文では，以下の3点を説明します（①②……などの番号は解説するために付けています）。

> ①実験群および統制群の学習観尺度の下位尺度得点の平均値と標準偏差を表1に示す。②各因子の下位尺度得点について対応なしのt検定を行った。③その結果，どの因子も実験群と統制群の間に有意な差はなかった（$t(38)=0.10$, $p=.92$；$t(38)=0.29$, $p=.77$；$t(38)=0.24$, $p=.81$）。

①何の図表なのか？（図表番号も必ず示す）
②どのような分析手法を用いたのか？
③どのような分析結果になったのか？

[6] 考　察

「方法」「結果」の章が事実を述べるところであるのに対し，「考察」の章は書き手の考えを述べるところです。以下の質問に答えることにより，序論で提示した「研究の問い」や「仮説」に答え，「研究目的」を果たします。

- 結果から何が言えるのか？
- なぜそのような結果になったのか？
- 仮説を提示した場合は，仮説と一致したのか？　一致しなかった場合，それはなぜなのか？

たとえば，表1の結果については，以下のような考察が書けます。

> ①実験群および統制群の学習観尺度の下位尺度得点について対応なしの t 検定を行った結果，どの因子も実験群と統制群の間に有意な差はなかった。②このことから，両群の学習観には違いがないと考えられる。③学習観は長年の学習経験からつくられたものなので，今回のような短期の介入では変わらないと考えられる。

①「結果」の章で書いたことを簡単に繰り返す。
②結果から何が言えるのか？（結果の解釈）
③なぜそのような結果になったのか？（結果の理由）

「考察」は書き手の考えを述べるところですが，どの結果からその考えを導き出したのかを示すために，①のように「結果」の章で書いたことを簡単に繰り返します。

[7] 結　論

「結論」の章は，まとめをするところです。結論には，一般的に以下のことを書きます。

・何のために，誰を対象に，何を行ったのか？
・どのような結果が得られたのか？
・その結果から何が言えるのか？
・その結果は一般化できるのか？
・今後の課題（この研究では取り組めなかった研究課題）は何か？

最初の3つは要旨と同じですが，要旨よりは詳しく書きます。

2．言葉に注意深くなろう

言葉（語）と言葉（語）がつながり，文になり，文が積み重ねられてパラグラフになります。複数のパラグラフが組み立てられて節になり，複数の節から「序論」「方法」「結果」「考察」「結論」といった章になり，最後に「レポート」という文書が完成します。つまり，言葉は文書の最小単位と言えます。この最小単位の言葉の使い方が悪いと，文書全体に影響し，何を言いたいのかが読み取れなくなることがあります。この節では，Quiz の例文を使って，読者を惑わせない言葉の使い方を学びましょう。

Quiz　次の例文Aは，オンライン授業の研究に関するレポートの一部です。下線部をよく見てください。言葉の使い方に問題があります。どのような問題があると思いますか？

例文A

> ①大学の「統計学」の授業について，オンライン授業コースと対面授業コースの両方を用意し，実験参加者にどちらかを選ばせ，受講させた。②オンライン授業コースの受講者は 201 人，対面授業コースの受講者は <u>１９８</u> 人であった。③授業後のテストの平均値は，<u>オンライン授業が対面授業の受講者よりも</u>有意に高かった。④この結果から，<u>オンライン授業</u>は学習効果が<u>非常に</u>高く，<u>対面授業</u>よりも<u>はるかに素晴らしいと断言できる</u>。

[1] 細かいところにまで気を配る

例文Aの数字に注目してください。受講者数の「201」は半角で入力されていますが，「１９８」は全角で入力されています。両方とも受講者数を指しているのに，半角だったり全角だったりするのはとてもヘンです。

実は，初心者が書いたレポートには，このように半角／全角が統一されていないものが意外と多いのです。ヘンだと感じないのでしょうか？　それとも気にしないのでしょうか？

これからはぜひ気にしてください。注意深くなってください。統一すべきところがバラバラになっているのは，見た目がとても悪いです。書き手の注意深さや真剣さも疑われてしまいます。

では，数字は半角と全角のどちらで書けばよいのでしょうか？　一般的に，実証研究のレポートでは，数字を読み取りやすくするために，実験・調査の人数，結果の数値データ，引用文献の発行年やページ番号などは半角で入力します。

同様に，アルファベットの単語も半角で入力します。ただし，「Aグループ」「X地点」のように，アルファベット1文字だけの場合は全角で表すこともあります。いずれにしても，そのレポートの中で統一して表記します。

半角／全角だけでなく，文字のフォント，文字サイズ，句点（。．），読点（、，）も不統一になりがちです。細かいところまで注意深く，チェックしましょう。

[2] キーとなる言葉は統一する

例文Aの研究では，特定の「オンライン授業コース」と「対面授業コース」を比較しています。「オンライン授業コース」「対面授業コース」は，例文に示されている研究内容を理解するためのキーとなる，重要な言葉と言えます。

この2つの言葉を追ってみましょう。①②では「オンライン授業コース」「対面授業コース」と書かれていますが，③④では「オンライン授業」「対面授業」と書かれています。「オンライン授業コース」と「オンライン授業」は同じものを指しているのでしょうか？　それとも違うものを指しているのでしょうか？　「対面授業コース」と「対面授業」はどうでしょうか？

③はテストの結果なので，この研究で行われた「オンライン授業コース」「対面授業コース」を指していると推測できます。④は③の結果から書き手が考えたことを述べています。この結果に限定したことを述べているのかもしれませんし，書き手がこの結果から一般的な「オンライン授業」「対面授業」へと話を広げている可能性もあります。言葉が変わってしまっているために，どちらを述べているのかがわかりません。

このように，キーとなる言葉が途中で変わってしまうと，読者は内容を推測しなければならなくなります。小説ならば内容を推測するのもよいでしょう。推理小説で犯人を推測するのは楽しいものです。しかし，レポートでは読者に内容を推測させたり解読させたりしてはいけません。書き手の意図とはまったく違うことを読者が読み取ることもあるのです。読者が推測せずにすむように，同じものを指しているのならば，キーとなる言葉は統一しましょう。

[3] 正確な言葉を使う

③の下線部「オンライン授業が対面授業の受講者よりも」は，「オンライン授業」と「対面授業の受講者」を比較しています。この2つは比較できますか？

通常，AとBとを比較する場合，AとBは同じ種類のものでなければなりません。「オンライン授業」は“学習形態”の1つです。「対面講義の受講者」は言うまでもなく“人”を指しています。つまり，③の下線部は，“学習形態”と“人”とを比べようとしているわけです。これはとてもヘンなことです。言葉をいい加減に扱うと，こんなヘンなことが起きてしまいます。

実証研究のレポートでは，2つ以上のものを比較することがよくあります。たとえば，

・ある刺激を与えたグループ（実験群）とその刺激を与えなかったグループ（統制群）のテスト結果を比較する
・ある質問紙に回答してもらい，男性と女性の回答結果を比較する
・あるグループに対して3年間同じ調査を行い，その3年分のデータを比較する

などがあります。こんなとき，「何について，何と何とを比較しているのか」が正確に書かれていないと，読者に正しい情報を伝えることができません。

言葉はとても重要です。伝えたいことを正確に表しているかをよく考え，ピッタリの言葉を使うようにしましょう。

[4] おおげさな言葉を使わない

④「この結果から，オンライン授業は学習効果が非常に高く，対面授業よりもはるかに素晴らしいと断言できる」は，研究結果から書き手が考えたことを書いています。授業後のテストの平均値はオンライン授業コースが対面授業コースよりも有意に高かったので，オンライン授業コースのほうが対面授業コースよりも学習効果が高いとは言えるでしょう。しかし，「非常に高い」とまで言えるでしょうか？　なぜ「はるかに素晴らしいと断言できる」のでしょうか？

「非常に」「はるかに」「素晴らしい」「断言できる」はどれもおおげさな表現です。このような表現は注意する必要があります。「本当にそう言えるのか？　なぜそう言えるのか？」を説明できなければいけません。証拠を示して説明できないのであれば，おおげさな表現を安易に使うのはやめましょう。

また，形容詞や副詞は，人によって受け取り方が異なります。できるだけ具体的に説明するようにしましょう。可能ならば数値で表すようにしましょう。

表2-3　形容詞・副詞の例

	例
形容詞（物事の性質や状態を表し，「〜い」で終わる言葉）	大きい／小さい，明るい／暗い，重い／軽い，高い／低い，長い／短い，など
副詞（述語を修飾する言葉）	時間：しばらく，さっそく，やがて，など 程度：非常に，とても，少し，など 推量：たぶん，おそらく，など

Quizの修正例です。

> ①大学の「統計学」の授業について，オンライン授業コースと対面授業コースの両方を用意し，実験参加者にどちらかを選ばせ，受講させた。②オンライン授業コースの受講者は201人，対面授業コースの受講者は198人であった。③授業後のテストの平均値は，オンライン授業コースが69.83（SD=14.03），対面授業コースが63.49（SD=13.40）であった。④テストについて対応なしのt検定を行った結果，オンライン授業コースのほうが対面授業コースよりも有意に高かった（$t(397)=4.60$, $p<.01$）。⑤この結果から，オンライン授業コースは対面授業コースよりも理解度が高まると考えられる。

以下のところを修正しました。

・数値を半角で入力しました。

・③は，テストの平均点と標準偏差（SD：Standard Deviation）を入れ，数値で表しました。
・④は何と何とを比較しているのかを示すために「オンライン授業コースのほうが対面授業コースよりも」に修正しました。
④では t 検定の結果も追加しました。「SD」「t」「p」といった統計記号は斜体字（イタリック）にします。うっかり斜体字に変更し忘れることが多いので，注意しましょう。なお，平均点，標準偏差，t 検定については，第3章「統計の基礎」に詳しく説明されています。
・⑤は，この研究で行ったコースについて書き手が考えたことを述べたいので，「オンライン授業コース」「対面授業コース」と記述しました。

3．一度読んだら，すぐに意味がわかる文を目指そう

この節では，文の書き方を学びます。何度も読まないと意味がわからないようなダメな文をQuizに示します。なぜ，その文はわかりにくいのか，理由を説明します。そして，どうすればわかりやすくなるのかを説明します。わかりにくい理由を知り，わかりやすくなる書き方を知ることにより，一度読んだら，すぐに意味を読み取れる文を書けるようになりましょう。

Quiz　次の例文Bは，オンライン授業の種類について説明しています。例文を読んで，(1)～(3) の質問に答えてください。

例文B

> ①オンライン授業の種類には，同期型と非同期型があり，インターネットを使って，授業をライブ形式で配信する同期型は，その場で質問でき，教員があらかじめ作成しておいた動画を配信する非同期型は，都合の良い時間帯に学習でき，繰り返し視聴できるといった長所があり，学習者それぞれの理解度に合わせても学習できる。

(1) 同期型・非同期型とは，どのようなオンライン授業ですか？
(2) 同期型では，誰がその場で質問できますか？
(3) 非同期型の長所はいくつ挙げられていますか？

(1)～(3) の質問に答えられましたか？　答えられなかったとしても，読者のみなさんが悪いわけではありません。この例文がわかりにくいのです。

なぜ，わかりにくいのでしょうか？　わかりにくい理由を1つずつ解明していきましょう。

[1] 読点を適切な位置に打つ

文がわかりにくい理由の1つとして，読点（、,）の問題が挙げられます。読者のみなさんは，文章を書くとき，読点を意識していますか？

読点には，次のような重要な役割があります。

・意味のまとまりを示すことにより，情報を読み取りやすくする
・読み間違いを防ぐ

だから，読点がまったく打たれていない文は，どこからどこまでが意味のまとまりなのかがわかりません。また，読点が誤ったところに打たれていると，内容を読み誤ることもあります。

例文Bの前半部分を取り出してみました。読点を打ちすぎていて，意味のまとまりがわか

りにくくなっています。

> オンライン授業の種類には，同期型と非同期型があり，インターネットを使って，授業をライブ形式で配信する同期型は，その場で質問できる。

テクニカルコミュニケーター協会（2017）は，読点の一般的な打ち方として表2-4のa~hを挙げています。ただし，このa~hのすべてに読点を打たなければならないというわけではありません。どこからどこまでが意味のまとまりなのか，読者が読み間違いを起こすようなところはないかをよく考えて，読点を打つようにします。

表2-4　読点の打ち方

	例（※解説）
a.　文の主題となる語のあとに打つ	9月に発売予定の新製品は，業務の効率化に役立つ。 今日は雨だ。 ※「9月に発売予定の新製品は」のように，長い主語のあとには読点を打ちます。 ※「今日は雨だ」のように，文が短いときは主語のあとには打たないことが多いです。
b.　漢字やひらがなが続いていて，読みにくいときに打つ	古いパソコンよりも，かなり使いやすい。 カードを装着後，初期設定を行う。 ※読点がないと，「装着後初期設定」という単語のように読めます。
c.　語句の係り受けをはっきりさせるために打つ	小さな，雪のようなウサギ ※読点がないと「小さな雪」になってしまいます。読点があるので，「小さな」は「雪」ではなく，「ウサギ」を修飾しています。
d.　対等の関係で，並列する語のあとに打つ	札幌支店，仙台支店，横浜支店に連絡する。 簡潔で，わかりやすい文章である。
e.　文頭の副詞や接続詞のあとに打つ	しかし，SNSの情報が必ずしも真実とは限らない。したがって，情報を鵜呑みにしてはいけない。 しかしSNSの情報が必ずしも真実とは限らない。したがって情報を鵜呑みにしてはいけない。 ※読点がある場合と，ない場合を見比べてください。読点があるほうが接続詞を読み取りやすくなるのがわかりますか？
f.　1つの文に述部が複数ある場合に，その間を区切るために打つ	最初に文字を入力し，次に罫線を引く。 午前中にA社に行き，午後はB社に行った。
g.　理由，条件，目的を表す語句のあとに打つ	実験準備が不十分だったため，失敗してしまった。 この報告書を読むと，問題点がよくわかる。 ※1つ目の例は，読点を打つことにより，前半が「理由」，後半がその「結果」であることがわかりやすくなっています。そのため，意味を読み取りやすくなります。
h.　挿入句の前後に打つ	この製品は，旧バージョンのイメージを一掃し，新しい概念で作られています。 ※「旧バージョンのイメージを一掃し」という挿入句の前後に読点を打っています。

[2] 一文一義のシンプルな文を書く

例文Bがわかりにくい理由としては，文が長くなり，論理関係を読み取りにくくなっていることが挙げられます。なぜそんなことになっているかというと，以下の書き方をしているためです。

・連用形を使っている
・長い修飾語を使っている

1) なぜわかりにくいのか：連用形

連用形とは，動詞の活用形の1つです。たとえば，「使う」の連用形は「使い」，「収集する」の連用形は「収集し」になります。連用形は「インターネットを使い，情報を収集し，分析する」というように，言葉をどんどんつなげることができるため，結果的に文が長くなってしまいます。

連用形は，文が長くなるだけでなく，文節と文節との論理関係も曖昧になります。たとえば，「意見を出し合い，問題点を整理する。」という文を考えてみましょう。「意見を出し合い」と「問題点を整理する」はどのような論理関係になるでしょうか？

実は，この文には以下の3通りの解釈ができます（図2–3）。

・意見を出し合いながら，問題点を整理する。（同時進行）

・意見を出し合うことにより，問題点を整理する。（因果関係）

・まず意見を出し合う。次に問題点を整理する。（順序）

あなたはどのように解釈しましたか？　読者によって，解釈が異なるというのはとてもマズイことです。誰が読んでも同じ意味に解釈できる文にしなければなりません。

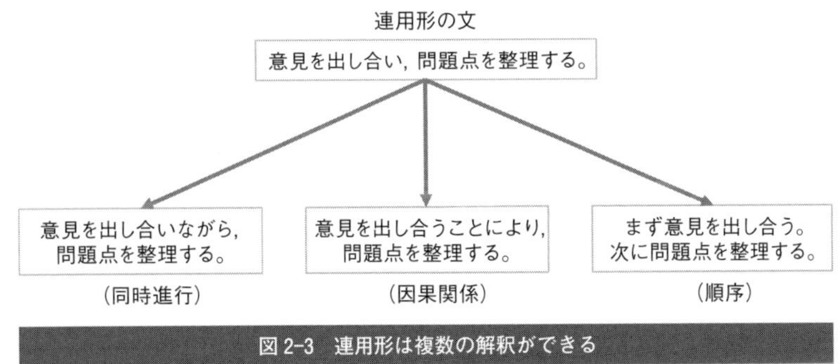

図2–3　連用形は複数の解釈ができる

例文Bでは，「都合の良い時間帯に<u>学習でき</u>，繰り返し視聴できるといった長所が<u>あり</u>，学習者自身の理解度に合わせても学習できる。」というように，連用形を使っているために文が長くなっています。

また，文節と文節との論理関係がはっきりと示されていないので，「都合の良い時間帯に学習でき，繰り返し視聴できる」で1つの長所なのか，「都合の良い時間帯に学習できる」と「繰り返し視聴できる」の2つの長所なのか，「学習者自身の理解度に合わせても学習できる」も長所なのか，よくわかりません。

2) なぜわかりにくいのか：長い修飾語

長い修飾語があると，文の構造が複雑になるため，一度読んだだけでは意味を読み取りにくくなります。例文Bから，長い修飾語を使っているところを取り出してみました。わかりやすいように，読点を一部修正しました。

> インターネットを使って授業をライブ形式で配信する同期型はその場で質問でき，教員があらかじめ作成しておいた動画を配信する非同期型は都合の良い時間帯に学習できる。

この文の幹となるのは，「同期型はその場で質問でき，非同期型は都合の良い時間帯に学習できる。」です。しかし，図2–4のように，長い修飾語が挿入されているために，文の構造が複雑になり，幹が何かがわかりにくくなっています。

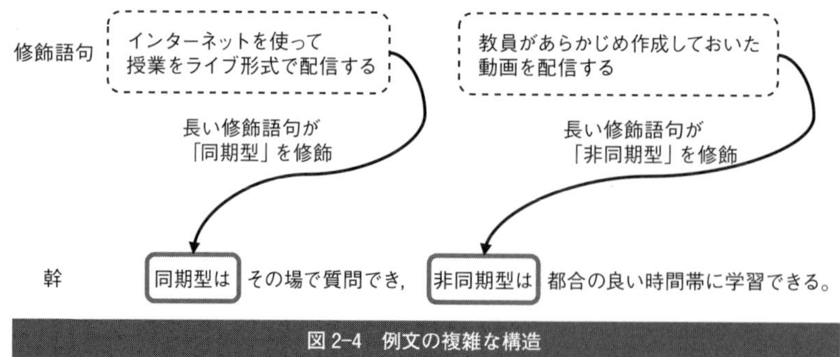

図 2-4　例文の複雑な構造

3) 一文一義のシンプルな文を書く

一文一義とは，「1つの文に1つのことだけを書く」ことを言います。1つの文に1つのことだけなので，シンプルで短い文になります。シンプルで短い文なので，内容を読み取るのも容易です。

では，どうやって一文一義の文を書くのでしょうか？　例文Bを一文一義に書き直してみましょう。

まず，伝えたい事柄を箇条書きで書き出します。このとき，1つの箇条書きには1つのことだけを書くようにします。例文Bで伝えたい事柄は，以下のとおりです。

① オンライン授業の種類として同期型と非同期型が挙げられる。
② 同期型とは，インターネットを使って，授業をライブ形式で配信する形態である。
③ 非同期型とは，教員があらかじめ作成しておいた動画を配信する形態である。
④ 同期型では，その場で質問できる。
⑤ 非同期型では，都合の良い時間帯に学習できる。
⑥ 非同期型では，学習者それぞれの理解度に合わせて動画を繰り返し視聴できる。

図 2-5　伝えたいことを箇条書きにする

箇条書きで書き出せたら，説明の順番を考え，箇条書きを並び替えます。声に出して読んでみると，順番がわかりやすいかどうかを確認できます。

例文の場合は，以下のような順番が考えられます。

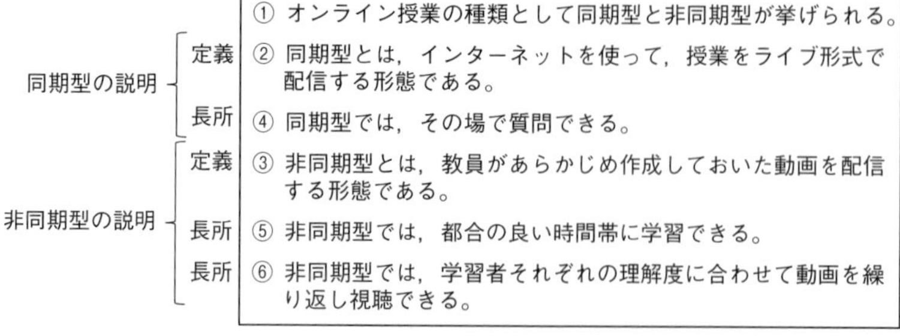

図 2-6　説明の順番に並び替える

順番が決まったら，箇条書きをつなげていきます。必要に応じて適切な接続表現を補います。

> オンライン授業の種類として同期型と非同期型が挙げられる。同期型とは，インターネットを使って授業をライブ形式で配信する形態である。同期型には，その場で質問できるといった長所がある。一方，非同期型とは，教員があらかじめ作成しておいた動画を配信する形態である。非同期型の長所としては，都合の良い時間帯に学習できること，学習者それぞれの理解度に合わせて動画を繰り返し視聴できることが挙げられる。

図 2–7　文章化する

[3] 必要な主語・目的語を入れる

図 2–7 は一文一義になったので，何が言いたいのかを読み取りやすくなりました。しかし，以下の文にはまだ不明点があります。

> 同期型には，その場で質問できるといった長所がある。

質問できるのは誰でしょうか？　教員が学習者に質問するとも考えられますし，逆に学習者が教員に質問するとも考えられます。もしかしたら，その両方かもしれません。いずれにしても「誰が」が書かれていないのでわかりません。

英文と違い，日本語の文章では主語や目的語を省略できます。省略しても意味が通じるのであれば問題ありませんが，例文のように「誰が」「何を」が 1 つに決まらない場合は主語や目的語を入れる必要があります。

文章を書いたら，以下の情報が抜けていないかをもう一度よく見直しましょう。

・誰が／誰に／誰を／誰の
・何が／何に／何を／何の

さて，例文 B を修正しました。声に出して読んでみてください。一度読んだら，すぐに意味がわかる文になっていますか？

> ①オンライン授業の種類として同期型と非同期型が挙げられる。②同期型とは，インターネットを使って授業をライブ形式で配信する形態である。③同期型には，学習者がその場で疑問点を質問できるといった長所がある。④一方，非同期型とは，教員があらかじめ作成しておいた動画を配信する形態である。⑤非同期型の長所としては，都合の良い時間帯に学習できること，学習者それぞれの理解度に合わせて動画を繰り返し視聴できることが挙げられる。

4．パラグラフにより文章を組み立てよう

ライティングに関する多くの書籍（澤田, 1977；木下, 1981；橋内, 1995；向後, 1999；柳沢, 1999；天野ら, 2008；佐渡島・吉野, 2008；戸田山, 2012；大島ら, 2014 など）で，パラグラフを使って文章を構成することが推奨されています。

これらの書籍によると，パラグラフとは 1 つのトピックについて書かれた文のかたまりを指します。1 つのトピックは，1 つの考え・意見・話題と言い換えることもできます。

レポートは，このパラグラフをいくつも積み重ねて作成します。ちょうど「パラグラフ」というブロックを積み重ねて，「レポート・論文」という建物を作っていくような感じです。

この節では，パラグラフにより文章を組み立てていくやり方を学びましょう。

[1] トピック文を書く

Quiz　次の例文C，Dを読み比べてみてください。どちらがわかりやすいですか？

例文C

> ①非同期型オンライン授業の効果を調べるために，「統計学」の動画コンテンツを3本作成した。②1本あたりの視聴時間は約15分であった。③テストは，選択式の基本問題（10問）と記述式の応用問題（2問）を作成した。④アンケートは，教材のわかりやすさを5段階（わかりにくい，ややわかりにくい，どちらともいえない，まあまあわかりやすい，わかりやすい）で答えてもらい，その理由を記述式で答えてもらうようにした。

例文D

> ⓪非同期型オンライン授業の効果を調べるために，実験材料として非同期型の教材，テスト，アンケートを作成した。①非同期型の教材としては，「統計学」の動画コンテンツを3本作成した。②1本あたりの視聴時間は約15分であった。③テストは，選択式の基本問題（10問）と記述式の応用問題（2問）を作成した。④アンケートは，教材のわかりやすさを5段階（わかりにくい，ややわかりにくい，どちらともいえない，まあまあわかりやすい，わかりやすい）で答えてもらい，その理由を記述式で答えてもらうようにした。

例文Cと例文Dの違いは，⓪「非同期型オンライン授業の効果を調べるために，実験材料として非同期型の教材，テスト，アンケートを作成した。」があるかないかだけです。

例文Cは，⓪が書かれてなく，動画コンテンツの話から始まります。「動画コンテンツの話なのかな」と思っていたら，いきなりテストの話になり，さらにアンケートの話に変わります。「これはいったい何の話だろう？　次は何がでてくるんだろう？」と，読者は何を読まされているのかわからないまま読み進めることになります。先が予測できないという状態は，読者にとってはストレスです。

一方，例文Dは，⓪が書かれているので，読者は「実験材料の話だな。これから，非同期型の教材，テスト，アンケートについて説明するんだな」と予測することができます。予測どおりに，①~④にそれらに関する詳しい説明が書かれているので，何の話かをわかったうえで納得しながら読み進めることができます。

例文Dの⓪のように，そのパラグラフのトピック（考え・意見・話題）を簡潔に表した文をトピック文[1]と言います。トピック文は，パラグラフ全体を統括する場合もありますし，これから何を説明するのかを案内する場合もあります。

図2-8のように，パラグラフはこのトピック文とサポート文から構成されます。パラグラフの冒頭に，トピック文を書き，そのあとにサポート文を書きます。トピック文に書いたことをサポート文で詳しく説明していきます。パラグラフの最後に，まとめの文を書く場合もあります。

---

1 英語では「topic sentence」「supporting sentence」と言います。「トピック・センテンス」「サポーティング・センテンス」では長いので，この本では「トピック文」「サポート文」と表記します。

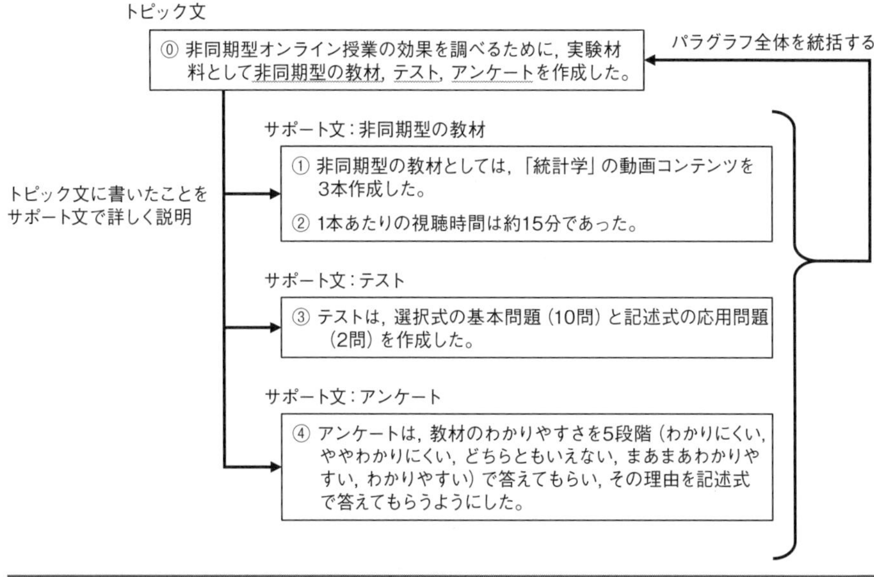

図 2-8　例文 D「実験材料」に関するパラグラフ内の構成

ライティングに関する書籍のほとんどでは，トピック文をパラグラフの冒頭に書くように推奨していますが，パラグラフの最後にトピック文が来る場合もあることを認めている書籍もあります（木下, 1981；橋内, 1995；向後, 1999；柳沢, 1999 など）。たとえば，さまざまなデータを示した後で，最後にそのデータから言えることを述べるような場合です。

しかしながら，例文 D でも示したように，トピック文がパラグラフの冒頭にあるほうが内容を推測できるので，効率良く読み進めることができます。パラグラフを書いたら，どの文がトピック文なのかを考えてみましょう。その文を冒頭に移動できないかを見直してみましょう。

[2] 1つのパラグラフでは1つのトピックを扱う

Quiz　例文 E のトピック文はどこでしょうか？　トピック文に下線を引いてください。また，例文 E の内容を表した，ピッタリの見出しを付けてください。

例文 E

①オンライン授業の非同期型には，解決すべき問題がある。②その一つが先延ばし行動である（向後ら, 2004）。③非同期型では，学習者が自己制御しながら計画的に学習を続けなければならない。④しかし，学習のペースを作れずに先延ばしにし，最終的に不合格になる学習者もいる。⑤また，学習者の孤立も問題の一つである（原島, 2009）。⑥コンピュータに一人で向き合っているだけなので，孤立してしまい，途中で挫折する学習者も多い。⑦ブレンド型授業は，従来の集合型の対面授業とオンライン授業を組み合わせて行う授業のことである。⑧ブレンド型授業は，決まった時間と場所で対面授業を受けることにより，学習のペースを作ることができる。⑨また，対面授業で他の学習者と交流できるので，学習者の孤立を防ぐという効果も期待できる。⑩山田（2010）は，大学生を対象とした特別支援教育の教職科目においてブレンド型授業を行った。（以下，山田の話が続く）

例文 E を図 2-9 に図解してみました。通常，トピック文はパラグラフの冒頭にあるはずですから，トピック文は①「オンライン授業の非同期型には，解決すべき問題がある。」と考えられます。この文から考えると，このパラグラフのトピックは「非同期型の問題」です。確かに，サポート文②～⑥は「非同期型の問題」について書かれています。

しかし，⑦では新しいトピック「ブレンド型授業」を持ち出しており，それ以降は「ブレンド型授業」の話に変わっています。「非同期型の問題の話だな」と予測していた読者は，その予測を裏切られてしまい，何の話なのかわからなくなってしまいます。パラグラフ内に複数のトピックが含まれていると，読者を迷わせてしまうのです。

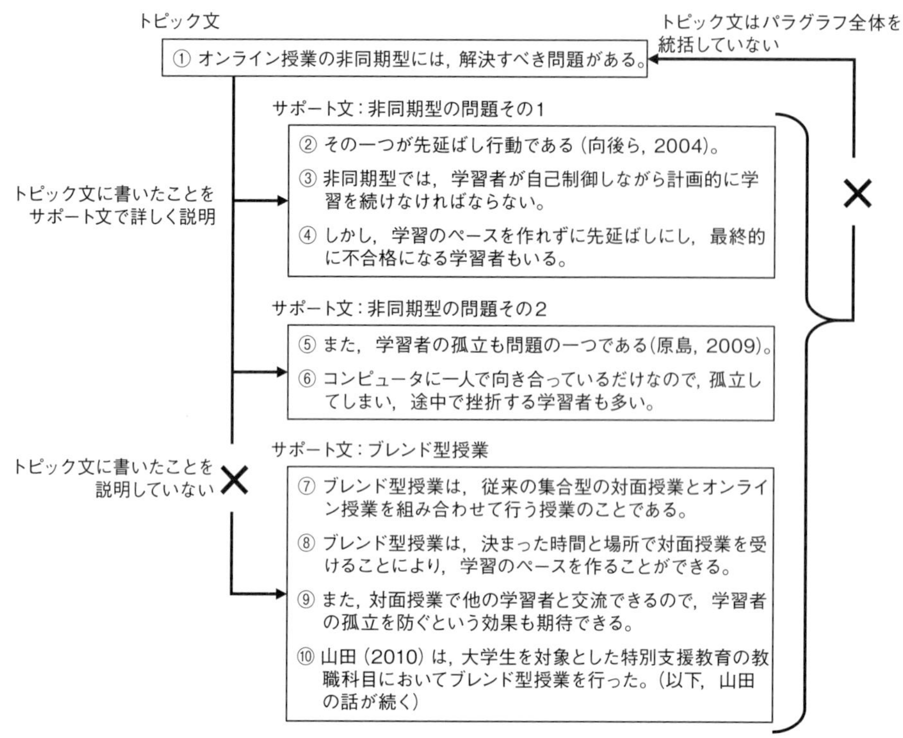

図2-9　例文Eのパラグラフ内の構成

読者を迷わせないように，1つのパラグラフでは1つのトピックだけを扱うようにします。パラグラフ内は，トピックに関連した文のみで構成し，トピックからズレている文を含まないようにします。パラグラフにピッタリと当てはまる見出しを付けられないときは，複数のトピックが含まれている可能性があります。

例文Fは，1パラグラフ1トピックになるように修正したものです。下線はトピック文です。

例文F

①オンライン授業の非同期型には，解決すべき問題がある。②その一つが先延ばし行動である（向後ら, 2004）。③非同期型では，学習者が自己制御しながら計画的に学習を続けなければならない。④しかし，学習のペースを作れずに先延ばしにし，最終的に不合格になる学習者もいる。⑤また，学習者の孤立も問題の一つである（原島, 2009）。⑥コンピュータに一人で向き合っているだけなので，孤立してしまい，途中で挫折する学習者も多い。

⑦非同期型の問題を解決する方法としてブレンド型授業が挙げられる。⑧ブレンド型授業とは，従来の集合型の対面授業とオンライン授業を組み合わせて行う授業のことである。⑨ブレンド型授業は，決まった時間と場所で対面授業を受けることにより，学習のペースを作ることができる。⑩また，対面授業で他の学習者と交流できるので，学習者の孤立を防ぐという効果も期待できる。

⑪ブレンド型授業の実践研究においても，このような効果が確認されている。⑫たとえば，山田(2010) は，大学生を対象とした特別支援教育の教職科目において，非同期型の講義と，教室でのディスカッションを組み合わせたブレンド型授業を行った。⑬学習者は，まず非同期型の講義を視聴し，資料を作成した。⑭次に，教室での対面授業に出席し，グループで各自が作成した資料について討論した。⑮最後にグループとしてまとめの資料を作成した。⑯このブレンド型授業と，他の非同期型のみの授業とを比較したところ，非同期型のみの授業のドロップアウト率が 10% であるのに対し，ブレンド型授業のドロップアウト率は 0% であった。

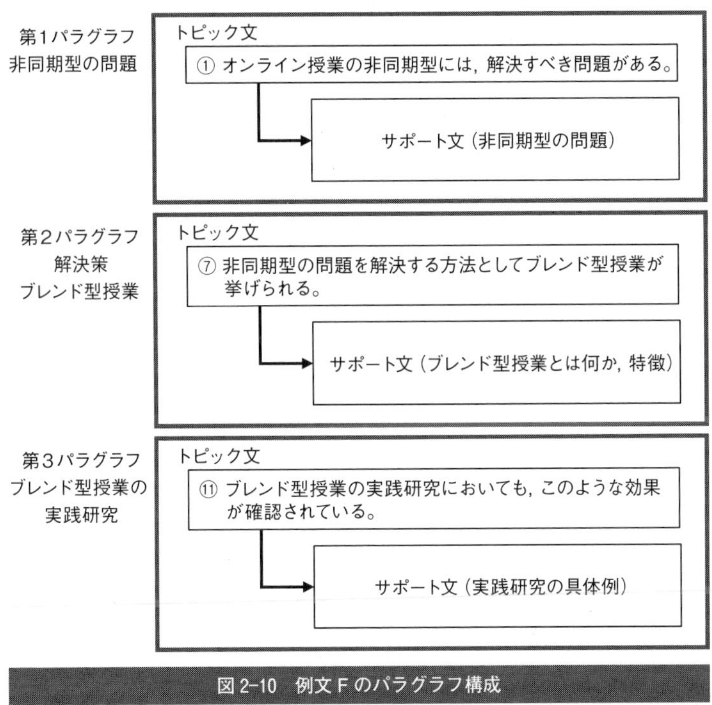

図 2-10　例文 F のパラグラフ構成

[3] パラグラフ内の文と文とを結びつける

パラグラフ内では，文が論理的に並べられており，直前の文と次の文がうまくつながっていなくてはいけません。どうすれば文と文とがうまくつながるのか？　その方法を紹介します。

1) 情報の論理的な並べ方

文を論理的に並べるには，まず書きたい情報を箇条書きにして並べてみます。澤田(1977)，テクニカルコミュニケーター協会（2017）をもとに，情報の論理的な並べ方を整理しました。あなたが書き出した箇条書きは，以下のどの並べ方ができそうですか？

- 場所 A から場所 B へと説明する（たとえば，国内から海外へ）
- 時 A から時 B へと説明する（たとえば，1990 年代，2000 年代，2010 年代へ）
- 概要（全体）から詳細（部分）へと説明する
- 重要な情報から重要でない情報（補足的な情報）へと説明する
- 簡単なことから複雑なことへと説明する
- 基本から応用へと説明する
- 既知から未知へと説明する

・一般から特殊へと説明する（または特殊から一般へと説明する）
・共通点から相違点へと説明する（または相違点から共通点へと説明する）
・原因から結果へと説明する（または結果から原因へと説明する）
・作業や手順の流れに沿って説明する
・左から右へ，上から下へと説明する（実験環境図，概念図などの場合）

2）文と文との関係を示す言葉（接続表現）を入れる

適切な接続表現を入れることにより，文と文との関係を明確に示すことができます。論理学の野矢茂樹先生は「論理は接続表現に示される」（野矢, 2001）と述べ，その多くの著書の中で接続表現の重要性を指摘しています。ここでは，野矢（2017）が示したように，接続表現の種類を3つのグループに分けて表2-5にまとめました。文同士がどのような関係になるのかを考え，適切な接続表現を入れるようにしましょう。

表2-5(1)　接続表現の種類①

種類	接続表現の役割	例
付加	Aを述べ，それにBを付け加える	このプリンタは印字速度が速い。また，A3判を両面で印刷できる。
選択	複数のことからどれかを選ぶ	商品はご自宅にお届けします。あるいは，ご指定のコンビニにお送りすることもできます。
換言	あることがらを別の言い方に述べ直す	ローマは一日にしてならず。つまり，大きな仕事を成し遂げるには時間がかかるということである。
例示	例を挙げて説明する	デジタルカメラにはさまざまな撮影モードがある。たとえば，夜景モードでは〜。

付加には「そして，また，かつ，および，しかも」，選択には「あるいは，または」，換言には「つまり，すなわち，要するに」，例示には「たとえば」「例を挙げると」「具体的には」「特に」「なかでも」などの接続表現があります。

表2-5(2)　接続表現の種類②

種類	接続表現の役割	例
対比	複数のことがらを比較対照する。	実験群の正解率は〜〜であった。一方，統制群の正解率は〜〜であった。
転換	前に述べたAとは逆方向の内容Bを主張する。	事前テストでは，実験群と統制群の正解率に違いはなかった。しかし，事後テストでは両群の正解率に有意な差があった。
補足	前に述べたAについて，説明を補ったり，例外を示したりする。	メモ用紙を実験参加者全員に配布した。ただし，メモ用紙の使用は任意とした。

対比・転換・補足はまとめて「逆接」の関係と呼ばれます（野矢, 2017）。異なる点は，
・対比：「A。一方，B。」という場合，AとBは対等の関係になる。
・転換：「A。しかし，B。」という場合，書き手はAよりもBを主張したい。
・補足：「A。ただし，B。」という場合，書き手はBよりもAを主張したい。

表 2-5(3)　接続表現の種類③

種類	接続表現の役割	例
帰結	まず A が成り立つことを述べ，次に，その結果となる B を述べる。	計画的に勉強したので，成績が上がった。
理由	まず B が成り立つことを述べ，次に「なぜ B が成り立つのか」を説明するために，理由 A を述べる。	成績が上がった。なぜならば，今回は計画的に勉強したからである。
条件	条件 A を仮定すると，B が成り立つことを述べる。	計画的に勉強すれば，成績は上がる。
譲歩条件	B に反するような条件 A を仮定しても，なお B であると述べる。	計画的に勉強しても，成績が上がらないことがある。

帰結，理由では，行為 A「計画的に勉強」→結果 B「成績が上がる」という関係が成り立ちます。また，条件が「if」を表すのに対し，譲歩条件は「even if」を表します。

3) 接着剤になる言葉を入れる

前文の言葉を次の文に入れると，その言葉が接着剤の役割を果たすので，文と文とをつなげることができます。

例文 F の第 2 パラグラフを見てみましょう。⑦⑧⑨に「ブレンド型授業」という言葉が入っています。接続表現は入っていませんが，同じ言葉が入っているので無理なくつながっています。⑩には「ブレンド型授業」は入っていませんが，「また」という付加を表す接続表現があるので，⑨と同様にブレンド型授業の長所が書かれていることを容易に読み取れます。

> ⑦非同期型の問題を解決する方法としてブレンド型授業が挙げられる。⑧ブレンド型授業とは，従来の集合型の対面授業とオンライン授業を組み合わせて行う授業のことである。⑨ブレンド型授業は，決まった時間と場所で対面授業を受けることにより，学習のペースを作ることができる。⑩また，対面授業で他の学習者と交流できるので，学習者の孤立を防ぐという効果も期待できる。

適切な接続詞・接続表現が入らない，共通する言葉もない，という場合は，情報の並べ方に問題があると考えられます。情報が抜けていたり，順番が違っていたりすると，適切な接続詞・接続表現も共通する言葉も入れることができません。情報の並べ方をもう一度見直しましょう。

5．引用・引用文献表の書き方

レポートや論文の中で，他者が発表した意見や考えを取り入れることを「引用」と言います。ほとんどの大学で，1 年生のときに引用の仕方や引用文献表の書き方を学びます。読者のみなさんも引用に関する基本事項はすでにご存じでしょう。そこで，ここでは実証研究のレポートにおける引用の目的や引用の仕方，引用のスタイルの確認方法を紹介します。

[1] 何のために引用するのか？

引用の目的を知ってもらうために，大学院生（57 人）を対象としたライティング授業で以下の作業を行いました。まず，院生に自身の研究領域に関する論文 2～3 本を持参してもらいました。いずれも査読付きの論文です。査読付きとは，他の研究者に審査してもらった論文のことで，内容も書き方も優れている論文です。各論文内の引用箇所に下線を引き，引用内容と引用目的を書き出してもらいました。それらの情報を分類したところ，表 2-6 のように整理できました。

表 2-6　引用目的の分析結果

引用の目的	どのように引用しているか
その分野において自分の研究がどこに位置づくのかを示すため	先行研究を使って研究の動向を示している 先行研究を分類している
自分の研究の新規性・独創性を示すため	先行研究の良い点／問題点を挙げている 先行研究と自分の研究との違いを示している
問題提起し，自分の研究の意義を示すため	先行研究を使って社会における問題点を挙げている 先行研究の問題点を挙げている 先行研究と自分の研究との違いを示している
読者の了解性を高めるため 前提知識を読者と共有するため	先行研究を使って専門用語を定義している 先行研究を使って，理論，モデル，手法を説明している
方法の妥当性を示し，適切であることを示すため	自分の研究で使用した方法と同じ方法をとっている先行研究を示している データ分析の結果を判断するための基準を，先行研究を使って示している
自分の主張を強化するため	自分の主張と同意見の先行研究を示す 自分の主張と反対の先行研究を引用し，反論する

基本的には，引用は序論の中で行われます。S･C･Q スタイル（表 2–7）を例に，どこで先行研究を引用すべきかを考えてみましょう。

表 2–7　S･C･Q スタイルの序論の例

	展開例
Situation （状況）	①英語を社内の公用語にする日本企業が増えている。②その一方で，日本人の英語能力は十分とは言い難い。英語能力を向上させるには，学習方法に一層の工夫が必要である。
Complication （複雑化・焦点化）	学習効果を高める学習方法の一つに「分散学習」がある。分散学習とは……（③分散学習とは何か。④分散学習は学習効果が高いことなどを説明）
Question （問題）	前述より，分散学習は学習効果が高いことが示されたが，大学生を対象とした英語学習においても効果があるのであろうか。本研究では，実験計画法を用いて，大学生を対象に，英語学習における分散学習の効果を明らかにすることを目的とする。

①は社会状況を示しています。広く一般に知られていることならば引用する必要はありません。しかし，「英語を公用語にする日本企業が増えている」というのはそれほど知られていることとは思えません。「本当なの？」と反論されそうなことは，文献を引用して証拠を示します。この書き手は「英語を公用語にする日本企業が増えている」ことを新聞で知ったので，その新聞を引用できます。

②は社会における問題点を示しています。日本人の英語能力が不十分であることはよく言われていることなので，引用がなくてもそれほど問題ではないと思います。しかし，具体的なデータなどを引用すると「英語能力を向上させるには，学習方法に一層の工夫が必要である。」という主張を支える証拠になります。

③は引用が必要です。自分の研究で用いる理論やモデルについては，信頼性の高い文献を用いて説明します。読者が「分散学習とは何か」を知らなければ，この研究を理解することはできません。「分散学習とは何か」を説明することにより，読者と前提知識を共有できます。

④も引用が必要です。分散学習を用いた先行研究を引用し，その学習効果が高いことを示す必要があります。そうすることにより，この研究で分散学習を取り上げる理由を示せます。そうしないと，なぜ分散学習に着目するのかが読者にはわかりません。

[2] 引用の仕方

実証研究での引用には，文をそのまま引用する方法と，内容を要約して引用する方法があります。

1)「　」に入れて引用する方法（直接引用）

引用元の言葉や文をそのまま「　」に入れて引用します。一字一句，句読点もそのまま写します。専門用語を定義する際によく使います。

> メンタルモデルは，円滑なコミュニケーションを行ううえで重要な役割を果たしている。松尾（1999）は，「送り手のメンタルモデルと受け手のメンタルモデルが一致しなければ，受け手は送り手の送ったメッセージの伝達意図を理解することができない」と述べている。

> メンタルモデルは「理解するための枠組み」（松尾, 1999）である。新しい環境で人が何かを学習する場合，メンタルモデルはどのように構築されるのだろうか。

2) 内容を要約して引用する方法（要約引用）

先行研究の実験内容などを説明する場合は，内容を要約して引用します。

> ブレンド型授業は予習タイプ，復習タイプ，補習タイプに分けられる。安達（2007）は，予習タイプのブレンド型授業を行った。受講生は，教室授業の前に，e ラーニングで提供される教材を使って授業の予習と準備を行った。教室授業では，おもに対面講義によるレクチャーが行われた。授業データを分析したところ，コンテンツ全体に対するアクセス数が，最終試験の成績に影響を与えることが明らかになった。

[3] 引用・引用文献表のスタイル

引用・引用文献表の書き方には，APA，MLA，シカゴ，IEEE などのスタイルがあります。さらに，さまざまな学会でそれらのスタイルを日本語用にアレンジした執筆規定が決められています。しかも，それらのスタイルや執筆規定は更新されることがあります。

すべてのスタイル・執筆規定を知る必要はありませんし，暗記する必要もありません。大事なことは，指定されたスタイル・執筆規定をきちんと確認し，ルールに従って書くことです。

なぜ，そうしなければならないのでしょうか？　それは，ルールに従って書かれていると，効率良く読めるからです。たとえば，APA スタイルでは，本文中では「安達（2007）は……」と著者名と発行年だけを示し，詳細な情報は以下のように引用文献表に書きます。もし，このルールを無視して，「安達氏が 2007 年に書いた“ブレンディッドラーニングでの学習活動の類型化に関する分析”では……」などと書かれたら，文章は長くなり，読みにくくて仕方ありません。

引用文献表も論文は「著者名，刊行年，表題，誌名，巻数，引用ページ」の順に書くように決まっています。だから，「*31*，29–40」が「31 巻の 29 ページから 40 ページ」を指していることがすぐにわかり，この論文を検索することができます。

> 安達 一寿（2007）. ブレンディッドラーニングでの学習活動の類型化に関する分析　日本教育工学会論文誌, *31*, 29–40.

では，スタイルや執筆規定はどうやって確認すればよいのでしょうか？　ほとんどの学会では，執筆規定を学会のサイトに掲載しています。図 2–11 は日本心理学会の「執筆・投稿の手びき」のページ（https://psych.or.jp/manual/）です[2]。このページを見ると，引用の仕方や，引用文献表の詳細な書き方を知ることができます。

注：引用文献表は，文献の種類（書籍，論文など）によって書き方が異なります。執筆規定ではそれぞれの書き方を説明しています。

図 2-11　日本心理学会「執筆・投稿の手びき」

[4] 引用・引用文献表で注意すること

最後に，初心者のレポートの引用や引用文献表で，よくあるダメな例を示します。

・引用・引用文献表のルールに従っていない
・先行研究を並べるだけで，書き手の意見・解釈がない
・どこからどこまでが引用で，どこからどこまでが書き手の意見なのかがわからない
・本文中に書かれている著者名・発行年と，引用文献表の情報が一致していない
・本文中で引用しているのに，引用文献表に書かれていない
・本文中で引用していないのに，引用文献表に書かれている
・引用文献表の情報が誤っている

レポートを書いたら，引用箇所，引用文献表を再チェックしましょう。

2 最新内容が 2022 年 10 月 25 日に公開されました。そのため，本書と手引きでは書き方が異なる箇所があります。

ヒトはどのようにして文章を読むのか？：トップダウン処理とボトムアップ処理

文章理解に関する心理学では，ヒトが文章を読むしくみとして「ボトムアップ処理」と「トップダウン処理」を挙げています（岸, 2008)。ヒトは，ボトムアップ処理とトップダウン処理を無意識のうちに切り替えながら文章を読んでいると言われています。

ボトムアップ処理とは，語と語との関係を1つずつ順々に捉えながら読み進めていくやり方です。たとえば「私は学校に行く」という文の場合，「私」と「は」をつなげて「私は」となり，主語として認識します。同様に，「学校に」を目的語として認識し，「私は」「学校に」「行く」をつなげてようやく意味を理解します。このように，ボトムアップ処理では，語，句，節，文の単位で読み進め，主語や述語，目的語，修飾関係をはっきりさせながら，内容を読み取っていきます。

もし，必要な主語や目的語が抜けていたら，どうでしょうか？「私は行く」では，なんのことやらわかりませんね。必要な言葉が抜けていると，読み手は文章の意味がわからなくなってしまいます。

一方，トップダウン処理は，文章中の接続表現や論理構造を手がかりにして，次の展開を予測しながら文章を読むやり方です。「たとえば」と書かれていれば「次は例が来るんだな」と予測しますし，「～には3つの問題がある」と書かれていれば「これから3つの問題を述べるんだな」と予測します。次に何が来るのかを予測できるので，文章をスムーズに読み進めることができます。

逆に，接続表現が誤って使われていると文章理解の妨げになります。「たとえば」と書かれているのに，次の文が「例示」になっていなければ，読み手は予測を裏切られるので混乱します。また，「3つの問題がある」と書かれているのに，2つしか述べていなかったり，途中から改善案の話になったりしたらやはり混乱します。適切な接続表現を使うこと，情報を論理的に並べることは，読み手を混乱させずに文章をスムーズに読んでもらうために重要なことです。

■ 引用文献

天野 明弘（2008）．書く，話す　天野 明弘・太田 勲・野津 隆志（編）　スタディ・スキル入門――大学でしっかりと学ぶために――　有斐閣

橋内 武（1995）．パラグラフ・ライティング入門　研究社

木下 是雄（1981）．理科系の作文技術　中央公論新社

岸 学（2008）．読み手は文書をどのように理解するのか？　テクニカルコミュニケーター協会（監修）　岸 学（編）　文書表現技術ガイドブック　共立出版

向後 千春（1999）．レポートをデザインする　栗山 次郎（編）　理科系の日本語表現技法　朝倉書店

向後 千春（2016）．18歳からの「大人の学び」基礎講座――学ぶ，書く，リサーチする，生きる――　北大路書房

見延 庄士郎（2016）．新版理系のためのレポート・論文完全ナビ　講談社

日本心理学会（2015）．執筆・投稿の手びき 公益社団法人日本心理学会 Retrieved from <https://psych.or.jp/wp-content/uploads/2019/02/The-JPA-Publication-Manual.pdf>（2020年12月14日閲覧）

野矢 茂樹（2001）．論理トレーニング101題　産業図書

野矢 茂樹（2017）．大人のための国語ゼミ　山川出版

大島 弥生・池田 玲子・大場 理恵子・加納 なおみ・高橋 淑郎・岩田 夏穂（2014）．ピアで学ぶ大学生の日本語表現――プロセス重視のレポート作成――第2版　ひつじ書房

佐渡島 紗織・吉野 亜矢子（2008）．これから研究を書くひとのためのガイドブック　ひつじ書房

澤田 昭夫（1977）．論文の書き方　講談社

テクニカルコミュニケーター協会（2017）．日本語スタイルガイド　第3版　テクニカルコミュニケーター協会

戸田山 和久（2012）．新版論文の教室――レポートから卒論まで――　NHK出版

柳沢 浩哉（1999）．コンポジションから理科系の作文を考える　栗山 次郎（編）　理科系の日本語表現技法　朝倉書店

例文中で引用した文献

安達 一寿（2007）．ブレンディッドラーニングでの学習活動の類型化に関する分析　日本教育工学会論文誌, *31*, 29–40.

原島 秀人（2009）. 6, 2 ブレンディッドラーニングの必要性　宮地 功（編著） e ラーニングからブレンディッドラーニングへ　共立出版

平野 真理（2010）．レジリエンスの資質的要因・獲得的要因の分類の試み　パーソナリティ研究, *19*, 94–106.

井隼 経子・中村 知靖（2008）．資源の認知と活用を考慮した Resilience の４側面を測定する４つの尺度　パーソナリティ研究, *17*, 39–49.

向後 千春・中井 あづみ・野嶋 栄一郎（2004）．e ラーニングにおける先延ばし傾向とドロップアウトの関係　日本教育工学会研究報告集 JSET, *04*–5, 39–44.

松尾 太加志（1999）．コミュニケーションの心理学――認知心理学・社会心理学・認知工学からのアプローチ――　ナカニシヤ出版

小塩 真司・中谷 素之・金子 一史・長峰 伸治（2002）．ネガティブな出来事からの立ち直りを導く心理的特性―精神的回復力尺度の作成―　カウンセリング研究, *35*, 57–65.

植木 理恵（2002）．高校生の学習観の構造　教育心理学研究, *50*, 301–310.

山田 雅之（2010）．オンデマンド講義と Jigsaw 形式による協調学習のブレンデッドの効果　教育システム情報学会誌, *27*, 14–20.

オススメの書籍

松井 豊（2010）．改訂新版　心理学論文の書き方――卒業論文や修士論文を書くために――　河出書房新社

佐渡島 紗織・坂本 麻裕子・大野 真澄（2015）．レポート・論文をさらによくする「書き直し」ガイド　大修館書店

佐渡島 紗織・ディエゴ オリベイラ・嶼田 大海・ニコラス デルグレゴ（2020）．レポート・論文をさらによくする「引用」ガイド　大修館書店

酒井 聡樹（2015）．これから論文を書く若者のために　究極の大改訂版　共立出版

方法へのいざない

はじめに

心理学では，人の心を対象に，相関関係や因果関係を探るために実験，調査，面接，観察等を通して研究をします。その際，最も重要になるのは，「目に見えない人の心をどのように測定するのか」ということです。距離や重さであれば，メートル，キログラムなどの単位が存在し，ものさしや秤といった道具を使って測定できます。しかし，人の心には，少なくともそれを測るために事前に用意された単位のようなものはありません。また，ものさしや秤といった，測定するための専用の道具もありません。そのようななかで研究を進めるにあたって，特に重要な事項について，ここでは最低限の内容に触れておきます。

1.「心を実証的に測る」とは

[1] 構成概念と操作的定義

みなさんは「コミュニケーション」という単語を一度は聞いたことがあると思います。「コミュニケーション能力のある人」や，「コミュニケーション能力を高めるには」といった表現が巷には溢れています。では，「コミュニケーション能力」とは具体的にどのような能力を指すのでしょうか。「コミュニケーション能力」を定義してみてください。

実は，この質問をすると，多くの人が答えに迷ってしまいます。今まで触れてきた，聞いてきた言葉ではあるものの，その意味をすぐに説明できない，ということは実はたくさんあります。

何かについて実証的な研究をしようとするときに，「実は自分でもよくわかっていない概念」（この場合，コミュニケーション能力）をそのまま使い続けてしまうことには大きな問題があります。A さんは「コミュニケーション能力」を「論理的，合理的な視点をもって，目の前で生じている問題を指摘し，解決する能力」と思っている一方，B さんは，「相手の気持ちを慮り，嫌な思いをさせないようにその場を切り抜ける能力」と思っているとします。A さんとB さんが，それぞれに思っている「コミュニケーション能力」を対象とした研究をしたときに，果たして，明らかにしたいこと，測定方法，得られたデータから導き出される結果の意味は同じだと言えるでしょうか。研究する人が，それぞれに異なる定義をもって特定の現象について研究してしまうことの危うさをわかっていただけるでしょうか。このような問題が生じるのは，目に見えない人の心を対象とする心理学の特徴とも言えます。

このような問題を極力低減するために，研究者によってあらかじめ定義される概念のことを**構成概念**と呼びます。ある特定の現象を対象として実証的な研究をする際には，構成概念を定義するプロセスを必要とします。その理由は，研究をする人や読者の間で齟齬を生じさせないため，そして研究対象として測定する標的にしっかりと照準を合わせるためです。したがって，研究者の主観ではなく，多くの人たちの同意を得られるような客観的な視点から，構成概念の定義を行わなければなりません。加えて，レポートや論文でも，研究対象とする構成概念を必ず定義，説明します。以上のプロセスによって，自分が扱う研究対象の定義を宣言し，読者に研究の前提を正しく伝えるのです。

研究対象としたい構成概念を定義した後は，その定義に基づいた「測定」をどのように進めるかを考えます。まず，測定するからには，その概念には，程度差，つまり人によって違いがあることが前提となります。また，測定後に数量的な分析を行うとしたら，その測定結果は，数値によって表される必要があります。たとえば，コミュニケーション能力を測定する場合，その能力が高い人，中程度の人，低い人が存在すると仮定するでしょう。そして，能力が高い人の方が，低い人よりも数値が高くなるような測定ができれば，直感的にも客観的にも理解がしやすくなります。このように，人によって変わりうる数値を**変数**と言います。身長も体重も，人によって値が変わりうるので，変数です。そして，そのような変数の値や，多くの人から収集した値をまとめた情報を**データ**と呼びます。

心理学では，目には見えない人の心，すなわち，構成概念として定義した要素が，一定程度は反映されるであろう個人の行動に注目し，その行動を数値に置き換えられるような測定を目指します。たとえば「コミュニケーション能力」について測定したい場合（当然ながら，「コミュニケーション能力」の構成概念は事前に定義しておく必要があります。ここでは，「言語，非言語行動を通して他者と情報交換する能力」と定義しましょう），会話相手と視線が一致していた時間，相手に向けられた視線量（ビデオカメラで撮影し，視線一致時間や視線量を計測），発話量（発話時間を計測），自分や相手に対する振る舞いについて尋ねる質問項目（心理尺度など；詳しくは第3章参照）への回答など，研究の目的に応じてさまざまな測定が考えられます。これらの測定は，「コミュニケーション能力が高い人は，会話相手と積極的に視線を合わせ，視線量や発話量も多い」，という前提に基づきます。また，質問項目でコミュニケーション能力を測定する場合も，構成概念に沿う内容の項目を準備します。以上のように，直接測定できない構成概念を，視線量の多さや発話時間の長さのように，測定できる行動としてあらためて定義することを，**操作的定義**と言います。

[2] 妥当性と信頼性

測定に際して重要になるのが，測りたいものをきちんと測れているかということに関する**妥当性**と，安定して，繰り返し一貫した測定ができているかということに関する**信頼性**です。たとえば，体重を測りたいのに，ものさしを持ってきても測りたいものは測れません。体重を測るには，体重計が必要になります。これと同じように，心理学でも，操作的に定義した概念が反映された個人の行動を測定する妥当な方法を考える必要があります。また，体重を測定する際，1回目は50 kg，その直後にもう一度測定したら55 kg，さらに測定したら今度は40 kg…，となってしまう体重計は信頼できるでしょうか？　おそらく，「壊れている」と判断されるでしょう。これと同じで，心理学でも，繰り返し，一貫して類似した測定ができているかということが重要になってきます。目に見えない心（概念）を対象とした研究を行うからこそ，妥当性と信頼性については，常に慎重に吟味するべきです。「私の思う○○」をいきなり考えるのではなく，妥当性と信頼性がすでに確認されている先行研究の内容を参照したり，指導教員に相談したりしましょう。

ここまでの話をまとめると，心理学では，目に見えない心を対象として研究を進めるために，(1) 研究対象とする現象を構成概念として定義し，(2) その構成概念の要素を一定程度反映しているであろう個人の行動を操作的に定義し，測定します。その際，(3) 測定の妥当性と信頼性には十分に留意する必要があります。表2.5-1にこれらの関連性をまとめています。

表 2.5-1　構成概念，操作的定義，測定法の例

構成概念	操作的定義	妥当性，信頼性の高い測定方法
コミュニケーション能力：言語，非言語行動を通して他者と情報交換する能力	視線量，発話量，記号化スキル，解読スキル，統制スキルなど	会話場面のビデオ撮影後に会話相手の顔に視線を向けた時間や発話時間について，複数名でコーディング（観察者間一致率の算出），社会的スキルを測定する心理尺度など
知能：課題を解決するための認知能力	言語理解，視覚空間認識など	ウェクスラー成人知能検査

心理学的な研究の方法は，実験，調査，観察，面接，フィールド研究，そして 2 次分析，と多岐にわたります。これからそれらの方法について簡便に説明していきます。

（村山　綾）

2．実　験　法

●**実験法の利点**：因果関係を厳密に検証できる。関心のある変数以外の変数（剰余変数）を統制できる。

●**実験法の弱点**：データを取る際の時間的・人的コストが大きい。実験室で確認された因果関係が実社会でも再現可能かは慎重に検討する必要がある。

[1] 因果関係を明らかにするために

心理学的な実験を行う大きな目的は，原因と結果の関係，つまり，A によって B が引き起こされる，という法則を厳密に検証することです。具体的には，あらかじめ設定した仮説に基づき，ある変数（原因）が，特定の変数（結果）に及ぼす影響を検討します。一般的に，原因となる変数は**独立変数**（Independent variable），結果となる変数は**従属変数**（Dependent variable）と呼ばれます。独立，従属，という表現が少しわかりにくいですが，独立変数は実験者が操作するもの，従属変数は実験者が測定するもの，と理解することもできます[1]。実験では，2 つ以上の条件を設定し，それぞれの条件で測定された従属変数の数値を比較し，仮説の確からしさを検証します。単純接触効果（ただ見たり聞いたりする回数が多いだけで，その対象への好意度が高まること）の実験を例に考えてみましょう。単純接触効果が図形に対しても見られるのかを検討するために，いくつか無意味図形を用意し，接触 0 回，接触 5 回，接触 20 回の 3 条件を設定しました。実験参加者には，事前に決められた回数分，ランダムに図形を提示します（0 回条件の図形は提示されません）。その後，実験に使用した図形に対する好意度に回答を求めます。実験の結果，接触 0 回，5 回，20 回の順に，図形に対する好意度の得点が高くなっていました。この実験は，無意味図形への接触回数によって好意度に違いがあるかどうか（仮説は，「接触回数が多いほど図形への好意度が高くなる」です）を検討したものであり，独立変数は接触回数，従属変数は好意度です。実験者は実験にて，接触回数を操作し（0 回，5 回，20 回），好意度を測定している，ということになります。

[2] 剰余変数の統制と実験計画

実験の利点は，独立変数と従属変数以外の変数（剰余変数）をできる限り一定に保つ努力を

1 独立変数を説明変数，予測変数と記載し，従属変数を目的変数，応答変数，基準変数と記載する論文も見られます。

しやすい点にあります。たとえば実験者の服装，部屋の温度，騒音の程度，などを一定に保ち，参加者ごとにこれらの変数に違いがないようにします。部屋の温度が参加者によって高すぎたり低すぎたりすることで，もしかしたら従属変数に影響を及ぼす可能性があるかもしれません。特に集中力を要する課題を行わせる実験の参加者は，室温や騒音の影響を受けやすいでしょう。このように，実験者が明らかにしたい因果関係に関わる変数以外に存在する他の変数を積極的に一定に保とうとすることを剰余変数の統制と言います。

さて，実験では，いくつかの条件を設定し，条件ごとの測定結果の比較を行いますが，その際，各条件に参加者をどのように割り当てるかを事前に計画しなければなりません。割り当ての仕方には大きく分けて2種類あります。1つは，参加者がすべての条件でデータを提供する**参加者内計画（対応あり）**，もう1つは，参加者が1つの条件のみでデータを提供する**参加者間計画（対応なし）**です。参加者内計画では，個人差の効果が従属変数に影響する可能性を避けられます。先ほどの単純接触効果の実験は，参加者がすべての条件でデータを提供する参加者内計画です。記憶力や集中力といった個人の能力はすべての条件で一定にできるので，ある特定の条件に記憶力や集中力が高い人が集まるというような状況を避けることができます。ただし，参加者内計画にすると，測りたいことをうまく測れなくなってしまう場合もあります。たとえば，複数の条件の課題を遂行することで参加者の課題成績が向上してしまったり，最初に行った条件の課題が後の条件の課題成績に影響してしまったりする場合です。そのような可能性が高い場合は，参加者間計画を選択する必要があるでしょう。

従属変数に影響を及ぼす可能性のある変数が参加者間で一定になるようにあらかじめ参加者を配置する**マッチング**（たとえば，性別や年齢など），回答項目や実験条件の提示順序を参加者によってばらばらにする**カウンターバランシング**なども剰余変数の統制として使われる手段です。また，参加者を各条件にランダムに割り当てる無作為抽出という方法も取られます。以上のように，実験ではさまざまな手法を用いて，独立変数と従属変数以外の剰余変数を統制する努力を行わなければなりません。

[3] 結果の解釈

最後に，実験で得られた結果を解釈する際に注意すべき点を述べます。実験室で得られた結果は，独立変数と従属変数の関係性を，剰余変数を極力排除した状態で示すものです。いわば統制の取れた理想的な状況での結果とも捉えられるため，さまざまな剰余変数が存在する実社会でも同じ因果関係が確認できるのかという点は慎重に理解するべきでしょう。また，実験室で操作した独立変数が，こちらのねらいどおりに操作できているかどうかの確認もしっかり行う必要があります（操作チェック）。実験は実験者のアイデア次第でさまざまな操作を行うことができます。自分が調べたいこと，明らかにしたいことが明確で，検討したい因果関係に関わる変数のみを対象に検討を進めたい場合は理想的な研究方法と言えるでしょう。

（村山　綾）

3．質問紙調査法

●質問紙調査法の利点：統計的な処理を行いやすいため，客観的な結果を示しやすいこと。
●質問紙調査法の弱点：因果関係を検討することが難しいこと。回答バイアスが生じやすいこと，回答の質が言語能力に依存すること。

[1] 質問紙調査法の特徴

質問紙調査法とは，質問項目に回答者が「はい or いいえ」といった選択肢への回答や記述をすることによって，回答者自身の意見，価値観，態度，経験などを調査する方法のことです。

質問紙調査法の利点は，たとえば，はい＝2，どちらでもない＝1，いいえ＝0 といったように，項目の回答を数値にできることです。これによりいわゆる統計的な処理が可能になります。つまり，記述統計が可能になるうえ，一定の条件を満たせば推測統計に基づいた検定が可能になります。ゆえに，主観的ではなく，客観的な結果を示しやすいと言えます（ただし，その結果を解釈する際に，研究者の主観が入ってしまうことは否めません）。

一方で，質問紙調査法には欠点もあります。ここでは 3 つ挙げます。まず第 1 に，因果関係を明らかにすることはできません。なぜなら，質問紙回答時，原因である独立変数と結果である従属変数をほぼ同時に測定しているからです。そのため，質問紙では因果関係ではなく相関関係がわかるだけであることをしっかり理解しておきましょう。なお，この問題に対処するための調査法（例：場面想定法やパネル調査）もあります。場面想定法とは，回答者にある特定の場面や状況を想定してもらってから項目に回答を求める方法（金政, 2020 a）です（第 5 章 2 で具体的に行います）。また，パネル調査とは，同じ人々に繰り返し同じ調査への協力を求め，時間経過に伴う変化を検討する調査（金政, 2020 b）を指します。

第 2 に，回答バイアスの問題が挙げられます。自分をよく見せようとしたり，社会的に望ましい回答を選ぶことで，回答者自身の本音ではなく，いわゆる見せかけの回答を作り出してしまいます。第 3 に，言語能力への依存です。たとえば忖度という言葉の読み方と意味を幼稚園児に聞いても，読み方と意味がわかる幼稚園児はほぼいないでしょう。このように，回答者の言語能力によって回答の困難さが変わってしまいます。

[2] 質問紙調査法で大切なこと

質問紙調査法を用いる際には，特に意識すべきことが 2 つあります。

1 つ目は，誰に調査を行うかです。たとえば，「大学生の意識」を調査したいと考えた場合，理想は「大学生すべて（母集団）」です。しかし，大学生すべてに調査を行うこと（全数調査）は非常に難しいでしょう。そこで，調査対象である大学生すべて（母集団）から一部のサンプル（標本）を抽出して，調査を行うという方法があります。こういった調査の方法を標本調査と言います[2]。しかし，標本調査も簡単ではありません。「大学生の意識」を考える場合，標本の男女比率，所属学部学科の比率など，大学生すべて（母集団）の特徴に近いようにすることが望ましいのです。ゆえに，実際の標本調査においても，母集団を完全に代表するような形の抽出が難しいことはよく理解しておいてください。

こういった現実的な問題を勘案したうえで，本テキスト内の実習では便宜的抽出法（コンビニエンスサンプリング）による調査を行います。これは，偶然の機会を利用したサンプリング方法です。たとえば，友人，知り合いや，アンケートに回答してくれる人のみに調査を依頼する方法です。しかしながら，結果が母集団を反映したものではない可能性が非常に高いため，調査の結果を一般化すること（例：便宜的抽出法で調査した結果を用いて，大学生の意識はこうであると強く主張することや結論づけること）には慎重でいてください。

2 つ目は，調査参加者の気持ちになることです。調査に答えてあげようという意思をもって，調査参加者は調査に答えてくれています。仮にその気持を踏みにじる行為（例：「早く答えてください」と発言する，お礼も言わずに回答済みの質問紙を持ち去っていく，または卓上

---

2 詳しくは第 3 章「統計の基礎　サンプリングと推測」（p.55）を参照してください。

などに放置する）をされたら，調査参加者はどう思うでしょうか。おそらく，次の調査の際には協力してくれないでしょう。

[3] 調査結果の解釈の難しさ

最後に，調査で得られた結果の解釈で気をつけることを説明します。それは，1 回の調査では，原因と結果の関係（因果関係）は証明できないということです。ほぼ同じタイミングで原因となる指標と結果となる指標に回答してもらっているわけですから，関係性はわかったとしても因果関係は明らかにできないことを覚えておきましょう。よって，1 回の調査では，「X の得点が高くなると Y の得点も高くなった」といった，「変化」を記述することはできないのです。「X の得点が高いほど，Y の得点が高かった」といった関係のみがわかるだけです。レポートを執筆する際，この点を非常に間違えやすいので気をつけてください。

（古谷 嘉一郎）

4. 観 察 法

●観察法の利点：実社会における人の自然な振る舞いを調べることができる。
●観察法の弱点：データを取る際や分析する際の時間的，人的コストが大きい。個人情報保護の観点から，ビデオカメラ等の機器を用いることができない場合がある。

[1] 自分の価値観から離れて観察する

私たちは日常的に人の行動を観察して，あれこれ解釈したり良し悪しを評価したりすることがあります。人の行動の観察は，確かに，研究の初期段階で，人の行動や心理の癖を捉えようとするための効率の良い方法です。しかし日常的な観察では，どうしても観察する人の価値観や偏見などの色のついたフィルターを通して見てしまうため，事実とは異なるものを見たと思い込んだり間違った解釈をしてしまったりすることがあります。

それとは違い，心理学での観察法では，さまざまな工夫をすることにより，人の行動をできる限り客観的に扱い，誰が観察しても同じように正確に観察し，記録できるようにしています。観察者の価値観や偏見が入らないように工夫しているのです。その工夫の中でも特に大きな 2 つを，以下で紹介します。

[2] 信頼性の高いデータを得るには

第 1 の工夫は，行動を分類して記録するために，行動カテゴリーを作成することです。研究目的として何を検討するか，そして，どの行動に着目するかが明確になったら，行動カテゴリーを具体的に作成します。たとえば，養育者と遊んでいる 1 歳半の子どもの発話と指示的ジェスチャー（指示対象を示したり要求したりするジェスチャー）に着目するとしたら，前者については「単語（『猫』のような発話）」と「擬音語・擬態語（「ニャー」のような発話）」と「習慣的な音声（『イエーイ』のような発話）」，後者については「指差しのようなジェスチャー」と「『ちょうだい』と伝えるときに，手のひらを上にして差し出すジェスチャー」のようなカテゴリーを作成します。カテゴリーは，曖昧ではなく，客観的に定義できるもので，かつ，仮説に関わる行動のすべてを包括するものにすべきです。

そして，たとえば，各行動が，時間あたりに何回生じたか（たとえば，20 分あたり何回か），何秒間持続したか，または，発話と指示的ジェスチャーが同時に起こったのは何回だったか，などを測定します。もし，養育者と子どもの関わりについて検討するのが目的なら，養育者の行動についてもカテゴリーを作成して測定し，2人の行動の前後関係を分析することになります。研究目的や仮説に合わせて，何を測定するかを決めるのです。

こうした行動の記録のために使うことができるフリーソフトウェアELAN（Max Planck Institute for Psycholinguistics；https://archive.mpi.nl/tla/elan）が公開されています。ELANでは，ビデオカメラ等で撮影した動画や音声の特定の区間を再生したり，そこに自分で簡単に注釈を電子的につけたりできます。さらにその注釈のデータはMicrosoft Excelなどを用いて編集や集計することもできます。このように，観察に使えるツールは最近充実してきています。

第2の工夫は，2名またはそれ以上の観察者が同じ事象を観察して，測定値が互いにほぼ同じになることを確認したうえで結果と見なす点です。もちろんこのとき，観察者たちはまったく同じカテゴリーや記録方法を用いて測定する必要があります。加えて，観察者同士が，離れた場所で観察するなど，互いに影響し合うことなしに観察することも欠かせません。レポート等で報告する際には，観測値が観察者間でどの程度一致したかを表す観察者間一致（interobserver agreement：IOA）を報告します。

[3] 他の手法と組み合わせて研究を発展させる

観察法は，前述のとおり，研究の初期段階で，人の行動や心理の癖を捉えて，仮説を生成するために役に立ちます。その仮説は，研究の次の段階で，実験などを組み合わせることによって検証することができます。また，観察法と調査的面接法を組み合わせて調査実施することによって，参加者についての理解を深めることもできます。

最後に，観察法は，製品やサービスを企画・開発したり，既存のものをデザインし直したりする際のヒントを得るのに有効な方法の1つでもあります。製品やサービスの開発の際には，作る側の人たち（作り手）の都合や価値観によって意思決定がなされるために，残念ながら一般のユーザ（使う側の人たち）にとって不必要だったり使いづらかったりするものが作られることがあります。そうしたなか，対象となる製品やサービスを使っているときのユーザの行動を観察することによって，ユーザにとって不都合な要因や快適さをもたらす要因を調べ，それをデザインの中に活かすことができれば，多くの人にとって使いやすいものを作ることにつながります。言うまでもなく，ここでも，観察する者の価値観や偏見が入らないようにすることが重要です。また，これに関連して，上記の行動カテゴリーを事前に確定しない方がよいときがあります。そのときには，複数の事例を見るなかで，共通性を見出したりグループ分けしたりして検討を進めるのがよいでしょう。

（長岡　千賀）

5．調査的面接法

●調査的面接法の利点：調査参加者とのやりとりの中で詳細な回答が得られる。
●調査的面接法の弱点：面接者の価値観などの主観が入り込みやすい。

調査的面接法とは，対話を通じて得られた情報から，調査参加者の心理的特徴を理解していく方法です。調査的面接法は，面接の進め方（構造化の程度）によって以下の3つの方法に分類されます。

[1] 非構造化面接

自由な対話のやりとりの中で調査参加者から得られた情報をもとに，その人の心理的特徴を理解していこうとする方法です。自然な対話の流れの中で，自由に尋ねたいことを質問できる自由度の高さがメリットの1つとして挙げられます。このメリットを通じて，相手を理解するための情報を幅広く得ることが可能になります。したがって，何かしらの仮説を検証するというよりは新たな仮説を生成するための方法として有用です。

一方，非構造化面接のデメリットとして，自由に得られたデータを分析していく際に，面接者の主観が入り込みやすいことが指摘されています。例として，面接者の既存の価値観や潜在的に有している仮説に偏った形で面接データの収集や解釈が行われる可能性が挙げられるでしょう。このように，非構造化面接ではデータ収集や分析結果の客観性を担保することが困難になる可能性があることに注意する必要があります。

また，面接の自由度が高いとは言え，気をつけておくことがあります。それは，面接調査に協力してくれる方に対する物理的，心理的負担への配慮です。たとえば，面接の時間が長すぎることは調査参加者にとって負担となります。質問内容が相手にとってプライベートのことなど，場合によっては答えたくないような侵襲的なものとなっていないかについても注意が必要です。

なお，研究分野によっては，面接者の主観や面接者と調査参加者との関係性も含めたうえで面接法によって得られたデータを分析していく立場もあります。先行研究を参照する際には，どのような立場で何を目的にして調査的面接法が利用されているかを読み解くことも大切です。

[2] 構造化面接

あらかじめ質問項目やその回答結果に応じて次にどのような質問を行うかをフローチャート形式で準備しておき，その流れに沿って面接を行い相手の理解を深めていこうとする方法です。その際の言葉遣いについても，基本的には事前に準備された質問票に沿う形で面接者がその場で手を加えない形でコミュニケーションを取ります。たとえば，入学試験や就職の採用面接などにおいて，最初に氏名と受験番号，出願動機について尋ねることなどが挙げられます。

非構造化面接と比べて面接における自由度が乏しくなることが構造化面接におけるデメリットの1つになります。その結果として，相手から得られる情報量が乏しくなるということも挙げられます。しかしながら，客観的な手続きに基づいて得られたデータを分析することを通じて，非構造化面接でのデメリットであった結果の分析における客観性の担保が可能になることが構造化面接の大きなメリットの1つです。精神医学的な診断や精神症状の重症度評価においても用いられることが多い方法の1つです。

構造化面接では，あらかじめ質問項目が設定されていることにより，どの程度の時間を要するか事前に目処が立ちます。加えて，質問内容が明確化されているため，調査参加者に面接調査の事前説明を行いやすくなります。このことは面接に対する不安を軽減することにも寄与するでしょう。結果として，面接調査への協力も得やすくなる可能性があります。これらも構造化面接のメリットとなるでしょう。

[3] 半構造化面接

非構造化面接と構造化面接を組み合わせた方法です。構造化面接のように，面接の中で必ず尋ねることについてはあらかじめ明確にしておきます。一方で，面接の最中に対話の流れの中で相手に尋ねたいことが生じた際には，柔軟にそのことについて尋ねるというように非構造化面接の形式で情報収集を進めていきます。たとえば，入学試験や就職の採用面接などにおいて，最初に氏名と受験番号，出願動機について尋ねた（＝構造化）後に，出願動機の内容に応じてその後の質問が変わってくる（＝非構造化）という流れが挙げられます。このように，半構造化面接では非構造化面接と構造化面接を柔軟に織り交ぜながら面接を進めていきます。

半構造化面接は非構造化面接における自由度の担保や，構造化面接における構造化による客観性の担保という形で両者のメリットを享受できるようにも見受けられますが，そればかりとも言い切れません。半構造化面接では両者のメリットだけではなく，デメリットも併せもつことに留意しておく必要があります。

面接法では研究テーマの設定と同様に，調査参加者をどのように募るかも重要なポイントです。「とりあえず身近で協力が得られる友達に……」といった考え方は望ましくありません。研究テーマに沿って導き出されたリサーチクエスチョンを解決する情報を持つ人として，調査協力を依頼する相手が適切かについて事前の検討が必要です。また，その特性上，学生の立場では調査対象者と接点をもつことが困難である場合も少なくありません。研究テーマの設定と調査参加者のサンプリング，依頼方法については，その実現可能性について指導教員との間で十分に検討を行う必要があります。

（田中 勝則）

6．フィールド研究

- フィールド研究の利点：フィールドで人々の自然な姿を観察し，また交流しながらインタビュー法など多様な調査法を用いて研究を進めることで，研究対象についての豊かな記述を行い，**生態学的妥当性**の高い解釈を示すことができる。
- フィールド研究の弱点：研究者がフィールドに参与するレベルはさまざまであるが，研究者の存在および研究という行為自体がフィールドやそこでの人々の行動に影響を与えることは避けられないので，単純な意味での**研究データの客観性**は担保されえない。

[1] フィールド研究の目的

心理学で研究者がフィールド（現地・現場）で研究を行うのは，人工的に切り取られた人々の行動の一部ではなく，人々の暮らす現実の環境に研究者自身も身を置いて，現場の状況を五感で感じつつ，人間の活動を全体的に理解したいとの理由からです。科学的な営みとして，心理学が人間の行動や心理的メカニズムに関する因果関係を明らかにするためには，厳密に条件を統制した実験室で実験を行う必要があります。しかしながら，人間を対象とした心理学の研究では，科学的に厳密な条件設定を行って，ある特定の行動を研究しようとした場合，本来，そこで明らかにしたかったはずの人々の現実の生活の中での行動とは，質的にまったく異なる，生き生きとした躍動感のない行動に変容したものを対象にせざるをえないという事態が生じます。もちろん，優れた心理学実験は人工的な条件設定という制約の中で，部分的ではあってもうまく人間の行動の本質を再現するものとなっていて，実験という方法が心理学において有効であることは言うまでもありません。

[2] フィールド研究とフィールドワーク

フィールドでの研究法としては，文化人類学で主に発展してきた**参与観察**と呼ばれる研究方法があります。参与観察は，研究対象である社会や集団に，研究を行う研究者自身が加わり，ある程度長期間にわたって生活をともにしながら観察を行ってデータを収集する方法で，心理学のフィールド研究でも用いられています。そして，その参与観察法などを用いて，調べようとする出来事が起きているその「現場」に身を置いて調査を行う研究に関連する作業（＝ワーク）一般は**フィールドワーク**と呼ばれます（佐藤, 1992）。フィールド研究とフィールドワークの違いは，前者がフィールド（現地・現場）での生態学的妥当性の高いデータ収集を主な目的としつつも，必ずしも長期間の調査や深い参与を必要としていないのに対し，後者では，ある程度長期間にわたって，そのフィールドに深く参与しながら研究を行うのを前提としている点にあります。心理学のフィールド研究の多くが対象とするのは，私たちのすぐ身近にある学校や家庭や地域社会であり，そのフィールドや人々について，私たちはすでにある程度細分化した経験や知識をもっている（やまだ，2003）ので，短期的で範囲の限られた研究によっても，一定程度，フィールド理解に有効な知見を引き出すことが可能となります。

[3] フィールド研究に伴う倫理的な問題

心理学で研究を行う場合，研究への参加者と研究者との関係は，もちろん専門性を有するかどうかという大きな違いはありますが，同じ参加者として対等であるべきです。また，ともすれば弱い立場に置かれがちな参加者の立場をどう保障するのかについて具体的な方策が取られなければなりません。実験研究であれば，参加者には自由意志で実験に参加してもらい，たとえ実験の途中であっても参加を取りやめる権利を持っていることが事前に説明されます。当然ながらフィールド研究でも，自分の行動に関するデータが研究に利用されることについては対象者から同意を得る必要があります。ただ，自然な状況の観察では，そこに存在するすべての人から，同意を得るという手続きを行うことは現実的には不可能な場合もありえます。また，研究者と対象者との関与のレベルが深くなるフィールド研究では，単に研究対象者の同意を得て，報告の際に研究対象者を匿名化すれば事足りるという単純な問題ではなくなります。なぜならフィールドワークの研究報告では，個別の事例について詳述する必要があるためです。それゆえ個人名が匿名化され，居住地や年齢等の情報についての情報を一部改変するなどの配慮が行われても，内容の根幹部分について改変するわけにはいかないので，対象者のことをよく知っている人が読むと本人が特定化できるという事態も生じます。従来は大学の図書館で印刷物を閲覧しなければアクセスできなかった報告書の全文が，インターネットを通じて簡単に入手可能となることも多い現状では，そのようなリスクも高まっていることへの注意が必要になります。また，結果の解釈についても，研究者と対象者の間で見解の対立が生じる場合もありますが，その対応策についても考えておく必要があります。

（石盛 真徳）

7. 二次分析

●**二次分析の利点**：社会調査を実施してデータを収集する過程が不要で，データ収集に係る費用・手間・時間を節約することができる。幅広い年代を対象とした無作為抽出による標本データが多く，一般化可能性の高い知見を得ることができる。また，時系列比較や国際比較が可能なデータを入手することもできる。

●**二次分析の弱点**：検証したい仮説に含まれる複数の変数が，同じデータ内にそろっておらず，分析が限られたり，仮説の検証に工夫を必要としたりする。

[1] 二次分析

二次分析とは，二次データを利用した分析を指します。二次データとは，研究者本人以外が集めたデータのことです。なお，研究者本人が集めたデータを一次データと言います。社会調査による実証研究は主に，①仮説を構築し，②社会調査を実施してデータを収集し，③仮説を検証する，という 3 過程から成りますが，二次分析では②の過程が不要となり，データ収集に係る費用・手間・時間を節約することができます。また，幅広い年代を対象に，無作為抽出によって得られた標本のデータがほとんどなので，一般化可能性（ある人たち，たとえば集団 A を対象にした研究で得られた結果を，集団 A 以外の人たちに対しても適用できるかどうかの程度）の高い知見が得られます。さらに，費用・手間・時間のかかる，時系列比較（ある現象の時間的変化を観測して得られたデータを比較すること，たとえば，月ごとの洋服の購入金額の比較など）や国際比較（国レベルで手に入れたデータでの比較，たとえば日本，ノルウェー，ドイツといった国々の育児休業の取得状況の比較など）が可能なデータを入手することも容易です。ただし，検証したい仮説に含まれる複数の変数が，同じデータ内になく，分析が制約されたり，他の変数で代用する，複数のデータを分析して総合的に仮説を検証する等の必要が生じたりすることもあります。

本書第 9 章では，この二次分析の実践例を紹介するとともに，政府が公開している統計（以下，政府統計）を用いた分析についても紹介します。なお，政府統計のデータには社会調査で収集されないデータ（たとえば，認知犯罪件数など）もあります。

[2] データの入手

二次分析に必要な社会調査のマイクロデータ（個々の調査票の記入内容）は，データアーカイブから入手することができます。日本では，SSJ データアーカイブ（Social Science Japan Data Archive：SSJDA）から，東大社研パネル調査や SSM（社会階層・社会移動に関する）調査の時系列データを入手することが可能です（SSJDA, 2020 a）。また，アメリカの ICPSR（Inter-university Consortium for Political and Social Research）からは，日本のデータを含む ISSP（International Social Survey Programme）や World Values Survey（世界価値観調査）といった国際比較が可能なデータを入手することもできます（ICPSR 国内利用協議会, 2020）。

一方，市町村等のデータは政府統計の総合窓口 e-Stat などから入手することができます。e-Stat には，各省庁が取りまとめた統計が収められており，社会調査（例：国勢調査，社会生活基本調査など）に基づくデータや行政機関が独自に取りまとめた統計があります。

[3] 仮説の検証に必要な工夫

検証したい仮説に含まれる複数の変数が，すべて同一のデータにそろっていることは稀で，そろっていた場合は，すでに検証されている可能性が高いです。すでに検証されている仮説をあらためて検証する必要や意義があるのか，各調査の利用論文リスト（SSJDA, 2020 b）を参照したり，文献研究を深めたりして，確認しましょう。

そのうえで，限られた変数を含むデータでのみ仮説を検証するためには，他の変数を代用したり，複数のデータを分析して総合的に仮説を検証したり，といった工夫が必要となります。たとえば大髙・唐沢（2010）は「所得が低いほど，生活保障の責任を政府に帰属し，社会保障政策を支持する」という仮説を検証するために，3 つのデータを分析しています。仮説に含まれる変数は，所得，生活保障を政府に責任帰属，社会保障政策に対する態度，の 3 つで，所得変数として，データによって個人所得と世帯所得のどちらかを用いたり，生活保障を政府に責任帰属，社会保障政策に対する態度の 2 変数について，データによって変数の作成方法を変えたりして分析しています。このように総合的に検証することで，より頑健な知見が得られる点も，二次分析の魅力の 1 つと言えるでしょう。

（大髙 瑞郁）

■ 引用文献

ICPSR 国内利用協議会（2020）．ICPSR について Retrieved from〈http://jna-icpsr.jp/icpsr-about.html〉（2020年9月30日閲覧）

金政 祐司（2020 a）．調査法（1）：基礎　三浦 麻子・小島 康生・平井 啓（編）　心理学研究法（pp. 68–81）　ミネルヴァ書房

金政 祐司（2020 b）．調査法（2）：基礎　三浦 麻子・小島 康生・平井 啓（編）　心理学研究法（pp. 82–95）　ミネルヴァ書房

大髙 瑞郁・唐沢 かおり（2010）．所得による生活保障の責任帰属バイアスと社会保障政策に対する態度の違い　実験社会心理学研究, *50*, 49–59.

佐藤 郁哉（1992）．フィールドワーク――書を持って街へ出よう　新曜社

SSJDA（2020 a）．SSJDA について Retrieved from〈https://csrda.iss.u-tokyo.ac.jp/ssjda/about/〉（2020年9月30日閲覧）

SSJDA（2020 b）．利用文献リスト Retrieved from〈https://ssjda.iss.u-tokyo.ac.jp/Direct/resultsearch.php〉（2020年9月30日閲覧）

やまだ ようこ（2003）．フィールドワークと質的心理学研究法の基礎演習：現場（フィールド）インタビューと語りから学ぶ「京都における伝統の継承と生成」　京都大学大学院教育学研究科紀要, *49*, 22–45.

統計の基礎

鈴木公啓

はじめに

これまでの章で説明が行われていたように，心理学は客観性を重視し，調査や実験といった研究によってデータを集めます。集めたデータは，そのままでは役に立ちません。私たちが解釈できるように形を整えて整理していく必要があります。そのためのツールが統計法になります。

本章では，心理学における統計法の基礎について概説したいと思います。できるだけ最低限のことを押さえた内容で構成して説明していきます。ただ，この章だけでは十分に説明しきれない部分も出てくると思います。そのため，この章を読んでもっと理解したいと思った方は，ぜひとも関連する書籍にも目を通してもらえたらと思います。

1. 尺　　度

世の中のさまざまな事象は，数値に置き換えて扱われます。たとえば，物の長さであれば，メジャーなどで測定することによって，○mm といった数値に置き換えることができます。通学時間であれば，60 進法による単位で置き換えて△分といった数値で扱うことができます。他にも，全国で 1 位とか，気温が 28℃ とか，数値によってその程度などを示すことができます。住んでいる住所に 606-8161 といった数字を割り付けることも可能です。

このように知りたい事象を数字に置き換えることを測定と言いますが，その測定のときに使われる規則のことを**尺度**と言います。そして，尺度によって測定された数値の集まりは**データ**であり，このデータに対して，統計の分析を行っていくことになります。

[1] 尺度の種類

尺度は 4 つの種類に分けることができます。

(1) **名義尺度**：数字がカテゴリーを示すために使われている尺度です。たとえば，性別の場合，「男性」「女性」「その他」はあくまでも性別というカテゴリーを示す用語です。数字でないためそのままでは分析できませんので，数字に置き換える必要があります。たとえば，男性に 0，女性に 1，その他に 2 を割り当ててもよいです。この場合，0 なら男性，1 なら女性，2 ならその他というように元に戻すことができます。また，男性に 2 を女性に 1 をそしてその他に 0 を割り当ててもかまいません。あくまでも，ある数字があるカテゴリーを示しているという対応さえしっかりとしていれば問題ないのです。ただし，数字の大小の意味はありませんし，その数値を足したり引いたりしても，意味はありません。ちなみに，このようにカテゴリーを数字に置き換えることを，コーディングする，と言います。

(2) **順序尺度**：ものごとの順序だけを示している尺度です。たとえば，水泳の成績の場合，早くゴールした人から順に，1（位），2（位），3（位），4（位）……と数字が割り当てられます。このとき，1 位は 2 位よりも優れていて（泳ぐのが速い），2 位は 3 位よりも優れていて，といったように，数字の大小が水泳の能力の順番に対応しています。しかし，表しているのはあくまでも順序だけです。1位と2位の数字の差も，5位と6位の数字の差もどちらも同じく1ですが，この1という数字は，同じことを意味していません。1位と2位の能力の差と，5位と6位の能力の差は同じとは限らないのです。このように，順序だけを示すのが順序尺度です。ちなみに，足したり引いたりしても，ほとんど実質的な意味はありません。

(3) **間隔尺度**と (4) **比例尺度**：一定の単位で計測された数値を示す尺度です。たとえばモノの重さを測ることを想像してみてください。2gと3gの差は1（g）ですし，15gと16gの差も同じく1（g）です。そして，そのどちらの1という数字も，同じ1（g）という重さを意味しています。これが，一定の単位による測定ということになります。そして，間隔尺度と比例尺度の違いは，ゼロが「ない（存在しない）」ということを示しているかどうかになります。ゼロが「ない」ということを意味していないのが間隔尺度で，ゼロが「ない」ということを意味しているのが比例尺度です。温度（摂氏）の場合，ゼロは水が氷になる温度（氷点）を意味しますが，温度が「ない」（絶対零度，マイナス273.2度）ということを意味しません。しかし，モノの重さの場合，ゼロは，重さが「ない」ということを意味しています。この2つの違いはわかりにくいかもしれません。しかし後にも書いているように，統計分析では両者はほとんど同じように扱われるので，あまり悩まなくても大丈夫です。なお，間隔尺度と比例尺度ともに，足したり引いたりすることが可能です。つまり，量として扱うことが可能な尺度なのです。

[2] 尺度の種類と情報量と分析

4つの尺度ですが，測定したデータの情報の量が異なります。情報量の多寡は「名義尺度＜順序尺度＜間隔尺度＜比例尺度」の順であり，比例尺度が最もデータの情報量が多いです。たとえば，年齢の場合，28歳であれば22歳よりも年齢が（6つ）上であることがわかります。しかし，若年層（10代～20代）と中年層（30代～40代）といった年齢層にまとめる場合，28歳も22歳もどちらも20代ということで同じ扱いになってしまい，年齢の差が消えてしまいます。細かく測定した方が貴重な情報を適切に扱うことが可能なのです。なお，細かく測定したものをカテゴリー（この場合は年齢層）に変換することは可能ですが，その逆はできません。また，○歳と答えてもらったデータは，年齢の平均値を計算することができますが，はじめから若年層とか中年層といったカテゴリーで答えてもらったデータは，年齢の平均値を算出することができません。

基本的に情報の量が多いほど，扱える分析も高度になりますし，用いることができる種類も多くなります。情報の量が少ないと，扱える分析が限られてしまいます。データを集めた後に「失敗した」と思わないためにも，できるだけ比例尺度や間隔尺度を用いて情報の量が多いデータを得ることをお勧めします。

2. 記述統計

記述統計とは，私たちが大量のデータを理解できる形にまとめ上げるための手法と言えます。表にする，グラフにする，そして統計処理を行った数値にする，といった方法があります。

[1] 表

まず，表についてです。始めに，**カテゴリーデータ**（名義尺度で測定することができる）について表にまとめる場合を説明します。たとえば，あるサービスに登録している人の性別について，以下のような 90 人分のデータがあったとします。

男性，女性，女性，男性，女性，男性，男性，男性，女性，男性，女性……

このような場合に，男性の数と女性の数を数え（実際にはコンピュータでカウントするのが一般的です），男性が 40 人，女性が 50 人と判明したとします。せっかくなので，それぞれのパーセンテージも計算しましょう。男性の割合は，40÷(40+50)＝44.44 です。同様に女性のパーセンテージを算出すると 55.56 です。これを表にすると，以下のようになります(表 3-1)。

表 3-1　性別ごとの人数とパーセンテージ

	人数	%
男性	40	44.44
女性	50	55.56
合計	90	100.00

変数が 2 つの場合は，**クロス表**と言うものにまとめることができます。たとえば，性別と PC 所有の有無について，以下のようなデータがあるとします。

男性・所有している，男性・所有している，女性・所有していない，男性・所有している，女性・所有している，女性・所有している，男性・所有していない，……

男性で所有している人，男性で所有していない人，女性で所有している人，女性で所有していない人，の 4 つのそれぞれの人数をカウントします。さらに，男女それぞれにおける所有割合について，パーセンテージも算出しましょう。それをまとめると，表 3-2 になります。

表 3-2　性別と PC 所有の有無のクロス集計表

	所有している		所有していない		計	
	人数	%	人数	%	人数	%
男性	120	66.67	60	33.33	180	100.0
女性	50	38.46	80	61.54	130	100.0
計	170		140		310	

比例尺度や間隔尺度で測定されたようなデータ（量的データ）は，**度数分布表**にまとめることができます。区間（階級）を作り，それを使ってまとめていく方法です。表 3-3 に例を掲載しました。通学時間を 20 分刻みでまとめたものになります。

刻んだ層のことを，階級と言います。階級に当てはまる対象の数を度数と言います。そして，ある階級に当てはまる人が全体の中でどのくらいの割合なのかを示しているのが相対度数です。度数分布表にまとめることによって，大量のデータの内容を把握しやすくなります。今回の場合，40 分以上 60 分未満が一番多く，そこから離れるほど当てはまる人が少なくなって

表 3-3　通学時間についての度数分布表

階級（分）	度数	相対度数（%）
20 分未満	10	2.94
20 分以上 40 分未満	70	20.59
40 分以上 60 分未満	120	35.29
60 分以上 80 分未満	80	23.52
80 分以上	60	17.64
合計	340	100.00

いることが確認できます。

[2] グ ラ フ

グラフにまとめることによって，視覚的にデータの傾向をダイレクトに把握することが可能になります。心理学では，棒グラフや折れ線グラフ，ヒストグラムや帯グラフなどを用いることが多いように思われます。また，**散布図**もよく用います。

散布図はあまり普段は見かけないかもしれませんが，心理学ではよく用います。2つの関係性について表すグラフです。下のグラフ（図3-1）で説明してみましょう。横軸が身長で縦軸が体重です。Aさんの身長が172 cmで，体重が70 kgだとしたら，そのクロスするところに点を打ちます。これがAさんのデータです。そして，Bさんの身長が168 cmで，体重が58 kgだとしたら，そのクロスするところに点を打ちます。これがBさんのデータです。10人のデータがあれば10個の点が，100人のデータがあれば100個の点が打たれることになります。

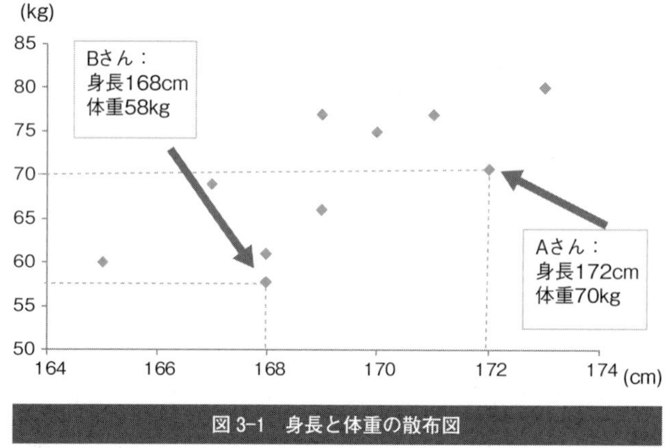

図3-1　身長と体重の散布図

こうしてできた散布図は，その形から2つの変数の関係を読み取ることができます。それについては，後の相関係数（p. 52）のところで説明します。

どのようなときにどのようなグラフを用いればよいかが決まっているため，それを覚えておくことが大事です。いくつかのグラフについて，表3-4に特徴と例をあわせて示します。

表3-4　グラフの種類とその特徴および例

種類	特徴	例
棒グラフ	カテゴリーごとの度数や平均値を示す	各学部の人数
折れ線グラフ	平均値などの変化を示す	毎月のアルバイト代の変化
ヒストグラム	量的データの度数分布を示す	通学時間
帯グラフ	いくつかのグループの割合を示す	iPhoneかAndroidか
散布図	2つのデータの関連を示す	身長と体重の関連

[3] 記述統計量：代表値と散布度

データを特定の数値にまとめたその数値のことを，**記述統計量**と言います。主なものには，**代表値**と**散布度**があります。代表値はデータを代表してその特徴を示す値のことです。散布度は，データの散らばり具合を示す値のことです。

1) 代 表 値

主なものとして**平均値**，**中央値**，**最頻値**があります。

平均値（相加平均の値）は，データをすべて足してデータの個数で割ることによって算出で

表3-5　曜日ごとのアルバイトの時間

月曜日	火曜日	水曜日	木曜日	金曜日
4	5	8	3	6

きます。ある週の平日のアルバイトの時間（表3-5）の平均値を算出してみたいと思います。

これをすべて足し合わせると，4+5+8+3+6=26となります。そして，データの数が5なので5で割ります。すると，26÷5=5.20となります。

平均値の式と，そこに今回のデータを当てはめたのが以下になります。

$$平均値=\frac{すべてのデータの合計}{データの数}=(4+5+8+3+6)\div5=26\div5=5.20$$

中央値は，データを小さい順，もしくは大きな順に並べ替えたときに，真ん中にくる値のことです。先ほどの，ある週のアルバイトの時間の場合，以下のように並び替えできます。

4，5，8，3，6　→　3，4，5，6，8

したがって中央値は5です。平均値とは値が異なっているのが確認できると思います。

最頻値は，データを度数分布表にまとめたときに最も度数が大きいところ（つまり数が多いところ）の階級の値（階級値）のことです。表3-3（p. 47）の場合，一番度数が大きいところは40分以上60分未満の階級なので，最頻値はこの階級の階級値である50（階級値は(40+60)÷2で算出）になります。

2) 散布度

分散，**標準偏差**，**四分位範囲**，**レンジ**，などがあります。

分散は，平均値を基準としたデータの散らばりを示す値です。たとえば，データが平均値の近くに集まっている場合と，データが平均値の近くに集まってなく，ばらばらになっている場合（図3-2）ではデータの全体像が異なります。この散らばりの程度を分散という指標で示すことができます。

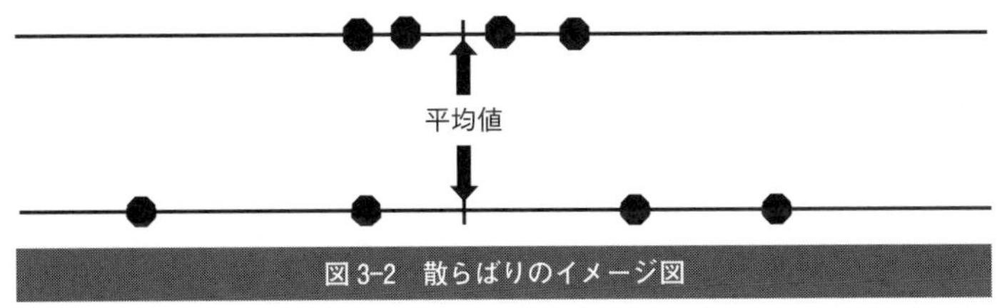

図3-2　散らばりのイメージ図

算出方法は以下のとおりです。データは，先ほどのアルバイト時間のデータを使いましょう。まず平均値が必要ですが，先ほど算出したとおり5.20です。

さて，それぞれの数値が平均値からどの程度離れているかを算出します。それぞれの数値と平均値の差を計算してみます。値が大きいほど，平均値との差があるということになります。

$4-5.2=-1.20$
$5-5.2=-0.20$
$8-5.2=2.80$
$3-5.2=-2.20$

$6-5.2=0.80$

これを足し合わせれば，データの平均値からの散らばり具合を見ることができるように思えるのですが，実はこれらを足し合わせると，プラスマイナスで相殺し合って 0 になってしまいます。そこで，それを解決するために，数値を 2 乗します。

$(-1.20)^2=(-1.20)\times(-1.20)=1.44$
$(-0.20)^2=(-0.20)\times(-0.20)=0.04$
$2.80^2=2.80\times2.80=7.84$
$(-2.20)^2=(-2.20)\times(-2.20)=4.84$
$0.80^2=0.80\times0.80=0.64$

これでマイナスが消えたので，足し合わせます。平均値からの離れ具合の全体の量です。

$1.44+0.04+7.84+4.84+0.64=14.80$

さて，ここでちょっと考えてみましょう。1 つ 1 つのデータの平均値からの離れ具合がたとえば 1 前後だったとしても，それが 1,000 個のデータ分だとしたら，足し合わせた合計の値は大きな値になってしまいます。そこで，データの数で割って，データ 1 つあたりの平均的なズレ幅を算出します。今回のデータの数は 5 なので，以下の計算になります。

$14.80\div5=2.96$

この 2.96 が今回の分散の値です。

分散の式と，そこに今回のデータを当てはめたものが以下になります。

$$
\begin{aligned}
\text{分散}&=\frac{\text{すべてのデータにおける「各データ－平均値」の 2 乗の合計}}{\text{データの数}}\\
&=\frac{(4-5.20)^2+(5-5.20)^2+(8-5.20)^2+(3-5.20)^2+(6-5.20)^2}{5}\\
&=\frac{(-1.20)^2+(-0.20)^2+2.80^2+(-2.20)^2+0.80^2}{5}\\
&=\frac{1.44+0.04+7.84+4.84+0.64}{5}\\
&=\frac{14.80}{5}\\
&=2.96
\end{aligned}
$$

分散は重要な指標なのですが，実はこのままでは使い勝手が少々悪いです。というのも，分散の計算の途中で，マイナスの符号を取るために平均値とデータの差を 2 乗しているからです。この時点で，単位が変わってしまっています。たとえば，人数（人）の分散は人数^{2}という意味不明な単位になっています。

そこで，意味が理解しやすいように，分散の平方根を取り，元の単位に戻します。それが標準偏差（*SD*）です。先ほどの 4，5，8，3，6 の標準偏差は，標準偏差$=\sqrt{\text{分散}}=\sqrt{2.96}=1.72$になります。

他に，四分位範囲とレンジがあります。四分位範囲は中央値とセットで用いられます。データを大きさの順に並べて 4 等分し，前から 4 分の 1 のところと 4 分の 3 のところのデータの差が四分位範囲です。レンジはシンプルに最小値と最大値の差です。あまり見かけないかもしれませんが，覚えておきましょう。

3）散布度の必要性

普段の生活では，平均値という代表値を見ることがあっても，標準偏差などの散布度を見ることはないかもしれません。しかし，散布度はデータの特徴を把握するのに重要な指標です。代表値だけでは足りない情報を補ってくれるのです。

このような場合を考えてみてください。ある店（チェーン店 A としましょう）のアルバイト代の平均値が 1,100 円だとします。そして，もう 1 つの店（チェーン店 B としましょう）のアルバイト代の平均値も同じく 1,100 円だとします。この場合，チェーン店 A の人もチェーン店 B の人も同じようにアルバイト代をもらっていると言えるでしょうか。

実際の A 店のアルバイト代はこのような感じかもしれません。

1 人目……800 円
2 人目……950 円
3 人目……1,250 円
4 人目……1,400 円

B 店はこのような感じかもしれません。

1 人目……1,050 円
2 人目……1,100 円
3 人目……1,100 円
4 人目……1,150 円

この場合，どちらも平均値は 1,100 円で間違いありません。しかし，実際にいくらもらっているかの全体像は，A 店と B 店でずいぶん違うように思うのではないでしょうか。A 店は，アルバイトを始めてしばらくは，思ったよりも安いアルバイト代しかもらえないかもしれませんが，逆に，長い間頑張れば思った以上にもらえるかもしれません。B 店は，アルバイトを始めてすぐに思ったくらいはもらえるかもしれませんが，長い間頑張ってもアルバイト代はあまり上がらず思ったよりもらえないかもしれません。

このように，平均値だけでは全体像を示すのに不十分です。ここで標準偏差を算出すると，A 店は 237.17，B 店は 35.36 です。A 店の方がデータの散らばりが大きいことが確認できます。このように，代表値だけでなく散布度も加えることによって，データの全体像をより適切に把握することができるようになります。

4）代表値や散布度の使い分け

代表値と散布度ともに複数の種類がありますが，それぞれ特徴があり使い分ける必要があります。たとえば，平均値は極端な値（外れ値という言い方をします）があると，その値に引っ張られてしまうことが知られています。

たとえば，5 人のアルバイト代の平均値と中央値を比較してみましょう。ちなみに 5 人のアルバイト代が，700 円，800 円，800 円，900 円，2,800 円とします。この場合，平均値は 1,200 円となります。5 人のうち 4 人が 900 円以下なのに，平均値は 1,200 円になるのです。もし，「アルバイトの時給の平均値は 1,200 円です」といった募集があったとして働き始めた人は，だまされたと思ってしまうかもしれません。しかしこの平均値の値は嘘ではないのです。ちなみに，この場合の中央値は 800 円です。この方が実感と合っていると思うのではないでしょうか。

どの代表値や散布度を使うのが適切か判断するためにも，代表値や散布度だけでなくヒストグラムなどのグラフも併せて見てデータ全体の特徴を把握することが大事です。

なお，平均値は（分散または）標準偏差と，中央値は四分位範囲とセットで用いられるのが基本です。分散や標準偏差は平均値を基準として計算しますし，中央値も四分位範囲も4分割した（4分の1ずつに分けた）ところの値を用いているという点で共通しているからです。

[4] 記述統計量：相関係数

相関とは，2つの変数の関連性のことで，有無，強さ，正負という観点から関連性を判断していきます。

まずは，関連があるかないかです。一方の変数が大きいときにもう一方の変数も大きいという場合には，関連があるということになります。一方が大きくても小さくてももう一方の変数の大小には関係ないといった場合は相関がない（無相関）ということになります。

また，関連がある場合は関連の方向性も考える必要があります。一方が大きいともう一方が大きいという関係がある場合は，その関連を正の相関と言います。また，一方が大きいともう一方が小さいという関係がある場合は，その関連を負の相関と言います。さらに，2つの変数の結びつきが弱い（連動しているがそれほどでもない）ものから，とても強い（強く連動している）ものまで幅があります。

これらは，散布図によってもある程度読み取ることが可能です。散布図では，そのいくつもの点の分布が円に近ければ無相関，直線に近ければ強い相関を表します。その間は楕円形となり，円に近いものから直線に近いものまで段階的に変化します。

また，楕円や直線の傾きが右肩上がりであれば，それは正の相関があることを示します。逆に，楕円や直線の傾きが右肩下がりであれば，それは負の相関があることを示します。

相関の強さと散布図を対応させてみたので，対応関係を確認してみてください（図3-3）。

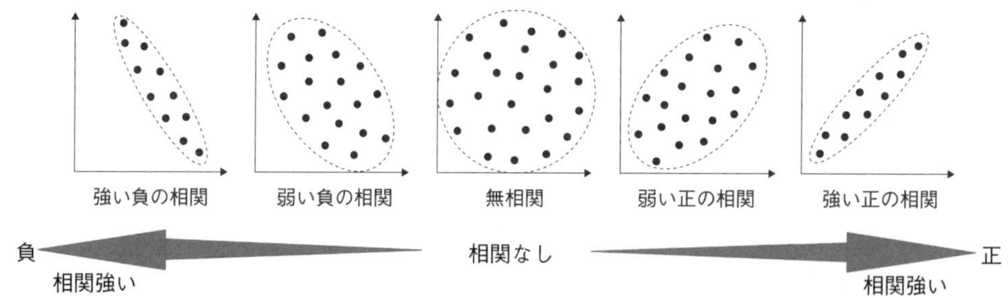

図3-3　相関の強さと散布図の対応

このような2つの変数の関連性については，散布図で読み取るだけでなく，相関分析を行うことにより，その内容を指標にして示すことができます。その指標の1つに**ピアソンの積率相関係数**があります。2つの変数が間隔尺度か比例尺度の場合に算出することができる指標です。

ピアソンの積率相関係数は，r で表します。r は−1から1の範囲をとります。そして，r が0だと2つの変数に関係がない（つまり無相関）ということを意味します。そして，−1に近いほど負の相関が強く，+1に近いほど正の相関が強いということを意味します。−1であれば完全な負の相関，+1であれば完全な正の相関です。つまり，ピアソンの積率相関係数を計算してその値が+0.9であれば，+1に近いので，正の相関でかつ関連は強いということになります。そして，−0.3であれば，0の方に近くしかもマイナスの値なので，負の相関でかつ関連は弱いということになります。r の値についての関連の強さの基準の例を示しておきます（図3-4）。なお r の値は絶対値で 1 を超えることがないので，整数の 0 をとって記述することが一般的です（例，0.5→.5）。

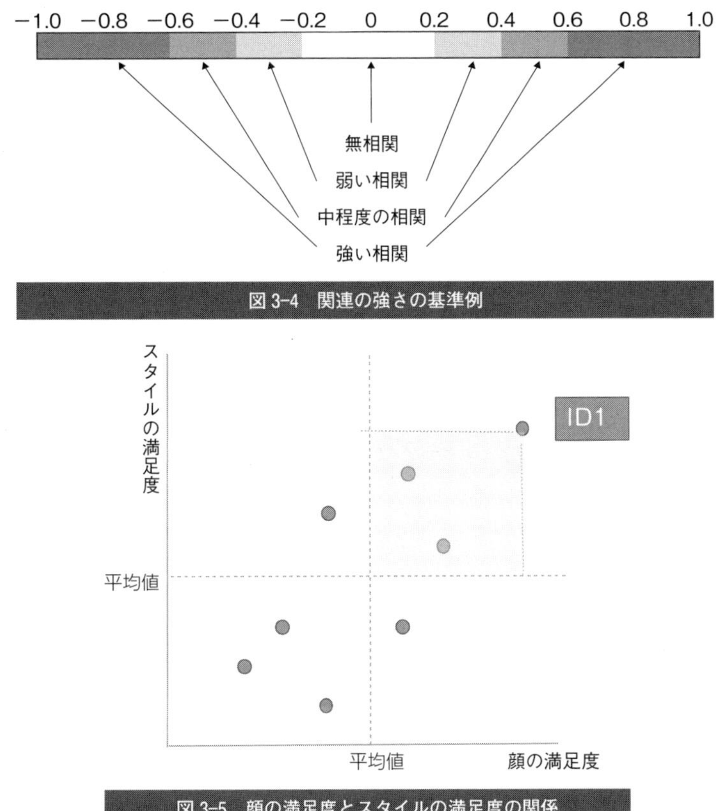

図3-4　関連の強さの基準例

図3-5　顔の満足度とスタイルの満足度の関係

それでは具体的な算出方法を確認します。まず，散布図（図3-5）を見てみましょう。顔の満足度は値にバラツキがありますし，スタイルの満足度も値にバラツキがあります。そして，顔の満足度が大きい場合にスタイルの満足度も大きい傾向があることが見て取れます。これは，「顔の満足度とスタイルの満足度が共変している」と言います。

ここでちょっと考えてみましょう。顔の満足度もスタイルの満足度もそれぞれ，平均値に比べ値が大きければプラスのポイント，平均値より値が小さければマイナスのポイントが割り当てられるとしましょう。たとえばID 1の人であれば，顔の満足度は平均よりも大きいのでプラスポイント，スタイルの満足度も平均よりも大きいのでプラスポイントになります。ID 1の平均からの隔たり具合は，顔の満足度とスタイルの満足度という指標を合わせた四角形の面積で考えることにしましょう。同様に，すべての対象について四角形の面積（平均値からの離れ具合）が計算できることになります。右上の領域だと，顔の満足度もスタイルの満足度も平均値より大きいので掛け合わせてプラスになりますが，右下の領域であれば，スタイルの満足度は平均値よりも小さいので掛け合わせてマイナスになります。つまり，マイナスの力をもった面積ということになります。同様に，左下はプラスの四角形，左上はマイナスの四角形になります（図3-6）。

今回のような右肩上がりの場合は，プラスの四角形が多くなり，マイナスの四角形が少なくなります。今回の対象それぞれのもっている面積を足してみると，プラスの勢力が大きくなります。この状態が，正の相関があるということなのです。

一方，図3-7の散布図のように，データがまんべんなく散らばっているとします。つまり，どちらが大きいとどちらが大きい（または小さい）という関係性がないような場合です。このようなときに，それぞれの対象の四角形の面積を求めてそれらを合算すると，右上も右下も左

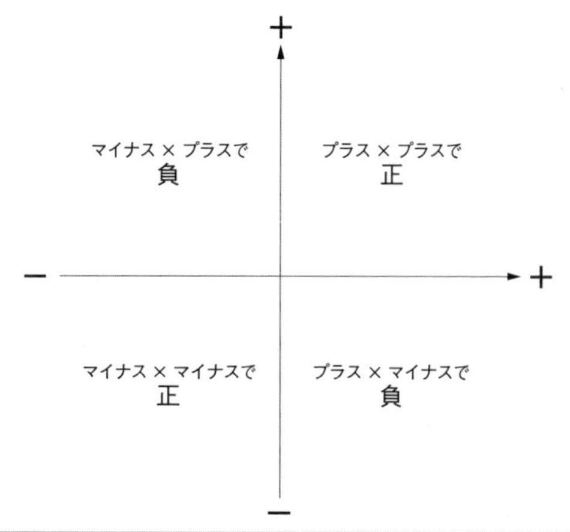

図 3-6　顔の満足度とスタイルの満足度の領域正負イメージ

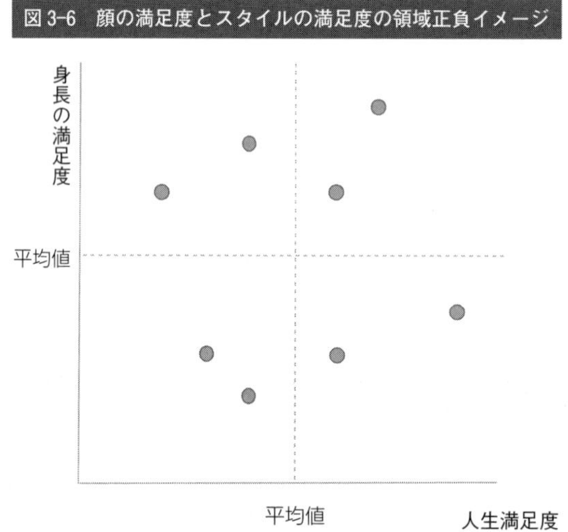

図 3-7　無相関のイメージ

下も左上も同じくらい四角形があり，プラスもマイナスも同じくらいとなっているので，結局相殺しあって0に近づきます。つまりこれが無相関です。

そして，この四角形の面積をすべて足し合わせて，データの数で調整し，最後に，そもそものデータの散らばり具合（標準偏差）で調整を行ったものが，ピアソンの積率相関係数なのです。

ピアソンの積率相関係数 r の式は以下のとおりです。今回であれば，顔の満足度が変数 A，スタイルの満足度が変数 B になります。また，以下の式に出てくる共分散ですが，これは，個々人のデータについて変数 A の平均値との差（変数 A についてのズレ）および変数 B の平均値との差（変数 B についてのズレ）を掛け合わせた後に，それを全員分足し合わせ，最後にデータの数で割ったものになります。

$$r=\frac{\text{共分散}}{\text{変数 }A\text{ の標準偏差}\times\text{変数 }B\text{ の標準偏差}}$$

3．推測統計と推定・検定

これまで説明してきた記述統計は，手元にあるデータの性質や特徴について明らかにするための統計手法でした。しかし，心理学では**推測統計**という手法も用います。この推測統計の必要性を理解するために，まずは，母集団とサンプリングについて理解しましょう。

[1] サンプリングと推測

私たちが何かについて知ろうと調査を行う場合，知りたい対象全員を調査できるとは限りません。たとえば，大学生のスマートフォン利用時間を知りたい場合，全国の百数十万人の大学生全員を対象に調査（**全数調査**と言います）をするのが確実です。得られたデータはそのまま記述統計の分析を行い，その結果をそのまま解釈することが可能です。しかし，現実的にはそれは難しいでしょう。そのため，その対象の中の一部分の人たちだけを抜き出してその一部の人のみを対象に調査（**標本調査**と言います）が行われることがあります。このとき，もともと対象としたかった全国の大学生全員を**母集団**，抜き出した対象を**サンプル（標本）**，そして，抜き出すことを**サンプリング（抽出）**と言います。なお，サンプルに含まれる対象の数のことを**サンプルサイズ**と言います。

サンプリングの際には，偏りがないように注意しなければいけません。抽出された人たちがたまたまスマートフォン利用時間が多いような人たちであったとしたら，その人たちを対象に得られた結果は，全国の大学生全員へと当てはめることが難しいでしょう。そのため，サンプリングの際には，偏りがないようになされる必要があります。そのための方法を，**無作為抽出（ランダムサンプリング）**と言います。偏りがないようにいくつもの方法が考えられています。

さて，サンプルから得られたデータを分析したとしても，それはあくまでもサンプルの特徴を示すだけにしかなりません。本来知りたいのは母集団の特徴なのですが，全数調査ではないために母集団のことはわかりません。そこで，手元のサンプルの特徴から母集団の特徴を推測していくことが必要になります。このときに用いられる道具が推測統計なのです。全体図を示してみましょう。図 3-8 です。なお，推測統計の際には，**有意性検定（統計的仮説検定）**が使われます。

母集団を特徴づける値は，**母集団のパラメータ（母数）**と言います。たとえば，母集団の平均値は母平均と言いますが，これも母集団のパラメータの 1 つです。そして，サンプルの特徴を示す値は**標本統計量**と言います。標本統計量を用いて母集団の特徴を推測するのが推測統計なのです。

標本の平均値と母平均との関係について図にしてみました（図 3-9）。ある集団から一度サンプリングを行い，平均値を算出したとき 68 点だったとします。つまり，標本平均値は 68 です。それではもう一度サンプリングを行いましょう。平均値を算出すると 59 点だったとします。さて，これを何度も何度も繰り返した場合，標本平均値はある値を中心に分布します。この分布を**標本分布**と言います。

また，何度も得られた平均値の値を使って，さらに平均値を算出してみると，68＋59＋…＝

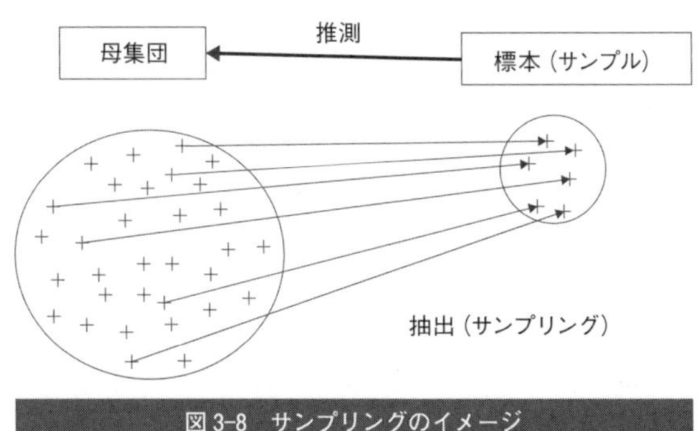

図 3-8　サンプリングのイメージ

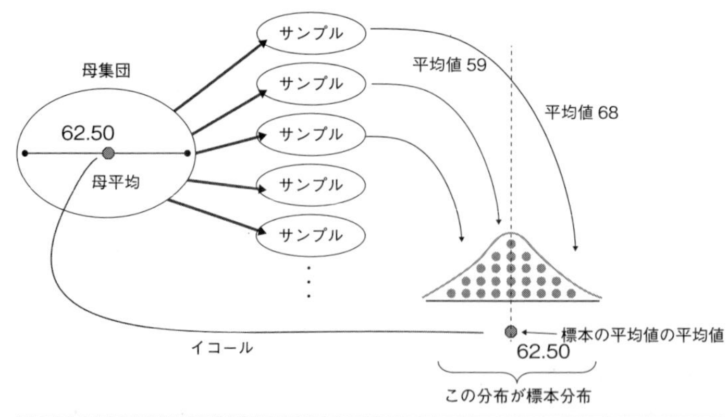

図 3-9　標本の平均値と母平均との関係

62.50 になったとします。この値は母平均と一致すると考えられています。このように，標本の平均値の平均値と母平均が一致することを**不偏性**があると言います。この性質を使って，推測統計は行われます。推測統計は，手元のデータからその背景にあるものの性質や特徴や構造を知ることができる有用なツールです。

[2] 推　定

標本のデータから母集団の性質を知るための方法には，**推定**と**検定**という 2 つがあります。ここでは，手元のサンプルのデータの統計量から母集団のパラメータ（母数）を確率論的に推測する方法について説明します。つまり，母数がどのような値であるかを推定する方法の説明になります。

1) 点 推 定

ピンポイントで 1 点のみに推定することを**点推定**と言います。たとえば，平均値の点推定の場合，サンプルの平均値が 50 であれば，母集団の平均値も 50 であろう，と推定するということです。分散の点推定の場合は，分散の計算の最後のところで，データの数（人数）で割っていたところを（p. 50 参照），「データの数マイナス 1」で割って算出します（14.80 ÷ 4 = 3.70）。なお，これを**不偏分散**と言います。比率についても点推定を行うことができます。

2) 区間推定

点推定でもある程度は役に立ちますが，ピンポイントで推定した値なので確実に正しいかというとその保証は残念ながらありません。そこで，ある程度の幅をもたせて推定しようとする考えもあります。つまり，弓矢で仕留めるのではなく網で仕留める，といったところでしょうか。この，幅をもって推定することを，**区間推定**と言います。そして，標本のデータからある確率のもとで母集団の値がこのくらいの範囲にあるであろうと推測した範囲のことを**信頼区間**（*CI*）と言います。たとえば，平均値の場合は，母集団からサンプルを抽出し，そのサンプルのデータをもとに「母集団の平均値はこのあたりだろう」という範囲（つまり信頼区間）を推定します。確率論的に，推定がうまくいく場合もあれば，いかない場合もあります。母平均をある値に設定し，それが確率論的に推定した範囲におさまっているかについて検定を無限に行った場合には母平均を含む場合と含まない場合が出てきます。このとき，○%は母平均を含んでいるように推定した範囲のことを「○%信頼区間」という言い方をします。

一般的には，95% を用いることが多く，ある値を設定し 95% の確率で推定した範囲におさまっているように算出した値の範囲は，「母集団の平均値（母平均）の 95% 信頼区間（95% *CI*)」と言います。

具体的な平均値の信頼区間の算出方法は以下です。

$$\text{標本平均} - t \times \sqrt{\frac{\text{不偏分散}}{\text{データの数}}} \leqq \text{母平均} \leqq \text{標本平均} + t \times \sqrt{\frac{\text{不偏分散}}{\text{データの数}}}$$

t のところには数値を入れるのですが，信頼区間が何パーセントの確率であるか，また，データの数がいくつかによって入れる数値が異なってきます。

ここで，

$$\sqrt{\frac{\text{不偏分散}}{\text{データの数}}}$$

とありますが，これは**標準誤差（*SE*）**と言います。標準誤差は，サンプリングしたデータの精度を意味します。標準誤差が小さいほど，母集団をうまく反映するようなサンプルが得られているということを意味します。

分母にデータの数があることからわかるように，データの数が大きくなるほど，標準誤差は小さくなります。少し考えてみましょう。100 人の母集団から 99 人サンプリングして平均値を算出した場合と，3 人サンプリングして平均値を算出した場合では，99 人サンプリングした場合の方が平均値の推定が正しそうですよね。データの数が大きいほど，推定は精度を増すことになります。

なお，ここでは，平均値の信頼区間について話をしましたが，分散も比率も平均値と同様に信頼区間を算出できます。

[3] 検　　定

ここでは，統計的仮説検定について説明します。統計的仮説検定とは，ある仮説が正しいかどうかを検定するための方法です。基本的に，帰無仮説という仮説を立て，それが確率論的に間違いと言えそうか言えなさそうかによって判断していきます。

1）帰無仮説と対立仮説

帰無仮説は，一点に定まるものがなります。たとえば，男性と女性ではファッションに使う金額が違うかどうかということが検討したい内容だとします。このときに，「男性と女性ではファッションに使う金額が違う」という仮説を検証しようとした場合，その金額の違いは無限大になってしまい，検証しきることができません。1 円違うことを検証し，2 円違うことを検証し……と延々と続きます。しかし「男性と女性ではファッションに使う金額が等しい」であれば，「等しい」は「差がゼロ」ということなので，一点に定まります。こうなると，検証することは可能になります。そのため，統計的仮説検定では，「男性と女性ではファッションに使う金額が等しい」が，確率論的に正しいとして支持できるかそれとも間違いとするかを検討し，もし間違いだとしたら，そのときに「男性と女性ではファッションに使う金額が違う」という仮説を支持することになります。この，帰無仮説を間違いだとすることは「**棄却**」するという言い方をします。また，帰無仮説を棄却したときに採択する仮説の方を**対立仮説**と言います。

なお，違いについて，どちらが大きいか小さいかといった両方の方向性を仮定する場合は**両側仮説**，一方だけ仮定する場合は**片側仮説**と言います。心理学においては，基本的には両側仮説を立てます。

2）有意水準

それでは，その仮説はどのようにして検証するのでしょうか。たとえば，2つのグループの母集団の平均値に差がないとしたら，そこからサンプリングした2つのグループのサンプルの平均値も差がない傾向が確認されるのではないでしょうか。母集団において2つのグループの平均値に差がないのに，サンプリングした2つのグループの平均値の差が大きいことは，確率論的にはあまりありえないと考えられます。つまり，2つの母集団の平均値に差がないとしたら，2つのサンプルの平均値には差がないことが起こりやすい（差があることはなかなか起きにくい）と言えるのです。

帰無仮説を前提としたところからのサンプルの状態の隔たり具合を，サンプルのデータをもとに計算していきます。それを**検定統計量**と言い，***t*** **値**や ***F*** **値**や χ^2 **値**などがあります。この値が大きいほど，帰無仮説を前提としたときにありえなさそうな値が得られている，と言うことになります。そして，ありえなさそうな値が得られているということは，めったに起きない状態が確認されているということになるので，前提条件の方が間違っていると判断するのです。

では，検定統計量がどの程度大きいときにありえなさそうと判断するか，またどの程度より小さければありえそうと判断するのでしょうか。人によって判断が異なると困るので，共通見解として基準を設定します。その判断基準は**有意水準**と言います。検定統計量に対応する ***p*** **値**という値が有意水準以下である場合に，確率論的にはありえなさそうなことが生じていると判断して，当初の前提であった帰無仮説を間違いとして棄却します。なお，検定統計量の値を棄却すると判断する範囲のことを**棄却域**，棄却しないと判断する範囲を**採択域**と言います。

ちなみに，心理学では有意水準を5％に設定することが一般的です。1％や0.1％に設定することもあります。5％よりも1％，1％よりも0.1％の方がレアケースなので，より小さい有意水準を用いることもあるのです。とは言え，まずは p 値が5％の有意水準を下回っているかどうかを読み取れば大丈夫です。

3）第一種の過誤と第二種の過誤

先ほど，検定統計量がありえなさそうな値だったとしたら前提条件の方が間違っているであろうと判断すると説明しましたが，このことは確実に正しい判断とは限りません。もしかすると，偶然の小さな確率で，そのようなありえなさそうな極端な値が得られてしまった可能性があるのです。ですから，有意水準を5％に設定したときに，5％も起きないであろう事象が生じているので帰無仮説が間違いだと判断するのと同時に，実は帰無仮説が正しいのに偶然(5％未満）そういう値が得られてしまったために帰無仮説を間違って棄却してしまう，ということが生じます。つまり，誤った判断をしてしまうことがありうるのです。

この，帰無仮説が正しいはずなのに間違いだとしてしまうこと，つまり「ないことをある」と言ってしまうミスを**第一種の過誤（Type I Error）**と言います。一方，帰無仮説が間違いのはずなのに間違いだとしないこと，つまり「あることをない」と言ってしまうミスを，**第二種の過誤（Type II Error）**と言います。

これらをまとめたのが表3-6です。真実というのは，全数調査をしない限り未知のものであり，神のみぞ知るということになります。そして，真実として帰無仮説が正しい場合と正しくない場合があります。一方，サンプルのデータから推測統計を行った際に，統計的仮説検定により帰無仮説を棄却しないと判断する場合と，棄却すると判断する場合があります。その組み合わせで，真実と検定結果が一致する場合（表の左上と右下），そして，真実と検定の結果が一致しない場合（左下と右上）がでてきます。この一致しない場合が第一種の過誤（Type I Error）と第二種の過誤（Type II Error）です。どちらも0にすることはできません。

ここで，少し具体的な内容でイメージしてみましょう（表3-7）。スポーツの試合で，何か

表 3-6　検定の結果と真実との関係

		真実	
		帰無仮説が正しい	帰無仮説が誤り
検定の結果	帰無仮説を棄却しない	正しい判断（確率：$1-\alpha$）	第二種の過誤（確率：β）
	帰無仮説を棄却する	第一種の過誤（確率：α）	正しい判断（確率：$1-\beta$）

表 3-7　審判の判断（検定の結果）と真実との関係

		真実	
		反則してない	反則した
審判の判断	反則してない	正しい判断（確率：$1-\alpha$）	第二種の過誤（確率：β）
	反則した	第一種の過誤（確率：α）	正しい判断（確率：$1-\beta$）

トラブルがあったとします。真実として，プレーヤーが反則していない場合と反則した場合があります。また，審判の判断によって，反則してないと判断される場合と反則したと判断される場合があります。ここで，実際に反則していない場合に審判が反則していないと判断したのであれば，それは正しい判断となります。また，実際に反則した場合に審判が反則したと判断したのであれば，それも正しい判断になります。しかし，反則していないのに反則したと判断されたり，反則したのに反則していないと判断されるということも起こりえます。

どちらの過誤も問題ですが，心理学では特に第一種の過誤に注意しながら分析を行います。

[4] 正規分布

ここで，**正規分布**の説明をしておきましょう。正規分布とは確率分布の1つであり，統計分析において極めて重要な概念の1つです。

母集団から何度もサンプリングをして平均値を算出した場合，その平均値の分布が確認できます（図 3-9 参照）。この標本分布は，普通は正規分布になると考えられています[1]。正規分布の形はベル型で左右対称になっています。この分布を前提として，さまざまな統計分析が考えられています。

この正規分布と標準偏差を組み合わせると，便利な使い方をすることができます。図 3-10 を見てみましょう。母平均と＋1 *SD* の間が 34.1% になっていることが確認できると思います[2]。もし，大学生全体という母集団において，通学時間の母平均が 50 分，母標準偏差が 10 だとします。この母集団からランダムに1人抜き出したときに，その人の通学時間は 50 分と 60 分（母平均＋1×母標準偏差，つまりこの場合は 50＋1×10＝60）の間である確率が 34.1% ということになります。もし，またランダムに1人抜き出したときに，その人の通学時間が 70 分（母平均＋2×母標準偏差，50＋2×10＝70）以上の確率は 2.3% ということになります。このように，母平均と母標準偏差がわかればどのくらいの範囲にどのくらいの確率でおさまるのかを知ることができます。

1 母分散が既知の場合です。
2 本来は横軸のラベルは *SD* ではなく母 *SD* ですが，見やすさを優先して *SD* と表記しています。

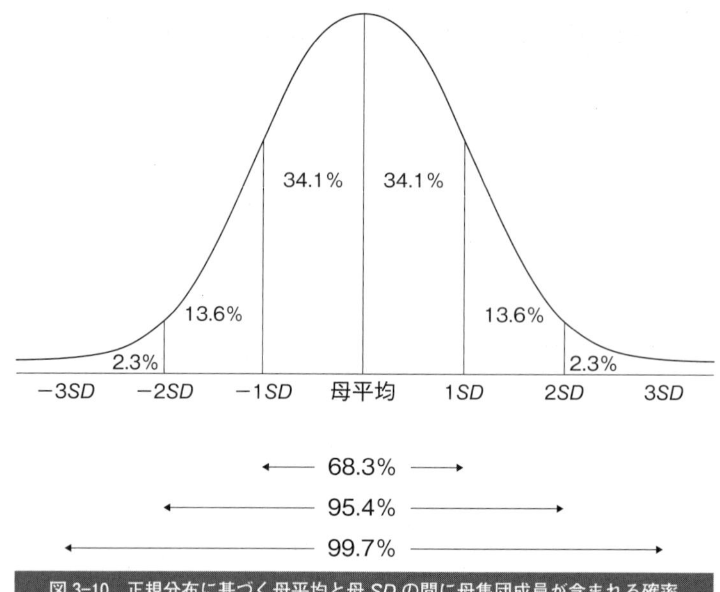

図 3-10　正規分布に基づく母平均と母 SD の間に母集団成員が含まれる確率

なお，正規分布を標準化したものが**標準正規分布**です。標準正規分布においては 0 が平均値になります。そして，標準化得点が 0 から 1 までの値を取る確率が 34.1%，1 以上になる確率は 15.9% になります。

4．統計的仮説検定の例：2 つの平均値の差の検定

心理学で用いる統計的仮説検定の方法はとても多いのですが，基本的なものとしては，**2 つの平均値の差の検定**，**独立性の検定**，**無相関検定**などが挙げられます。**分散分析**も有名です。どのような分析方法を用いるかは，扱うデータがどのようなデータであるかによります。まず，データの尺度が基準となります。たとえば，名義尺度で測定されたものなのか比例尺度によるものなのかで分析方法は変わってきます。さらに，同じ尺度によるものであっても，それが独立変数なのか従属変数なのか（第 2.5 章 2. 実験法参照）で変わってきます。つまり，同じ名義尺度と比例尺度の組み合わせの分析であっても，独立変数が名義尺度で従属変数が比例尺度の場合と，独立変数が比例尺度で従属変数が名義尺度の場合で，分析方法が異なってきます。そのため分析するデータの性質をしっかり把握しておかないと，間違った分析方法を用いてしまうことになり，分析したとしても意味のないものとなってしまいます。

[1] 2 つの平均値の差の検定の考え方

ここでは，2 つの平均値の差の検定，かつ，対応なしの場合の説明を行いたいと思います。なお，t 値という統計量を扱うため **t 検定**と言われる場合もあります。対応なしデータとは，第 2.5 章 2. 実験法でも説明があったように，異なったグループから得られたデータのことを指します。**実験参加者間計画**によって得られたデータと言うこともできます。

考え方としては，もし，2 つの母集団間で平均値に差がないのであれば平均値の差は 0 であり，そこからサンプリングした 2 つのサンプルの平均値の差も 0 になるであろうというものです。そして，サンプルの平均値の差をもって母集団の平均値の差を推測しようとするのが，平均値の差の検定です。つまり，手元のデータをもとに，2 つの母集団の平均値に差があるか知るための分析方法になります。

もう少し説明してみましょう。2つの母集団において平均値の差が0であるとしたら，それぞれの母集団からサンプリングしたサンプルの平均値の差は，0の近くになる傾向があるでしょう。0から離れた値が得られることはめったになく，値が離れるほどよりレアなことが生じたのだと言えます。

帰無仮説を前提としたところからの隔たり具合を，サンプルのデータをもとに計算し，検定統計量（今回は t 値）を計算します。この値が0から隔たるほど，母集団において平均値の差は0という前提からはありえなさそうな値が得られているということになります。そして，ありえなさそうな値が得られているということは前提条件の方が間違っているのであろう，と判断するのです。

サンプルの平均値の差だけを見ればそれでよさそうですが，実はそれだけでは不十分です。分散とデータの数を使って，その平均値の差の値を調整していきます。これは，データの精度によって調整していると言えます。

ちょっと考えてみましょう。A工場で作成されたお団子のサイズとB工場で作成されたお団子のサイズを計測したとします。そしてA工場の平均値は5 cm，B工場の平均値は5.2 cmだったとします。

ここでデータの分布も見ていきましょう。まずパターンIです。A工場のお団子のデータをよくよく見てみると，ほとんどが4.9 cmから5.1 cmの間におさまっています。そして，B工場のお団子のデータをよくよく見てみると，ほとんどが5.1 cmから5.3 cmの間におさまっています。次に，パターンIIです。A工場のお団子のデータをよくよく見てみると，ほとんどが4.0 cmから6.0 cmの間におさまっています。そして，B工場のお団子のデータをよくよく見てみると，ほとんどが4.1 cmから6.3 cmの間におさまっています。図にしてみましょう(図3-11)。

パターンIとIIの両方において，工場Aと工場Bの平均値の差は同じです。しかし，データの散らばり具合が異なります。パターンIの方がデータの散らばりが小さく，パターンIIの方は大きいです。そして，そのことからパターンIのAとBの違いの方がパターンIIのAとBの違いよりはっきりしていることが感覚として読み取れるのではないでしょうか。このように，データの散らばり，つまり分散の大きさによって，平均値の差の解釈が異なってきます。そしてパターンIの場合は各工場の精度が高く，お団子を見ればそれぞれ別の工場で作られているということがそれなりに明確になると思います。しかし，パターンIIの場合はどう

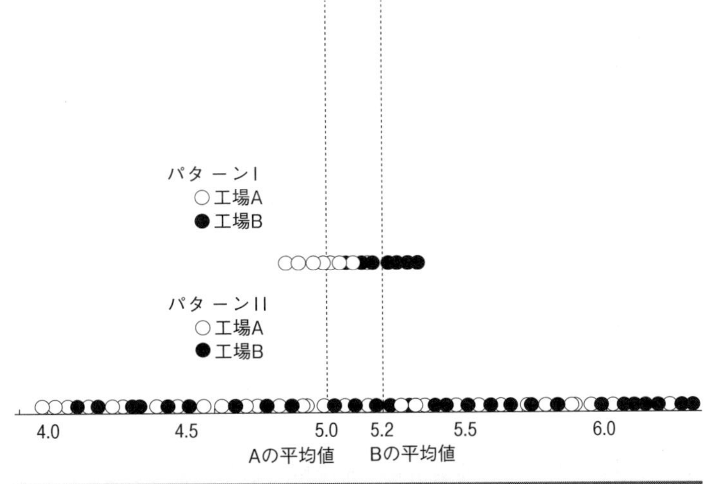

図3-11　工場AとBにおけるお団子のサイズのデータの散らばりの具体例

も各工場の精度が低く，お団子を見ても工場Aで作られたのか工場Bで作られたのかは判別しにくいことになりそうです。このように，同じ平均値であってもその分散の状況によって区別できるかできないかが異なってきます。つまり，2つのグループのデータが母集団において別物と判断できるのかそうでないかが分散の影響を受けていることになります。

なお，データの数が大きければ大きいほど精度は高まります。たとえば，母集団が100人で，そこから10人サンプリングしたときと99人サンプリングしたときでは，後者の方が母集団の推測に有効なのはわかると思います。そのため，分散とデータの数を使って，その平均値の差の値を調整していき，t 値を算出し，そうやって算出された t 値に対応した p 値を有意水準と見比べて，帰無仮説を棄却できるか判断していきます。

[2] 推測統計の基本的な流れ

推測統計の流れをここにまとめておきましょう。これは，今回の平均値の差の検定に限らない流れです。なお，この流れの前にどのようなことを明らかにしたいのか，そしてそのためにはどのような分析を行う必要があるかを確認します。そして図表を作成したり記述統計量を算出したりしておきます。

①帰無仮説と対立仮説の確認

帰無仮説と対立仮説を確認します。帰無仮説が何かを把握しておかないと，検定の結果の読み取りができなくなります。

↓

②統計量 t 値の算出

平均値や分散，データの数などをもとに検定統計量を計算します。

↓

③棄却域との照らし合わせと帰無仮説の棄却の判断

分布表をもとに，検定統計量を照らし合わせて帰無仮説を棄却できるか調べ，最終的な判断を行います。

[3] 具体的な手続き

それでは具体的な流れで見ていきましょう。

青が好きな人と赤が好きな人で外向性が異なるかどうか調べたいという話にしましょう。平均値と不偏分散とデータの数を表にまとめておきます（表3-8）。

さて，帰無仮説は「青が好きな人と赤が好きな人で外向性の平均値に差はない」です。世の中に無限に存在する青好きの人たちという母集団の外向性の得点の平均値と，同様の赤好きの人たちの外向性の得点の平均値に差がないとすれば，そこからサンプリングしたサンプルにおいても外向性の得点の平均値に差はないと言えるでしょう。そして，逆に，サンプルのデータから，母集団において平均値に差があるかどうか推測できるということになります。なお，帰無仮説が棄却されたのであれば，「青が好きな人と赤が好きな人で外向性の平均値に差がある」という対立仮説を採択することになります。

さて，平均値の差の検定における t 値の算出方法ですが，実はいくつか種類があります。母集団における分散が等しいと見なした場合の検定（通称 **Student の *t* 検定**）と，等しいとは見なさない場合の検定（**Welch の *t* 検定**）があり，それぞれ計算の式が異なります。しかし，基本的には，サンプルの平均値の差を分散とデータの数で調整しようというのは同じです。

今回は，分散が等しいと見なした場合ということにします。

それでは表3-8の数値をもとに検定統計量 t 値を算出していきましょう。t 値の計算式は以下のとおりです。

表 3-8　青が好きな人と赤が好きな人の外向性得点の平均値，不偏分散，そしてデータの数

	青が好きな人	赤が好きな人
平均値	12.00	14.00
不偏分散	2.00	3.00
データの数	9	11

$$t=\frac{\text{平均値}_A-\text{平均値}_B}{\sqrt{\left(\frac{(\text{データの数}_A-1)\times\text{不偏分散}_A+(\text{データの数}_B-1)\times\text{不偏分散}_B)}{\text{データの数}_A+\text{データの数}_B-2}\right)\left(\frac{1}{\text{データの数}_A}+\frac{1}{\text{データの数}_B}\right)}}$$

それぞれの記号の右についているアルファベットは，グループを識別するための添字です。今回であれば，青が好きな人のデータについては A を，赤が好きな人のデータについては B を付けています。

まとめると表 3-9 のようになります。

表 3-9　t 値の計算式と記述統計量の表とのデータの対応

	青が好きな人	赤が好きな人
平均値	平均値$_A$	平均値$_B$
不偏分散	不偏分散$_A$	不偏分散$_B$
データの数	データの数$_A$	データの数$_B$

それでは，計算式に戻ります。ここに，先ほどの表 3-8 の値を入れていきましょう[1]。

$$\begin{aligned}
t&=\frac{12.00-14.00}{\sqrt{\left(\frac{(9-1)\times 2.00+(11-1)\times 3.00}{9+11-2}\right)\times\left(\frac{1}{9}+\frac{1}{11}\right)}}\\
&=\frac{-2.00}{\sqrt{\left(\frac{8\times 2.00+10\times 3.00}{18}\right)\times\left(\frac{11}{99}+\frac{9}{99}\right)}}\\
&=\frac{-2.00}{\sqrt{\left(\frac{16+30}{18}\right)\times\left(\frac{20}{99}\right)}}\\
&=\frac{-2.00}{\sqrt{2.556\times\frac{20}{99}}}\\
&=\frac{-2.0}{\sqrt{0.516}}\\
&=\frac{-2}{0.718}\\
&=-2.79
\end{aligned}$$

t 値は -2.79 になりました。

1 この式ですが，おおざっぱに見てみると，分母のルートの中は，不偏分散をデータの数で割っているという内容になっています。これは，p. 57 で紹介した標準誤差と似たような内容です。つまり，平均値の単純な差ではなく，その差をデータの精度で調整したうえで検討しているということになります。

自由度というものも必要なので計算しておきます。これは分析によって変わってくるのですが，分散が等しいと見なした場合の対応のない平均値の差の検定の自由度は「データの数−2」なので今回は 20− 2 ＝18 になります。他の分析の場合は異なった計算方法になります。

ここで **t 分布表**を見てみましょう（表 3–10）。t 分布表とは，確率分布である t 分布において，有意水準がいくらのときに t の値がいくらに対応するか表した表です。本当は，t 値と p 値は連続的に無限に対応しているのですが，それを表に表すのが難しい（きりがない）のです。そこで，有意水準に対応し棄却するかどうか判断する基準のところの t 値だけを載せてあります。

表 3–10　t 分布表

		有意水準（両側）		
		5%	1%	0.1%
自由度	1	12.71	63.66	636.62
	2	4.30	9.93	31.60
	3	3.18	5.84	12.92
	4	2.78	4.60	8.61
	5	2.57	4.03	6.87
	6	2.45	3.71	5.96
	7	2.37	3.50	5.41
	8	2.31	3.36	5.04
	9	2.26	3.25	4.78
	10	2.23	3.17	4.59
	11	2.20	3.11	4.44
	12	2.18	3.06	4.32
	13	2.16	3.01	4.22
	14	2.15	2.98	4.14
	15	2.13	2.95	4.07
	16	2.12	2.92	4.02
	17	2.11	2.90	3.97
	18	2.10	2.88	3.92
	19	2.09	2.86	3.88

さて，有意水準が 5% のときの基準の値（**臨界値**と言います）を探してみます。t 分布表の場合は，たいていいくつかの有意水準についての表が 1 つにまとまっていますが，ここでは 5% の部分だけ見ていきます。自由度が 18 のところを左側から探し，5% のところとクロスした数字を読み取りましょう。2.10 を見つけることができたでしょうか。これが，自由度 18 のときの臨界値ということになります。

ここで，左右対称のベル型の図を書いてみましょう（図 3–12）。そして，臨界値と，マイナスの符号をつけた臨界値のところに線を入れ，そして両サイドを塗りつぶしてください。この塗りつぶしたところが有意水準であり，塗りつぶしたところの下の横軸の範囲が棄却域になります。もしサンプルのデータから算出した検定統計量 t の値が棄却域の中に入っていれば，それは有意水準を 5% としたときに帰無仮説を棄却できる（間違いだと判断できる）ということになります。つまり，めったにない値なので帰無仮説の方がおかしいと判断して「青が好きな人と赤が好きな人で外向性の平均値に差はない」を棄却する（間違いだとする）のです。

さて，今回の t 値は −2.79 です。（左側の）棄却域の中に入っています（図 3–12）。そのため，「帰無仮説を 5% 水準で棄却できる」と言うことができます。つまり，「青が好きな人と赤が好きな人で外向性の平均値に差はない」ということが棄却され，「青が好きな人と赤が好きな人で外向性の平均値に差がある」という対立仮説を採択することになります。

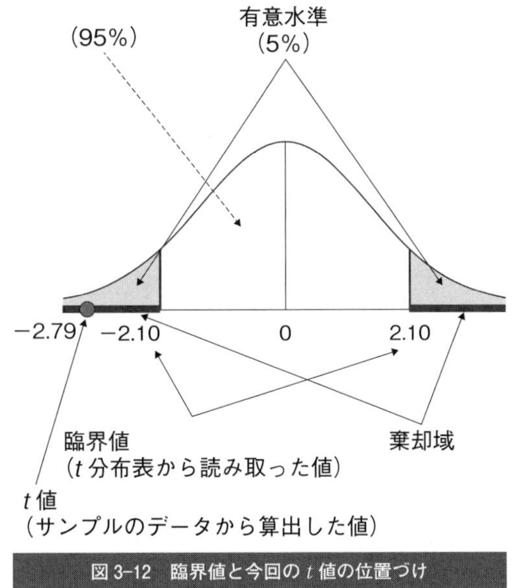

図 3-12　臨界値と今回の t 値の位置づけ

今回の結果を文章化すると以下のようになります。

「青が好きな人と赤が好きな人で外向性の平均値に差があるか，2 つの平均値の差の検定を行った。$t(18) = -2.79$ であり，5% 水準で有意であった。したがって，青が好きな人の方よりも赤が好きな人の方が外向性の平均値が大きいことが明らかとなった」。

あくまでも例であって，書き方には多少のバリエーションが存在します。しかし，基本的には以下の 4 つのことについての記述があれば問題ありません。

(1) 何を明らかにしようとしたのか。
(2) 何の検定を行ったのか，どのような分析を行ったのか。
(3) 検定統計量（今回は t 値）や自由度，そして有意であったかどうか（有意水準含む)。
(4) 結果として何が言えるか。

このようにして，母集団の平均値に差があるかどうかを統計的仮説検定により推測します。

[4] 対応のある場合

ここまで説明してきた平均値の差の検定は，「対応のない」場合の平均値の差の検定でした。つまり，実験参加者間計画によって得られたデータについての分析方法でした。これが**実験参加者内計画**よって得られた「対応のある」データであれば，「対応のある」平均値の差の検定を行うことになります[3]。

対応のある場合の平均値の差の検定の流れは，基本的には対応のない場合と一緒です。流れを確認しておきましょう。

①帰無仮説と対立仮説の確認

帰無仮説と対立仮説を確認します。帰無仮説が何かを把握しておかないと，検定の結果の読

3 厳密には，対応のあるデータは必ずしも実験参加者内計画で得られたものとは限りません。

み取りができなくなります。

↓

②統計量 t 値の算出

データをもとに検定統計量を計算します。対応のない場合と同じく t 値を用います。

↓

③棄却域との照らし合わせと帰無仮説の棄却の判断

分布表をもとに，検定統計量を照らし合わせて帰無仮説を棄却できるか調べ，最終的な判断を行います。分布表の見方，そして棄却域との照らし合わせなども，対応のない場合と同じです。

このように，基本的な流れは同じなので，t 値と自由度さえ計算できれば問題はないと思います。とはいえ，対応のある場合の平均値の差の検定と対応のない場合の平均値の差の検定では，t 値の計算式も自由度の計算式も異なってきます。ここでは，その計算式を紹介したいと思います。

今回は大学入学前と入学後で心理学に対する関心が変化したかどうか調べたいという話にしましょう。大学入学前のことを思い出してもらい，関心度を10点満点で回答してもらいます。それから，今（大学入学後）の関心度も回答してもらいます。これらを心理学関心度としましょう。

さて，t 値を計算するための準備を行うこととします。まず，2つの条件の値の差を算出します。そして，平均値を算出します。今回は，-2.20 です。また，不偏分散を算出します。今回は，2.84になります（表3-11）。

これをもとに検定統計量 t 値を算出していくことになります。t 値の計算式は以下のとおりです。

$$t=\frac{\text{差の平均値}}{\sqrt{\dfrac{\text{差の不偏分散}}{\text{データの数}}}}$$

表3-11　大学入学前後の心理学関心度とその変化量の記述統計量

調査対象者	入学前	入学後	入学前－入学後	
1	5	8	−3	
2	6	9	−3	
3	6	10	−4	
4	4	8	−4	
5	6	6	0	
6	7	9	−2	
7	6	10	−4	
8	8	8	0	
9	7	7	0	
10	6	8	−2	
平均値→	6.10	8.30	−2.20	←平均値
標準偏差→	1.10	1.25	1.60	←標準偏差
			2.56	←分散
			2.84	←不偏分散

ここに，先ほどの表3-11の値を入れていきましょう。

$$t=\frac{\text{差の平均値}}{\sqrt{\frac{\text{差の不偏分散}}{\text{データ数}}}}=\frac{-2.20}{\sqrt{\frac{2.84}{10}}}=\frac{-2.20}{\sqrt{0.284}}=\frac{-2.20}{0.533}=-4.13$$

t 値は－4.13になりました。

自由度というものも必要なので計算しておきます。対応のある平均値の差の検定の場合の自由度は「データの数－1」なので今回は10－1＝9になります。他の分析の場合は異なった計算方法になります。

さて，あとは，分布表と見比べて，帰無仮説を棄却できるかどうか読み取るだけです。やってみましょう。どのような結果になったでしょうか。文章化してみてください。

コラム　統計ソフトについて

古谷嘉一郎

本書では統計的手法を用いてデータを分析することが多い。たとえば，4章，5章，……，7章と多岐にわたる。加えて，スプレッドシートの関数機能を使ったり，電卓等で計算すると計算ミスが起こる可能性が高くなる。計算ミスで苦労することは可能な限り避けたい。

ゆえに，実証調査で得られたデータの分析のための統計ソフトウェアの利用がお勧めである。統計ソフトウェアには有料と無料のものがある。有料の統計ソフトウェアとしてはSPSS, STATA, JMP, Excel統計等が挙げられるだろう。これらは直感的に扱いやすいものもある一方で，個人が購入すると数万円から数十万円かかるものもある。

無料の統計ソフトウェアにはR, HAD, JASP, jamovi, js-STAR, College Analysisなどがある。Rはプログラムを書くことで統計分析をする。さまざまな分析のオプションもあり，使い慣れれば非常に強力な統計ソフトウェアである。しかし，実証研究に初めて挑戦する入門者にはハードルが高いかもしれない。ゆえに，HAD, JASP, jamoviなどが初学者にとって扱いやすいだろう。これらすべてのソフトウェアは，分析手順を説明する書籍が出版されている。たとえば，HADなら，小宮・布井（2018），JASPなら，清水・山本（2021），jamoviなら，小野寺・大藤（2020）がある。加えて，ブラウザ上で気軽に操作できるjs-STARも利用しやすいだろう。College Analysisは心理学に関わる分析以外にも用いることができる。なお，多くのソフトウェアで，利用のためのマニュアルがインターネット上で公開されている。Google等で「Rマニュアル」で検索してみるとよいだろう。

2021年9月現在における無料統計ソフトのサイト情報

1. R

・The Comprehensive R Archive Network https://cran.ism.ac.jp/
　R本体のダウンロードはこちらから可能。
・RjpWiki http://www.okadajp.org/RWiki/
　Rに関する情報交換を目的としたWiki

2. HAD

・https://osf.io/32cyp/
　HADのダウンロードサイト
・https://norimune.net/had

HAD の作者である，関西学院大学清水裕士先生のサイト内にある HAD の記事

3. JASP

- https://jasp-stats.org/
  JASP のダウンロードサイト
- https://jasp-user-jp.github.io/LSwithJASP/
  JASP で統計を学ぼう！

4. jamovi

- https://www.jamovi.org/
  jamovi のダウンロードサイト
- https://bookdown.org/sbtseiji/lswjamoviJ/
  Learning statistics with jamovi： A tutorial for psychology： jamovi で学ぶ心理統計（Navarro, D. J., & Foxcroft, D. R., 2019）を日本語訳したサイト

5. js-STAR

- https://www.kisnet.or.jp/nappa/software/star/
  js-STAR を直接使えるサイト。種々の分析用ツールがある。

6. College Analysis

- https://www.heisei-u.ac.jp/ba/fukui/analysis.html
  「卒論に最適な」統計・社会システム分析フリーソフト。開発者が執筆したマニュアルが充実している。

ガイドブック

小宮 あすか・布井 雅人（2018）．Excel で今すぐはじめる心理統計簡単ツール HAD で基本を身につける　講談社

Navarro, D. J., & Foxcroft, D. R.（2019）. Retrieved from https://doi.org/10.24384/hgc3-7p15 *Learning statistics with jamovi： A tutorial for psychology students and other beginners*（Version 0. 70）.

小野寺 孝義・大藤 弘典（2020）．jamovi で学ぶ心理統計学　ナカニシヤ出版

清水 優菜・山本 光（2020）．研究に役立つ JASP によるデータ分析：頻度論的統計とベイズ統計を用いて　コロナ社

清水 優菜・山本 光（2021）．研究に役立つ JASP による多変量解析：因子分析から構造方程式モデリングまで　コロナ社

田中 敏（2021）．R を使った〈全自動〉統計データ分析ガイド：フリーソフト js-STAR_XR の手引き　北大路書房

第 2 部　実証研究実践編

第 4 章　実験法★
第 5 章　質問紙調査法★
第 6 章　観察法★
第 7 章　調査的面接法
第 8 章　フィールド研究
第 9 章　二次分析

★デモデータあり（6 章は 6 章／2 のみ）。p.viii を参照してください。

実験法／1★
対人距離

村山　綾

はじめに

人は，さまざまな手段を用いて他者とコミュニケーションを取っています。中でも言語は，私たちにとって重要度の高いコミュニケーション手段と言えるでしょう。会話，手紙，新聞，書籍など，言語を用いることで，対面／非対面，一対一／一対多の情報交換を効率的に行えます。また，円滑なコミュニケーションのためには，相手に伝えるだけではなく，相手からのメッセージを正しく，逃すことなく受け取ることも重要になってきます。この章では，コミュニケーションを「2 者，もしくはそれ以上の人による，記号化（受け手へのメッセージの送信）と解読（送り手からのメッセージの読み取り）を通した情報交換」と，やや大きく定義します。そして，対人的なコミュニケーションを対象とした理論の 1 つである「親密性平衡モデル」に注目し，モデルに合致した結果が再現されるのかを検証していきます。

非言語的コミュニケーションの役割

私たちのコミュニケーションにおいて，言語は欠かせない手段ですが，言語を介さない情報交換も実際は多くなされています。これを非言語的コミュニケーションと言います。たとえば目の前にいる友人が笑顔であれば，何かいいことがあったのだろうか，と予想します。反対に，しかめっ面の友人を見たら，何か嫌なことがあったのだろうか，それとも怒らせるようなことをしただろうか，と心配になります。言語的コミュニケーションに比べて曖昧さの程度は大きいものの，ときには言語以上に，相手が発する情報（特に感情状態）を正確に伝達することもあります。その背景には，言語的コミュニケーションが意図的，意識的に行われるのに対して，非言語的コミュニケーションは比較的無意図的，無意識的に行われることがあります。コントロールしにくいからこそ，発信者のありのままの状態を伝達する（してしまう）機能を有しているとも言えるでしょう。

非言語的コミュニケーションは，さまざまなチャネル（手がかり）が連動することで，送り手からのメッセージがより具体的になります。表 4(1)-1 に，コミュニケーションのチャネルをまとめました。ここからも，非言語的コミュニケーションには，実に多くのチャネルが存在することがわかります。初対面の人とのコミュニケーションでは，(1) 相手と視線をあえて合わせなかったり，(2) 友人とコミュニケーションを取るときと比べて相手との物理的距離を大きく取ったりすることがあるでしょう。また，話している最中に，(3) 声が少し上ずったり早口になってしまったりするかもしれません。これらは，(1) 視線，(2) プロクセミックス（空間の行動），(3) 近言語，という非言語的コミュニケーションの複数のチャネルが連動し，初対面の人とのコミュニケーションで緊張している様子が表出されています。それぞれのチャネルが 1 つだけ表出されることは稀で，複数のチャネルの同時表出を通して，送り手のメッセー

表4(1)-1　コミュニケーションのチャネル（和田, 1996；大坊, 1998を参考に作成）

言語的コミュニケーション（意図的・意識的）
1. 言語（発言の内容・意味）
非言語的コミュニケーション（比較的無意図的・無意識的）
2. 近言語（言葉以外の音声）
　ピッチ，声の大きさ，方言，テンポ
3. 動作
　ジェスチャー，姿勢
4. 表情
5. 視線
6. 接触
7. プロクセミックス（空間の行動）
　対人距離，着席位置など
8. 人工物
　被服，化粧，アクセサリー
9. 嗅覚作用
　他者からの匂い，匂い

ジが受け手に伝わりやすくなるのです。

非言語的コミュニケーションの各チャネルは，コミュニケーション相手との親密性を表出する手段としてしばしば用いられます。親しい友人や恋人とのコミュニケーションを想像してください。おそらく，相手との距離は小さく，アイコンタクトもしっかりと取り合います。一方で，先程説明したとおり，初対面や知り合って間もない人とのコミュニケーションでは，相手とのアイコンタクトは消極的になり，お互いの距離も大きくなるでしょう。満員のエレベーター内では，自分の思うように対人距離を取れず，見知らぬ人との距離が自分との親密性に反して近づきすぎます。そのような状況では，多くの人が居心地の悪さを感じます。そして，お互いに極力視線が合わないように，壁や天井に視線を向けます。視線と対人距離のバランスを取りながら，居心地の悪さを軽減するために，無意識に調整を行うのです。以上のように，私たちは意識せずとも，複数の非言語的チャネルを連動させて，コミュニケーション相手との親密度に応じた表出をしています。

親密性平衡モデル

このことを2つの実験を通して実証的に研究したのが，アーガイルとディーン（Argyle & Dean, 1965）です。彼らは，(1) アーガイル（著者）自身の顔の写真（実物大），(2) 目を閉じた状態の実際の著者，(3) 目を開いた状態の実際の著者，の3つの条件を設定し，実験参加者に向けられる視線を**実験的に操作**しました。大人と子どもの実験参加者各6名，合計12名に，それぞれの対象をよく見るために不快感をおぼえることなく近づける最短まで近づくように伝えました。(1) と (3) の条件では，写真もしくは実物の著者と実験参加者との視線が合います。著者の表情によって実験参加者の行動が変わってしまわないように，すべての実験条件，試行で，著者の表情を一貫させました（**剰余変数の統制**）。3つの条件の実施順序は，参加者によって異なります（**カウンターバランシング**）。分析の結果，著者と実験参加者の距離が最も離れていたのは，(3) の，目を開いた状態の著者自身の条件でした（表4(1)-2）。実験参加者にとって，見知らぬ他者である著者と視線がずっと合ってしまう状態は，実際の親密度を超えた情報交換になります。また，写真よりも実物の方が，「見られている」という感覚は強いでしょう。そこで実験参加者は，(3) の条件で著者との対人距離をより長く取ることで，実際の関係性以上の親密性の表出にならないように調節していると考えられます。

表4(1)-2　各条件における対人距離（単位：インチ）(Argyle & Dean, 1965)

実験参加者	人数	写真条件	目を閉じた条件	目を開いた条件
大人	6	35.7	34.0	42.7
子ども	6	16.9	27.6	31.4
合計	12	26.3	30.8	37.1

注：1インチ=2.54 cm

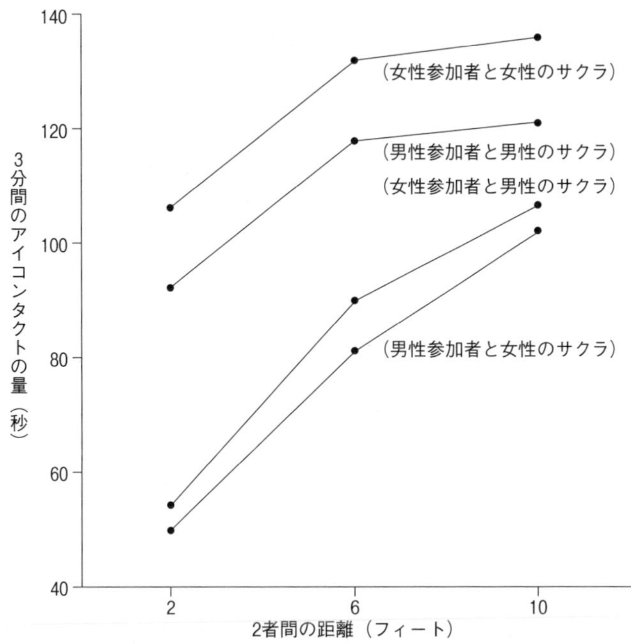

図4(1)-1　実験参加者と実験協力者（サクラ）によるアイコンタクトと対人距離の関係（Argyle & Dean, 1965)

2つ目の実験では，2人で3分間会話をしてもらう場面で交わされるアイコンタクトの量に注目しました。会話する2人の一方は**実験協力者**（サクラ）で，真の実験参加者には「2者間で合意に至る会話の過程に関する研究」であると伝えました（**デセプション**）。今回は，対人距離を**実験的に操作**して，互いの距離が2，6，10フィートになるような3つの条件を設定しました。スクリーンの外側に観察者2名を待機させ，3分間の間でアイコンタクトがあった時間を別々に計測するように指示しました。この2人の観察者の計測時間の一致率は十分に高く，**信頼性**が高いと判断しました。サクラと真の実験参加者の性別の組み合わせは，男性同士，女性同士，女性のサクラと男性の参加者，男性のサクラと女性の参加者というように，考えられうる4つのパターンを網羅しました。実験の終わりには，会話相手がサクラであることや，常に視線を向けられていたことに気づいたかどうかなどをインタビューした後，研究の真の目的を伝えました（**デブリーフィング**）。

実験の結果は図4(1)-1を見てください。どの条件でも，相手との距離が離れるほど，アイコンタクトの量が増えています。また，絶対的なアイコンタクトの量は，女性同士のペアで最も多くなり，女性のサクラと男性の参加者のペアで最も少なくなることもわかりました。1つ目の実験と同じように，実験参加者が複数の非言語的コミュニケーションチャネル（視線と対人距離）を相補的に用いて親密性の均衡を保とうとするという，一貫した結果が得られました。アーガイルとディーンは，この現象を「親密性平衡モデル」と定義しました。

やってみよう実証研究

親密性平衡モデルの検証：視線と対人距離の相補性

【研究のタイプ】：実験（仮説検証型）
【実習人数】：2名以上（同性のペアとする）
【材料】：カラーテープ，メジャー（最低3m，1mm単位で測定できるもの），記録用紙，油性ペン
【独立変数】視線の有無（視線あり条件，なし条件）
【従属変数】対人距離
【統計的検定】：対応のある t 検定（分析用デモデータの分析結果あり）

1. 概要と目的

人は，さまざまな非言語的なチャネルを用いて情報交換を行っている。アーガイルとディーン（Argyle & Dean, 1965）は，2者間のコミュニケーションにおいて，互いの親密度の均衡を保つために複数の非言語的チャネルが相補的に機能することを「親密性平衡モデル」によって説明した。本研究では，この「親密性平衡モデル」が，オリジナルの研究と少し異なる状況設定でも再現されるかどうかを確かめることを目的とする。具体的には，アーガイルとディーンが行った実験手続きの一部を改変したうえで再現実験を行い，モデルと一貫した結果が得られるかどうかを検討する。

2. 仮　説

「視線あり条件の方が，視線なし条件よりも，2者間の対人距離が長い」。
（視線の有無（原因）によって，対人距離（結果）に違いが生じる）

3. 実験方法（同性のペアで実習を行い，デモデータを追加して分析する）

直線距離で3m以上の距離を取れる，周囲から隔離された静寂な場所で実験を実施する。

①実験を実施するスペースの床に，3m以上の長さのカラーテープをまっすぐに貼り付ける。
②床に貼ったカラーテープの一方に油性ペンで印を付けて，そこから3m離れた場所にも印を付ける。
③「待つ人」は，カラーテープの印が付いた部分につま先をそろえて立つ。
④「近づく人」は，片手にペンを持ち，もう一方の印が付いた部分につま先をそろえて立つ（「待つ人」と向き合って立っている状態になる。図1参照。）
⑤まず，視線あり条件を実施する。視線あり条件では，「待つ人」と「近づく人」がアイコンタクトをしている（視線が合っている）状態から始める。「待つ人」は，「近づく人」に対して常に視線を送り続ける。
⑥「近づく人」は，「待つ人」に近づいて行き，居心地の悪さを感じたところで立ち止まる（「待つ人」は言葉を発したり，表情を変えたりしてはいけない。それをしてしまうと，「近づく人」が「待つ人」の状態を察して，自分の動きを変える可能性がある。本実験では，あくまで「近づく人」の主体的な対人距離を測定する必要がある）。
⑦立ち止まった時点の位置でカラーテープに印を付け，「待つ人」側の印からの距離を測定する（単位はcm）。測定した数値は，記録表（表1）に記入する（例：71.5cm（小数点

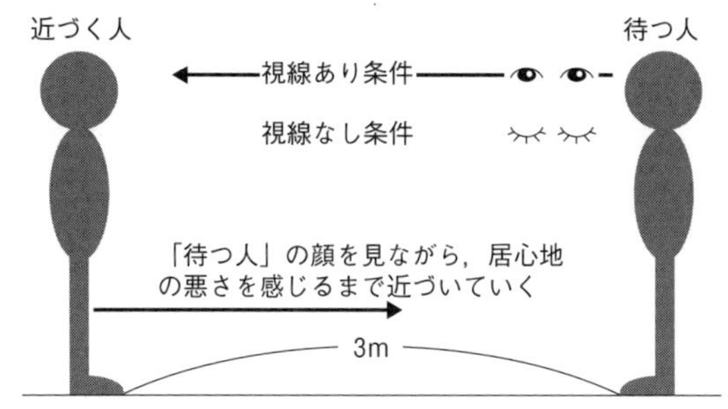

図 1　実験の様子

第 1 位まで記録)。

⑧次に視線なし条件を実施する。視線なし条件では，「待つ人」が目を閉じる。「近づく人」は「待つ人」に近づいて行き，居心地の悪さを感じたところで立ち止まる。

⑨視線あり条件と同じように，「待つ人」のつま先の位置にある印から，「近づく人」が立ち止まったときに付けた印までの距離を測定し，記録用紙に記入する。

⑩視線あり，なし条件の測定を終えたら，「待つ人」と「近づく人」の役割を交代し，③～⑨の手順を繰り返す。

------------ ここまでを 1 セッションとする ------------

注：実験手続き上の注意点

1. 複数のグループによる実習の場合，グループ番号が奇数の場合は視線あり条件から，偶数の場合は視線なし条件から始めるなど，**カウンターバランシング**（第 2.5 章 2）を取るとなお良い。
2. 同性ペアの中にも，男性ペア，女性ペアの 2 パターンが存在する。また，男女のペアで実習を行う場合は，近づく人と待つ人の性別の組み合わせの効果なども検討可能であるが，実習としてのわかりやすさを優先させるために，視線の有無の効果に焦点を当てた分析をメインとする。実習環境によっては，これらの要因についてもぜひ検討してみてほしい（詳細は，**ステップアップ！追加分析** p. 78 を参照)。
3. 人の行動はさまざまな要因の影響を受ける。グループ内で会話をしながら実験をしたり，それぞれが異なる基準で対人距離を測ったりすると，正確な測定ができなくなる。くれぐれも真剣に取り組むこと。

4. データ入力（結果の整理）

本章では，12 グループ，合計 24 名が実習に参加したと仮定する。それぞれのグループが表 1 に記入したデータをまとめたものが表 2 である（グループ 1 のデータを自分たちのデータに入れ替えて分析することもできる。十分な実習参加人数がいる場合は，デモデータを使用しな

表 1　実験記録用紙の例

グループ		氏名	性別	年齢	セッション	近づく	待つ	視線あり	視線なし
1	a		男 ・ 女		1	a	b		
	b		男 ・ 女		2	b	a		

✓　記録用紙に，測定した数値を正しく記入できていますか。
✓　実験参加者の性別，年齢は記録しましたか。
✓　実験で測定した距離を正確に，算用数字で，小数点第 1 位まで記述できていますか。

表2　デモデータ

ID	グループ	性別	年齢（歳）	視線あり（cm）	視線なし（cm）
1	1	0	20	170.7	91.0
2	1	0	20	125.7	73.5
3	2	1	20	153.7	71.3
4	2	1	20	110.3	86.2
5	3	0	20	21.2	21.2
6	3	0	20	19.6	22.5
7	4	1	20	30.9	28.9
8	4	1	24	46.1	25.4
9	5	0	21	79.1	49.6
10	5	0	20	75.8	46.4
11	6	1	20	91.7	111.9
12	6	1	21	69.8	68.2
13	7	0	20	21.4	11.9
14	7	0	21	29.8	8.9
15	8	1	20	54.9	15.1
16	8	1	20	29.9	15.5
17	9	0	20	29.9	28.2
18	9	0	20	25.0	23.5
19	10	1	20	32.1	19.1
20	10	1	20	30.9	19.8
21	11	0	20	74.5	59.0
22	11	0	21	59.8	37.9
23	12	1	21	63.4	37.9
24	12	1	20	59.0	48.5

注：性別　0＝女性，1＝男性

くても構わない）。1人の実験参加者のデータを1行に入力していく。左から，各参加者のIDナンバー，グループ番号，性別（0＝女性，1＝男性），年齢，視線あり条件の対人距離，視線なし条件の対人距離のデータが入力されている。分析には，各参加者の「視線あり条件」，「視線なし条件」における対人距離のデータを用いる。

5. 仮説の検証（データ分析）

仮説の確からしさを検証するためには，視線あり条件と，なし条件における対人距離の平均値に差があるかどうかを調べる必要がある。2つの平均値の差の検定には，***t* 検定**を用いる。また，今回は，それぞれの参加者について，両方の条件で対人距離のデータを測定している。したがって，**対応のある**データ（**実験参加者内要因**）となる。

まず，仮説を検証する分析を行う前に，データの基本情報を確認し，まとめておく。

◇実験参加者数，性別ごとの人数，年齢の平均値と標準偏差を算出する（レポートで報告）。

◇視線あり条件，なし条件のデータの散らばりを確認する（入力ミスや**外れ値**の確認）。

次に，統計的仮説検定の流れに沿って，分析を進める。

①2つの条件には差がないという，実際に調べたい（差があるという）仮説（**対立仮説**）を否

定する意味になる仮説（**帰無仮説**）を立てる。

◇対立仮説：視線あり条件と視線なし条件の対人距離の平均値には差がある。

◇帰無仮説：視線あり条件と視線なし条件の対人距離の平均値には差がない。

②実際の結果が，帰無仮説が正しいという条件のもとではめったに起こらないようなものであるか確認する。

◇視線あり，視線なし条件の対人距離データを用いて，対応のある t 検定を実施する。

ここでは，表2のデモデータを用いた分析結果を掲載する。

✓視線あり条件の平均値は 62.72（標準偏差 42.16），視線なし条件の平均値は 42.56（標準偏差 28.32）であった。直感的には，この2つの数値には大きな差があるように思う。しかし，たとえば実験参加者数が少ない場合や，外れ値が存在する場合，たまたまこのような差が出てしまう可能性がある。そのため，**自由度**や**データのばらつき**を考慮した，統計的な検定を行う必要がある。

✓対応のある t 検定を行った結果，自由度＝23（実験参加者数－1），t 値＝4.10，有意確率＜.01（レポート等で結果を報告する際は，「t（23）＝4.10，p＜.01」と記述する）となった。

●この結果は，「帰無仮説が正しい，つまり，視線あり条件と視線なし条件における対人距離の平均値の間には差がないと仮定したときに，今回得られたような差（視線あり条件 62.72，視線なし条件 42.56）が偶然得られる確率が1％以下である」，ということを示している。

●先に説明したとおり，心理学分野では，一般的に，この有意確率が5％未満の場合に，「差がないとは言えない（偶然にしては差がありすぎる）」と結論づける（**帰無仮説の棄却**）。

●分析の結果，有意確率は1％以下となり，**有意水準**である5％未満である（第3章から）ことが示された。

③実際に調べたい仮説（対立仮説）が支持されたかどうかを示す。

◇分析の結果，帰無仮説が棄却されたので，対立仮説を支持することになる。アーガイルとディーン（Argyle & Dean, 1965）の実験の設定を一部変更して行った私たちの研究でも，親密性平衡モデルを支持する結果が得られた。

✓　得られた結果を図で示してみよう（図2）。

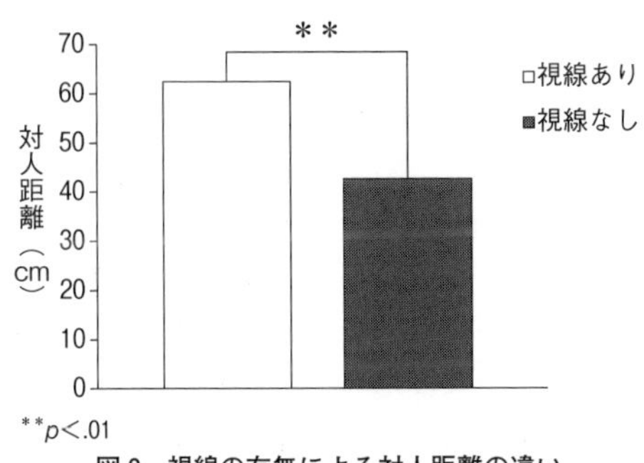

図2　視線の有無による対人距離の違い

ステップアップ！追加分析

ペアの性別の効果を含めた分析を行うこともできる。アーガイルとディーン（Argyle & Dean, 1965）の2つ目の実験結果では，すべての対人距離の条件において，女性ペアの方が男性ペアよりも視線を交わす時間が長い。今回は視線を実験的に操作し，対人距離を測定しているが，この実験状況で，女性ペアの方が男性ペアよりも対人距離は小さくなるだろうか。

これを検証するためには，**独立変数**が，(1)視線の有無（あり条件，なし条件），(2)ペアの性別（男性ペア条件，女性ペア条件）の2つになることに注意しなければならない。また，前者は**実験参加者内要因**，後者は**実験参加者間要因**である。視線の有無，ペアの性別の要因ごとに，*t* 検定を2回行うのではなく，**分散分析**（3つ以上の平均値の比較を行う分析）を用いて検討する。男性と女性からなるペアが一定数ある場合は，性別の条件を，「女性ペア」「男性ペア」「異性ペア」と3水準にしても構わない。

レポート執筆に向けたアウトライン

問　題

1. 人と人とのコミュニケーション
2. 非言語的コミュニケーションとそのチャネル
3. 親密性平衡モデル（Argyle & Dean, 1965）とは
4. 本研究の目的：親密性平衡モデルの検証
5. 本研究の仮説：視線の有無と対人距離の関係性の予測

方　法

参加者　○○大学○○学部において，心理学研究法を受講する大学生24名（男性12名，女性12名，平均年齢20.38歳，*SD*＝0.88）が授業の一環として参加した。実験は1号館101教室を使って行われた。実験中は静寂な環境の維持に努めた。

実験デザイン　視線の有無を独立変数とした，1要因（実験参加者内要因）2水準の実験デザインであった。

材料　2者間の対人距離を測定するために，カラーテープ，油性ペン，メジャーを使用した。

実験手続き　実験は，2名を1組とし，参加者は「待つ人」と「近づく人」の役割を遂行した。まずは実験を実施するスペースの床にカラーテープを貼り付け，その一方に油性ペンで印を付け，そこから3メートルの位置にも印を付けた。次に，印の一方に「待つ人」のつま先の位置が合うように，もう一方の印の側には「近づく人」のつま先が合うように，対面して立たせた。視線あり条件では，「待つ人」が「近づく人」に視線を送り続ける状態で，「近づく人」が「待つ人」に向かって進むように教示した。そして，居心地の悪さを感じた時点で立ち止まり，カラーテープ上に油性ペンでその位置を記した。印が付けられた位置から，「待つ人」側のつま先の印の位置までの距離を測定し，記録した。記録が終わった後は，視線なし条件を実施した。視線なし条件では，「待つ人」は2者間の距離の測定が終わるまで目を閉じた状態を維持し，「近づく人」と視線が合わないようにした。その他の手続きは視線あり条件と同じであった。2種類の対人距離の測定が終了した後は，「待つ人」と「近づく人」の役割を交代し，同様の手続きで視線あり条件，視線なし条件を実施した。以上で実験を終了した。

測定変数　視線あり条件，なし条件において，「近づく人」が「待つ人」に接近し，居心地の悪さを感じた時点での 2 者間の対人距離を測定した。単位は cm で，小数点第 1 位まで記録した。

結　果

視線の有無により対人距離に違いがあるかどうかを明らかにするために，視線あり条件，なし条件の対人距離の値を用いて，対応のある t 検定を行った。その結果，視線あり条件（M=62.72, SD=42.16）で，なし条件（M=42.56, SD=28.32）よりも，対人距離が有意に大きくなることが示された（$t(23)=4.10$, $p<.01$）。このことから，仮説は支持されたと言える。結果を図 2 に示す。

◇　2 つの条件間に差がなかった場合の記述例

視線の有無により対人距離に違いがあるかどうかを明らかにするために，視線あり条件，なし条件の対人距離の値を用いて，対応のある t 検定を行った。その結果，視線あり条件（M=62.72, SD=42.16）と，なし条件（M=56.60, SD=40.49）の間には，有意な差が見られなかった（$t(23)=1.56$, $p=.13$）。したがって，仮説は支持されなかった。結果を図●に示す。

考　察

・研究の目的（親密性平衡モデルの検討），仮説，仮説が支持されたかどうかを簡潔に述べる。
・研究で得られた結果の意味，研究の意義について述べる。
・研究の問題点，改善点について述べる（手続き上の問題など）。
・次のステップの研究としてどのようなものが考えられるか，またその研究ではどのような予測が可能であるかを述べる。
・本研究の結果を日常場面にどのように応用できるか述べる。

引用文献

・本文中で言及した文献をリストにして掲載する。詳細は，第 2 章 5 節「5．引用・引用文献表の書き方」（p. 27）を参照のこと。

まとめ

本章では，「コミュニケーション」の明確な定義づけに始まり，言語を介さない情報交換である，非言語的コミュニケーションのさまざまなチャネルについて紹介しました。実際のコミュニケーション場面では，これらのチャネルの 1 つだけが表出されるのではなく，複数のチャネルが同時に表出されます。複数チャネルの連動により，具体的な情報がメッセージの送り手から受け手に伝わるのです。非言語チャネルは，親密性の表出機能も有しています。アーガイルとディーン（Argyle & Dean, 1965）が 2 つの実験を通して示した親密性平衡モデルを検討するために，視線と対人距離の相補性に注目した実験を行いました。そしてデモデータの分析の結果，モデルと一貫した結果が得られました。

実証研究では，日頃の経験や直感からいきなり結論を出すのではなく，仮説を設定し，その仮説を検証するための実験デザインを考え，データを収集するプロセスを必要とします。そして得られたデータを分析し，仮説の確からしさを検証します。分析の結果が日頃の経験や直感と一致することも多々ありますが，「私の経験では…」「なんとなく…」とは異なる，より客観的な視点から原因と結果の関係を明らかにする作業は大変刺激的です。人と人とのコミュニケーションは複雑で，また，時代によっても変容していきます。ぜひ自分ならではの，ユニークな問いや仮説を設定し，日常のコミュニケーションの中に潜む原因と結果の関係を実証的に研究する楽しさ，難しさを経験してください。

■ 引用文献

Argyle, M., & Dean, J. (1965). Eye contact, distance and affiliation. *Sociometry, 28*, 289-304.

大坊　郁夫（1998）．しぐさのコミュニケーション――人は親しみをどう伝えあうのか　サイエンス社

和田　実（1996）．親密さのコミュニケーション　大坊　郁夫・奥田　秀宇（編）　対人行動学研究シリーズ3　親密な対人関係の科学（pp. 184-203）　誠信書房

実験法／2★
モチベーション

杉浦仁美

はじめに

モチベーションは，人々の行動の源であり，時に個人の能力や素質を超えてパフォーマンスに影響を及ぼします。しかし，感情や環境に左右されやすく，非常に不安定なものでもあります。自分自身が努力を積み重ねて高い成果を上げたいときにも，また，リーダーや上司となって人を管理するときにも,モチベーションを管理するための知識やスキルは必要不可欠であると言えるでしょう。こうした問題意識のもと，実務の現場のみならず多くの学術研究でモチベーションを管理するための方法が検討されてきました。この章では，モチベーションが高まるプロセスを説明した理論の中から目標設定理論に注目します。明確で困難な目標を設定することが最も有効であるという仮説に基づき，目標設定の違いが人の行動にどのように作用するのかを実験的手法を用いて追試していきます。

モチベーション管理の重要性

「モチベーションがあがらない…」と悩んだことが，誰しも一度はあるのではないでしょうか。学業や仕事のパフォーマンスを高めるためには，自分自身や従業員のモチベーションを管理し，高く維持することが重要です。モチベーションを管理するためには，私たちが何によって，どのように動機づけられているのかを理解することが必要です。

産業・組織心理学を中心に蓄積されてきたモチベーションに関する理論を大別すると，内容理論とプロセス理論の２つに分類されます（表 4(2)-1）。内容理論とは，「私たちを動機づけるものは何か？」という視点に立つ理論です。モチベーションとは，人の行動を生み出し，一定の方向へと向かわせるエネルギーだと言えますが，このエネルギーの源泉は「～が欲しい」「～をしたい」といった欲求だと考えられます。欲求にはどんな種類があり，欲求を高めたり弱めたりする要因は何なのかを説明したのがこれらの理論です。

しかし，同じレベルの欲求をもっていても，実際に取る行動が人によって違うこともあります。たとえば,「上手になりたい」という欲求をもつスポーツ選手でも，目標を立てて定期的に自分の達成度をチェックしながら練習している人と，目標を立てずに何となく練習している人ではどちらの方がより厳しい練習を続けられるでしょうか。おそらく多くの人が前者をイメージするでしょう。このようなモチベーションの過程，すなわち行動が生起し，継続，終了するプロセスや，そこに及ぼす認知や判断の影響を説明しようとしたのがプロセス理論です。

目標設定理論

先ほど，プロセス理論の説明の例で「目標を立てる」ことに触れましたが，モチベーション

表4(2)-1　主な動機づけ理論

内容理論	プロセス理論
マズローの欲求階層説	ロックとレイサムの目標設定理論
アルダーファーのERG理論	バンデューラの社会的認知理論
マグレガーのXY理論	スキナーの強化理論
マクレランドの達成動機理論	アダムスの衡平理論
ハーズバーグの2要因理論	ブルームの期待理論

を高め，維持するために目標の設定が重要であることはみなさんも経験的に理解できると思います。しかし，目標はただ決めればいいというものでもありません。目標を立てただけで特に何の影響も感じられないまま終わってしまうこともよくあります。有効に機能する目標とそうでない目標との間には，どのような違いがあるのでしょうか。そもそも，なぜ目標を立てるとパフォーマンスが上がるのでしょうか。この問いに答えようとしたのがロックとレイサム（Locke & Latham, 1984）の目標設定理論（goal setting theory）です。

目標設定理論では，明確で達成が困難な目標を設定することが重要であると言われています。伐採作業を行う会社の協力のもと行われた実験（Latham & Baldes, 1975）では，作業員が伐採した木材をトラックに積んで運搬する際，とにかくベストを尽くして頑張るように指示されたときと，達成困難で具体的な数値目標を示されたときを比較し，木材の運搬量（トラックの積載量）に違いが出るかどうかが検討されました。36台のトラックを使って9か月間観察を行った結果を図4(2)-1に示しています。具体的な目標値を示さず，ただベストを尽くすように指示された最初の期間（Do Best条件）には，積載量が最大積載量の60%前後だったのに対し，“難しいが達成可能な目標”として「94%」という数値が示された期間（具体的目標条件）には，90%を超えるまで増加しました。なお，作業員たちには，事前に積載量が変化しても金銭的な報酬には影響がないことが伝えられていました。つまり，目標設定による純粋なモチベーションの変化のみでパフォーマンスが上がったと考えられます。

なぜ明確で困難な目標によってパフォーマンスが向上したのでしょうか。目標設定理論によると，自分の価値観と合致した目標の存在によって行動面でさまざまな変化が現れると言われています。私たちは，目標を立てると目標達成に貢献する行動に注意が向けられ，その行動に努力を結集させます。さらに，目標は行動の持続性を高めるため，目標達成のために費やす時間が増加します。それでも目標達成が難しい場合には，新しく効果的な戦略を考えて工夫するようになります。

目標が曖昧だと，何をどこまですべきなのかの基準が明確でないため，行動に結びつけることが難しくなります。また，目標が易しいと努力を結集させたり，新しい方略を考えたりする必要がないので，その分だけパフォーマンスの向上は見込めなくなってしまいます。到底達成できないような高すぎる目標ではかえってやる気が削がれてしまいますが，少なくとも自分の能力の限界に見合った範囲であれば，達成困難な目標を設定するほどモチベーションが向上すると考えられます。

ただし，この目標は行為者に受け入れられている必要があります。たとえば，上司が従業員に対して明確で困難な目標を設定したとしても，従業員にその目標を「達成したい」という気持ちがなければ効果は期待できません。この場合，従業員を目標設定のプロセスに参加させ，目標に対するコミットメントを高めてやることが望ましいと言われています。ただし，他者から一方的に与えられた目標であっても，その目標を本人が受け入れていれば問題ありません。

さらに，進捗に関するフィードバックが与えられることで効果はより高まると言われています。フィードバックが与えられることによって，自分がどこまで進んでいるのかを知ることが

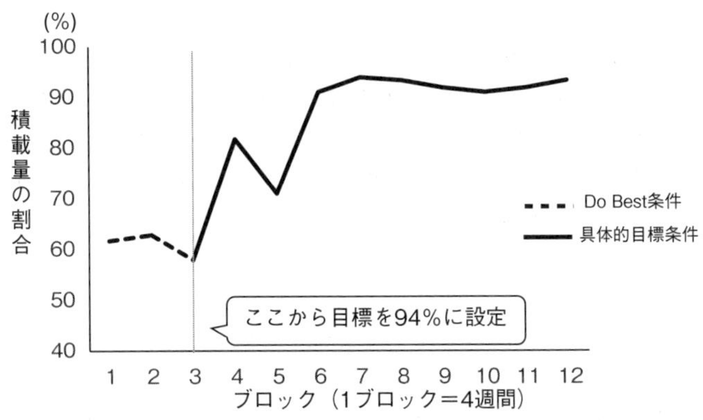

図4(2)-1　明確で困難な目標の設定による積載量の変化（Latham & Baldes, 1975）

でき，その情報はパフォーマンスを改善するための行動の調整に役立てることができます。以上のように，「目標を立てたらモチベーションがあがるだろう」という漠然とした経験則に，より効果的な目標設定の方法と理論的根拠を示したのが，目標設定理論の特徴だと言えるでしょう。

やってみよう実証研究

目標設定の効果

【研究のタイプ】実験（仮説検証型）
【実習人数】4名以上（実験者役1名，参加者役1名×3条件）
【材料】机，椅子，筆記用具（鉛筆，消しゴム），計算課題の回答用紙（練習試行用・本試行用），卓上時計，ストップウォッチ，記録用紙
【独立変数】目標設定（Do Best条件，明確－簡単条件，明確－困難条件）
【統計的検定】1要因分散分析

1. 概要と目的

仕事をしたり勉強をしたりする際に，目標を立てることによってモチベーションの変化が見込まれる。目標達成理論（Locke & Latham, 1984）では，明確で達成が困難な目標を立てることが個人のパフォーマンスを高めるうえで重要であると考えられている。本研究では，この理論によって導かれる仮説を確かめることを目的とする。具体的には，目標が曖昧で抽象的なDo Best条件，目標は具体的だが達成が容易な明確－簡単条件，目標が具体的で達成が困難な明確－困難条件の3つの条件間でパフォーマンスに違いが出るかを検討する。

2. 仮　説

「明確－困難条件は，Do Best条件および明確－簡単条件よりもパフォーマンスが高い」
（目標設定の仕方（原因）によって，パフォーマンス（結果）が異なる）

3. 実験方法

実験者役1名と参加者役1名に分かれる。実験補助者役を追加してもよい。

①予備実験の実施

本実習では，従属変数であるパフォーマンスを測定する課題として「百ます計算（たし算）[1]」を使用する。可能であれば，事前に本実験の参加者とは別の20名程度を対象に百ます計算を実施し，その成績（回答時間）をもとにして目標設定の数値を決めるとよい。今回は，仮に半数以上の達成率が見込まれる1分20秒を明確－簡単条件の目標に，1割以下の達成率が見込まれる60秒を明確－困難条件の目標に設定する。

②本実験

周囲から隔離された静寂な場所で実験を実施する。実験参加者用の机の上には，筆記用具と卓上時計を用意しておく。

(1) 参加者が椅子に着席したら，実験の説明を開始する。実験の仮説を悟られないように偽の目的（たとえば「照明の明るさが課題パフォーマンスに及ぼす影響を明らかにする」）を説明する（**デセプション**）。また，ここで事前質問紙として数学に対する苦手意識を尋ねておくとよい（**ステップアップ！追加分析** p. 88参照）。
(2) 百ます計算のやり方と回答方法について参加者に説明する。
(3) 本試行に先立ち，練習試行として100マスのうち50マス分を一度参加者に解いてもらう。練習試行では時間を測定しないが，参加者は手元の時計を見てよいこととする。
(4) 百ます計算のやり方と回答方法を参加者が十分に理解できたことを確かめたら，本試行に移る。本試行では，まず，実験者が各条件の目標を参加者に提示する。Do Best条件では「できるだけ早く」，明確－簡単条件では「1分20秒以内を目標に」，明確－困難条件では「60秒以内を目標に」問題を解くよう教示する。
(5) 実験者はストップウォッチを手に持ち，時間を測定する。実験者と参加者双方の準備ができたことを確認し，参加者の手元にある時計の秒針が0を指したら実験者の合図で試行を開始する。
(6) 参加者は，回答終了とともに挙手で合図をする（目視でも確認する）。実験者は，測定した時間を記録用紙（表1）に記入する。
(7) 2試行目も1試行目と目標が変わらないことを確かめ，同様の手続きで実施する。これを繰り返して合計3試行を行う。
(8) 本試行が終了したら，事後質問紙として**操作チェック**[2]（独立変数の操作に関して，実験者が指示（意図）したとおりに参加者が行動（理解）していたかを確認すること）を行う。今回の実験の場合は，「どのような目標で，百ます計算に取り組みましたか？」と尋ねてみるとよいだろう。
(9) 最後に，本研究の本当の目的について**デブリーフィング**を行う。

表1　記録用紙の例

ID	氏名	性別	年齢	条件	操作	1回目(秒)	2回目(秒)	3回目(秒)	平均
		男・女		best・簡単・困難					
		男・女		best・簡単・困難					

✓　記録用紙に，測定した数値を正しく記入できていますか。
✓　参加者の性別，年齢，条件は記録しましたか。
✓　実験で測定した秒数を整数で記入するのか，小数点第何位まで記入するのかあらかじめ決めておきましょう（今回は，小数第1位まで記入します）。
✓　「操作」の列には操作チェックの結果を記録しましょう。今回は，○，×でいいでしょう。

1 百ます計算：小学生向けに開発された計算トレーニング。縦10×横10のマスの上側・左側にそれぞれ0~9までの数値がランダムに配置されており，数字の交差するマスに回答を書き込んでいく。

表2　デモデータ

ID	性別	年齢	条件	時間(秒)	苦手意識
1	0	21	1	83.5	4
2	1	20	2	74.0	3
3	0	21	3	70.3	3
4	1	20	1	74.3	2
5	0	20	2	79.0	4
6	1	21	3	73.3	4
7	0	20	1	76.0	2.7
8	1	19	2	85.3	4
9	1	19	3	78.7	4.7
10	0	19	1	68.0	2
11	1	19	2	84.3	4
12	0	20	3	77.7	4.7
13	0	21	1	92.3	4.7
14	1	21	2	77.3	3.7
15	0	19	3	72.0	3.7
16	1	20	1	71.7	2
17	1	19	2	67.0	2
18	0	20	3	63.0	2.3
19	1	19	1	79.0	3
20	0	19	2	81.0	3.7
21	1	21	3	73.0	4
22	0	21	1	79.3	3.7
23	0	19	2	74.3	3.3

ID	性別	年齢	条件	時間(秒)	苦手意識
24	0	21	3	70.3	3.3
25	1	19	1	78.0	3
26	0	19	2	80.0	3.7
27	1	20	3	72.7	3.7
28	1	19	1	81.3	4
29	0	21	2	81.0	4
30	0	21	3	75.0	4
31	1	19	1	77.3	3
32	0	21	2	75.3	3.7
33	0	20	3	71.0	3.3
34	1	20	1	82.7	4
35	1	20	2	74.0	3.3
36	0	19	3	72.3	3.3
37	0	20	1	84.7	4
38	1	19	2	89.7	4.3
39	1	21	3	86.0	5
40	1	21	1	78.7	3
41	1	19	2	71.7	2
42	0	19	3	64.7	2.7
43	1	20	1	76.7	3
44	1	19	2	72.7	3
45	0	19	3	60.7	2.7

注：操作チェックのデータは省略しています。

注：実験手続き上の注意点

1. **参加者の割り当て**：実験法1とは異なり，条件ごとに異なる参加者を対象にする（参加者間要因）。たとえば，30人の参加者がいる場合は10人をDo Best条件，10人を明確－簡単条件，10人を明確－困難条件に割り当てる。
2. **実験中の振る舞い**：課題試行中は，実験者の存在が参加者の作業を妨害しないよう，できるだけ参加者から離れた位置で測定や観察を行う。実験者は，課題試行中にごそごそと動いて物音を立てたり，回答をのぞき込んで参加者の集中力を乱したりしないよう注意する。
3. **事前質問紙で測定する「苦手意識」**：目標設定以外にパフォーマンスに影響を及ぼしうる要因として数学に対する苦手意識が考えられる（**ステップアップ！追加分析**p.88を参照）。今回は「数学は苦手である」「計算問題は見ただけで嫌になる」「数式に恐怖感がある」の3項目について，5件法（1：当てはまらない～5：当てはまる）で回答を求めたものとす

2 操作チェック：本研究において，操作チェックの方法は他の形も考えられる。たとえば，「あなたはどのような目標で，百ます計算に取り組みましたか？」という質問に対して，「できるだけ速く」，「1分20秒以内を目標に」，「60秒以内を目標に」，の3つの選択肢を用意し，最も当てはまるもの1つを選んでもらうという形（実験操作と異なる選択肢を選んだ参加者のデータは除外する）などが挙げられる。実験者の思い込みではなく，意図したとおりに独立変数の操作が行われていたかどうかを後で確認することは重要である。特に参加者に紙面や口頭で指示する形で操作を行う場合は，操作チェックの方法についてあらかじめしっかりと確認，準備しておくこと。

る。

4. **追加の事後質問**：実験の最後に，課題中に考えたことや気づいたこと（**内省報告**）を参加者に尋ねておくとよい。実験手続きの改善や考察の手がかりになることがある。

4. データ入力（結果の整理）

データの入力方法は，実験法1（p. 75参照）と同様である。本章では，各条件15名，合計45名が実験に参加したと仮定する。事前質問紙で測定した項目と，実験者が表1に記録したデータをまとめたものが表2である。左から，各参加者のIDナンバー，性別（0＝女性，1＝男性），年齢，条件（1＝Do Best，2＝明確－簡単，3＝明確－困難），百ます計算3試行分の平均回答時間（たとえば，1回目85.6秒，2回目83.4秒，3回目81.5秒だった場合は83.5），数学に対する苦手意識（3つの項目に対する回答の平均値）のデータが入力されている。なお，データが多い場合や，手計算を避ける場合は，各試行，各項目への回答の数値をそのままExcelなどに入力し，関数（＝average）を使って平均値を算出する。分析には，条件と時間（秒）を用いる。

5. 仮説の検証

仮説を検証するためには，百ます計算の時間についてDo Best条件，明確－簡単条件，明確－困難条件の平均値に差があるかどうかを調べる必要がある。このように，3つ以上のグループの平均値を比較する場合には，1要因の**分散分析**を用いる。分散分析では，グループ間のばらつきとグループ内のばらつきの大きさを比較して，***F*値**と言う検定統計量を算出する。F値が大きいほど，グループ間の平均値に差があることを示す。このF値と自由度を使って，***F*分布表**から帰無仮説を棄却することができるかどうかを判断する。判断の流れはt検定と一緒で，有意水準から臨界値を探し出し，F値が棄却域の中に入っていれば帰無仮説を棄却することができる。

ここで，「わざわざ分散分析という方法を使わなくても，すべての対（A, B, Cの3条件の場合，A vs B, B vs C, A vs C）に対して（対応のある）t検定を行えばよいのではないか」と疑問に思う人がいるかもしれない。しかし，t検定を繰り返すと**第一種の過誤**が生じる確率が高くなってしまう。第一種の過誤とは，本当は有意ではないにもかかわらず，有意と判断してしまうことである（第3章参照）。この誤った結論に至る確率は，$1-(1-\text{有意確率})^{\text{実施する検定の数}}$で表すことができる。たとえば，有意水準が5%の場合，1回限りのt検定であればこの過誤が生じる確率は有意水準と同じ5%であるが，同じデータ内でt検定を3回同時に繰り返すと，これが14.3%と約3倍に増加してしまう。そこで，後程説明する**多重比較**という方法を使って第一種の過誤が生じる確率を5%程度に抑える必要がある。

ただし，分散分析を行うには，各グループ内のデータが正規分布していることや，データの分散が等質であるといった前提条件がある。もし，前提が満たされない場合には，条件を満たすようにデータを変換したり，別の検定を利用したりすることも考えないといけない。そのため，分析を行う前に各データの基本情報を算出し，プロットをよく確認しておく必要がある。

分散分析のより詳細な説明は，南風原（2002）などで確認することをお勧めする。また，分散分析の計算を難しく感じるかもしれないが，統計ソフトを使えば自動で計算することができる。中でもフリーソフトウェアのHAD（清水, 2016）は，Excelで動くため初学者にも使いやすい。ソフトの使い方は小宮・布井（2018）に詳しいので，試してみるとよいだろう。

以上を踏まえたうえで，統計的仮説検定の流れに沿って，1要因の分散分析を進めていく（ここでは，表2のデモデータを用いた分析結果を掲載する）。

①主効果の検定

(1) 実験1と同様に，対立仮説と帰無仮説を立てる。
　対立仮説：3つの条件間で，平均時間に差がある。
　帰無仮説：3つの条件間で，平均時間に差がない。

(2) 実際の結果が，帰無仮説が正しいという条件のもとではめったに起こらないようなものであるか確認する。

◇　条件と時間（秒）のデータを用いて ***F* 値**を算出する。これを用いて条件の効果が有意であるかを検討する（これを**主効果**の検定と言う）。

✓　条件ごとの平均値は，Do Best 条件は 78.90（標準偏差 5.75），明確－簡単条件は 77.77（標準偏差 5.94），明確－困難条件は 72.05（標準偏差 6.29）であった。

✓　1要因の分散分析を行った結果，自由度1が2，自由度2が42，F 値＝5.63，有意確率 $p<.01$（レポート等で結果を報告する際は，「$F(2,\ 42)=5.63$，$p<.01$」と記述する）となった。

●この結果は，「帰無仮説が正しいとした場合，つまり3つの条件間で平均時間に差がないと仮定したときに，今回得られたような差が偶然得られる確率が1% 以下である」ということを示している。

●有意確率は1% 以下となり，有意水準である5% 未満であることから，条件の主効果が有意であることが示された。ただし，この結果では，3つの条件間のどこに差があると言えるのかがわからないため，続けて**多重比較**を行う。

②多重比較

3つの条件間で平均値を比較するためには，2つの条件を選んで平均値を比較していく必要がある。しかし，先ほど述べたとおり，t 検定をそのまま使うことはできないので，代わりに有意水準を調整することで第一種の過誤が起こる危険性を抑える。この調整にはいくつかの方法があるが，今回は Bonferroni 法を用いる。

◇　分散分析で主効果が有意であった要因について，多重比較を実施する。

✓　多重比較の結果，Do Best 条件と明確－困難条件（$t(42)=3.13$，$p<.01$），明確－簡単条件と明確－困難条件（$t(42)=2.61$，$p<.05$）の間にそれぞれ有意な差があることが示された（多重比較の結果は，t 検定と同様の方法で報告する）。

③実際に調べたい仮説（対立仮説）が支持されたかどうかを示す

◇　多重比較の結果，明確－困難条件は Do Best 条件や明確－簡単条件よりもパフォーマンスが高いことが示された。目標設定理論によって導かれる仮説は，実験室実験でも支持されることがわかった。

✓　得られた結果を図で示してみよう（図1）。

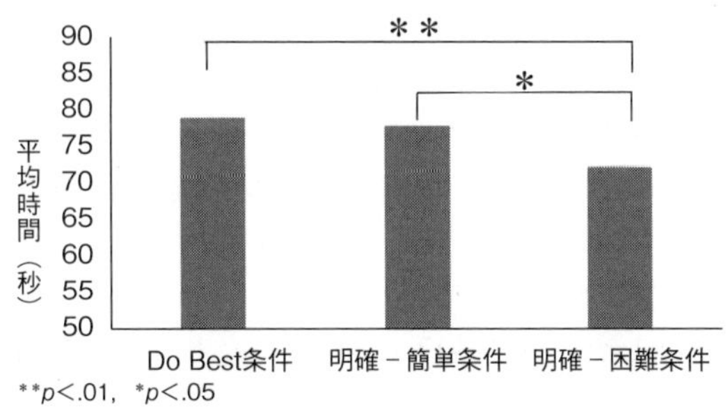

図1　目標設定の違いによる平均時間の変化

ステップアップ！追加分析

たとえば，今回は計算課題だったので，数学に対する苦手意識が高い人はあまり高い目標設定をすると達成可能性を低く見積もり，苦手意識の低い人たちよりもパフォーマンスが伸びないかもしれない。このように，従属変数に影響を与え，独立変数とも関連があるかもしれない変数を**共変量**と言う（剰余変数がこれに当たる）。今回は，目標設定によるパフォーマンスの違いを検討したいので，もし数学に対する苦手意識が影響をしているのであれば，この影響を取り除きたい。そのようなとき，**共分散分析**を使えば，共変量の影響を統制することができる。実際に，デモデータを使って数学に対する苦手意識を共変量に投入してみたところ，分散分析では有意ではなかった Do Best 条件と明確－簡単条件の間にも有意な差（$t(41)=3.09$, $p<.05$）が見られることがわかった。

レポート執筆に向けたアウトライン

問　題

1. モチベーション管理の重要性
2. 目標設定理論（Locke & Latham, 1984）
3. 明確で困難な目標がパフォーマンスに影響するメカニズム
4. 本研究の目的：目標設定理論の検証
5. 本研究の仮説：目標設定の違いによる課題パフォーマンスへの影響

方　法

参加者　○○大学○○学部において，心理学研究法を受講する大学生 45 名（男性 23 名，女性 22 名，平均年齢 19.87 歳，$SD=0.84$）が授業の一環として参加した。性別による偏りが出ないよう Do Best 条件に 15 名，明確－簡単条件に 15 名，明確－困難条件に 15 名をランダムに割り当てた。実験は 1 号館 101 教室を使って行われた。実験中は静寂な環境の維持に努めた。

実験デザイン　目標設定を独立変数とした 1 要因（参加者間要因）3 水準の実験デザインであった。

材料　課題パフォーマンスを測定するために，百ます計算を用いた。

実験手続き　実験は，参加者 1 名ずつを対象に行われた。まず初めに実験の説明を行った。この際，実験の仮説を悟られないように「照明の明るさが課題パフォーマンスに及ぼす影響を明らかにする」と偽の目的を告げた。その後，課題として百ます計算を実施した。課題の回答方法を教示し，50 マス分の練習試行を行った後，実験者が口頭で目標を提示した。Do Best 条件では「できるだけ早く」，明確－簡単条件では「1 分 20 秒以内を目標に」，明確－困難条件では「60 秒以内を目標に」問題を解くよう教示した。明確－簡単条件と明確－困難条件の目標は，事前の予備調査をもとに設定した。実験者の合図で課題を開始し，参加者は回答終了とともに挙手で合図をした。課題中，参加者は机上にある時計で時間を確認することができた。2 試行目以降も 1 試行目と同じ目標であることを確認し，同様の手続きで合計 3 試行を実施した。本試行が終わった後，操作チェックとデブリーフィングを行って実験を終了した。

測定変数　百ます計算の回答時間について，3 試行分の平均値を算出した。

結　果

まず，操作チェックの結果，すべての参加者において実験者が指示した目標のもとで課題を遂行したことが確認された。このことから，実験操作は問題なく行われたと結論づけた。

◇　実験操作がうまくいかなかった場合の記述例

操作チェックの結果，○名の参加者が，指示と異なる目標のもと課題を遂行していた。これらの参加者は分析から除外することとした。最終的に△名の参加者のデータを分析対象とした。

目標設定による課題パフォーマンスの違いを検討するために，百ます計算の平均時間を従属変数とした1要因（条件：Do Best 条件，明確－簡単条件，明確－困難条件）の分散分析を行った。その結果，条件の主効果が有意となった（$F(2, 42)=5.63$, $p<.01$）。多重比較（Bonferroni 法）の結果，Do Best 条件（$M=78.90$, $SD=5.75$）と明確－困難条件（$M=72.05$, $SD=6.29$），明確－簡単条件（$M=77.77$, $SD=5.94$）と明確－困難条件の間にそれぞれ有意な差があることが示された（順に，$t(42)=3.13$, $p<.01$；$t(42)=2.61$, $p<.05$）。Do Best 条件と明確－簡単条件の間には有意な差は見られなかった（$t(42)=0.51$, $p=1.00$）。このことから，仮説は支持されたと言える。結果を図1に示す。

◇　条件間に差がなかった場合の記述例

目標設定による課題パフォーマンスの違いを検討するために，百ます計算の平均時間を従属変数として1要因（条件：Do Best 条件，明確－簡単条件，明確－困難条件）の分散分析を行った。その結果，条件の有意な主効果は見られなかった（$F(2, 42)=1.64$, $p=.21$）。したがって，仮説は支持されなかった。結果を図●に示す。

考　察

・実験法1と同様である。
・仮説が支持されなかった場合，実験の操作がうまくいなかった可能性も考えられる。操作チェックの結果や参加者の内省報告も踏まえて考察するとよい。

引用文献

・本文中で言及した文献をリストにして掲載する。詳細は，第2章5節「5. 引用・引用文献表の書き方」（p. 27）を参照のこと。

まとめ

本章では，効果的な目標設定の方法と，その目標が有効に機能するメカニズムについて紹介しました。目標はただ決めればよいというものではなく，明確で困難な目標を設定するべきであるという目標設定理論の予測に基づき実験を行った結果，百ます計算を用いた課題において仮説と一貫した結果が得られました。今回注目した目標設定理論は，多くの研究成果が蓄積されており，かなりの裏づけがあると言われています。しかし，どの程度難しいレベルの目標を設定したらよいのか明確ではないことや，複雑な課題にも適用できるかどうかが定かではないといった限界も示されています。今後も，こうした問題点を詳細に検討し，人のモチベーションの仕組みを明らかにしていくことが期待されます。

ここまで読んできて，いかがだったでしょうか。専攻によってはあまり実験になじみがなく，「難しい」「大変そうだ」と感じた人もいるかもしれません。しかし，実験の魅力は，自分が検討したい要因を操作し，それ以外の要因を統制することで変数間の因果関係を緻密かつダイレクトに検討できる点にあります。多くの先行研究をレビューし，独自性のある仮説を立てるのは大変な作業ですが，自分が予測したとおりの結果が得られると，理論と現実がつながって心理学の面白さをよりいっそう感じることができるでしょう。仮説が支持されなかった場合にも，議論を重ねるうちに新しいアイデアが浮かんでくるという醍醐味がありますので，ぜひ実証研究の面白さを一度体験してみてください。

■ 引用文献

Locke, E. A., & Latham, G. P. (1984). *Goal setting: A motivational technique that works!* Englewood Cliffs, NJ: Prentice-Hall.（ロック，E. A.・ラザム，G. P. 松井 賚夫・角山 剛（訳）(1984). 目標が人を動かす――効果的な意欲づけの技法　ダイヤモンド社）

Latham, G. P., & Baldes, J. J. (1975). The “practical significance” of Locke’s theory of goal setting. *Journal of Applied Psychology, 60*(1), 122.

南風原 朝和（2002）．心理統計学の基礎　有斐閣

清水 裕士（2016）．フリーの統計分析ソフト HAD：機能の紹介と統計学習・教育，研究実践における利用方法の提案　メディア・情報・コミュニケーション研究, *1*, 59-73.

小宮 あすか・布井 雅人（2018）．Excel で今すぐはじめる心理統計――簡単ツール HAD で基本を身につける　講談社

■ 参考図書

鹿毛 雅治（編）(2017)．パフォーマンスがわかる 12 の理論　金剛出版

質問紙調査法／ 1★ SNS 利用と社会的スキル

古谷嘉一郎

はじめに

一般に日頃から多くの対人関係に人は囲まれています。たとえば，友人，家族，知り合いなどです。しかし，近年のソーシャル・ネットワーキングサービス（SNS）の普及により，この関係性には広がりと深みが生まれているかもしれません。つまり，これまでに会ったことがない人と関係を広げることや，対面だけでなく SNS でのコミュニケーションも相まって，相手との関係が深くなることがあるでしょう。本章では，この SNS の利用実態について調査を行い，集計をしてみましょう。さらに，対人関係を円滑にいとなむためのスキル（技能）である社会的スキル（菊池 ，1988）との関連を確認してみましょう。

なお，SNS と一口に言っても多様であること，多くの人が用いている SNS として LINE（ICT 総研，2020）が挙げられること，読者の調査実習体験が初めてであることに鑑み，本章では LINE 利用のみに注目した調査としました。

SNS の利用実態

まず，SNS 利用実態について考えてみましょう。第 1 に，人々はどのような SNS を利用しているのでしょうか。総務省情報通信政策研究所（2019）の調査を確認すると，Twitter, LINE，Facebook，Instagram などが調査に用いられていました。加えて，TikTok などの SNS も考えることができるかもしれません。第 2 に，どういった目的で人は SNS を利用しているのでしょうか。たとえば，日々のことを書き留めるためなのでしょうか，写真や動画を掲載するためなのでしょうか。それとも，友人とのコミュニケーションのためなのでしょうか。たとえば，若者に身近な LINE であれば，友人とのコミュニケーションが主となるかもしれません。第 3 に，日々の中で人は SNS をどのくらい使っているのでしょうか。使う程度に個人差があるかもしれません。

今回は LINE のみに着目した調査を行うので，上述した内容の，第 2「どういった目的で人は LINE を利用しているのか」，第 3「日々の中で人は LINE をどのくらい使っているのか」に注目します。

SNS の利用と社会的スキル

SNS を介してコミュニケーションの機会が増えることで，さまざまなコミュニケーションを経験し，社会的スキルが高くなるかもしれません。しかしながら，もともとコミュニケーションが巧みであり，社会的スキルが高い人だからこそ，SNS をたくさん使うという可能性も考えられます。また，SNS を介して，特定の人たちとコミュニケーションを頻繁にする場合もあれば，たくさんの知り合いとコミュニケーションする場合もあるでしょう。いずれにせよ，SNS利用と社会的スキルには関連があることが考えられます。

これらの予測を支持する研究もいくつかあります。田中（2008）では，社会的スキルをコミュニケーション，トラブル，マネジメントに下位分類しました。そして，SNS利用者のコミュニケーションスキルが非利用者よりも高いことを示しました。加えて，SNSの利用が対人関係スキルを促進する可能性があること（植原, 2017）がわかっています。また，SNSの1つであるFacebookに注目した研究では，Facebookの利用頻度の高さと社会的スキルの言語的情報の伝達，解読，管理・制御の側面が関連（Oldmeadow et al., 2013）していることも明らかになっています。

そこで，LINEに注目した場合，先行研究と同様の結果が示されるのかどうかを本実習で確かめてみたいと思います。具体的には，LINE利用状況を「利用頻度」と「友だちの数」によって定義し，LINEを利用している人ほど社会的スキルが高いか否かを検討します。

やってみよう実証研究

SNS利用と社会的スキルとの関係性についての検討：LINEに注目して

【研究のタイプ】質問紙調査（仮説探索型）
【実習人数】1人
【材料】質問紙を印刷するための紙など（必要に応じ，Googleフォームなどを用いてもよい）
【独立変数】今回の研究では特に設定しない
【従属変数】今回の研究では特に設定しない
【統計的検定】相関分析（分析用デモデータの分析結果あり）

1. 概要と目的

近年のスマートフォンの普及に伴い，SNSの利用率は高くなっている。さらに，SNSを含むソーシャルメディアはすでに私たちの社会生活の基盤となりつつある（総務省，2016）。特に，SNSの1つであるLINEは，多くの人に利用されていることがわかっている（ICT総研, 2020）。それでは，人々のSNSの利用実態（SNS利用の目的，SNS利用の頻度）はどのようになっているのだろうか。また，SNSの利用はその利用者の社会的スキル（菊池, 1988）と関係している可能性も指摘されている（田中, 2008）。社会的スキルとは，対人関係を円滑に営む能力を指す。先行研究において，SNS利用が社会的スキルと正の関連をもつ可能性が指摘されているが，LINEの利用について検討したわけではない。これらを踏まえ，本研究では，多くの人に利用されているSNSであるLINEの利用実態を確認し，LINE利用と社会的スキルとの関連を明らかにする。

2. 方　法

SNSの利用状況

①SNSの利用の有無の質問「あなたはLINEを利用していますか」と教示文を作成し「はい・いいえ」で回答してもらう項目を作成する。このように，2つ以上の選択肢から1つを選び○を付けるような質問の仕方を単数回答（Single Answer）と言う。

②LINEの友だち数「LINEで友だちとして登録している数」を尋ねる。尋ね方は③のような選択肢を作成する方法もあるが，今回は人数を直接記入してもらう。なお，注釈として，企

業等の公式アカウントを除く旨も記載する。

③LINE の利用頻度「LINE の利用頻度はどのくらいですか。あてはまるもの 1 つに○をつけてください」と教示文を作成する。利用頻度はさまざまな聞き方がある。期間を区切って何回であるか（例：1 週間に 10 回，1 週間に 5 回，1 週間に 1 回など），もしくは期間と回数の両者を調整するもの（例：年に数回程度，月 1 回以下，2～3 週に 1 回，週 1 回程度，4～5 日に 1 回程度，2～3 日に 1 回程度，毎日 1 回程度，毎日 2 回以上）がある。または，頻度の代わりに 1 日あたりの利用時間（例：30 分未満，30 分以上 60 分未満…180 分以上）にしてもよい。

④LINE 利用目的「あなたが LINE を利用する目的について，以下の中であてはまるものすべてに○をつけてください」と教示文を作成する。選択肢の例として，友人との交流のため，情報収集のため，写真や動画を掲載するため，日常生活で起こったことを書くため等がある。もちろん，必要に応じて項目を増やしてもよい。また，項目作成前に，友人などに聞いてみてアイデアをもらうのもいいだろう。ここでは①と違い，○を付ける選択肢は複数ある。この方法を複数回答（Multiple Answer： MA）と言う。

⑤社会的スキル KiSS-18（菊池, 1988, 2004, 2007）を用いる。この尺度は社会的スキルを身

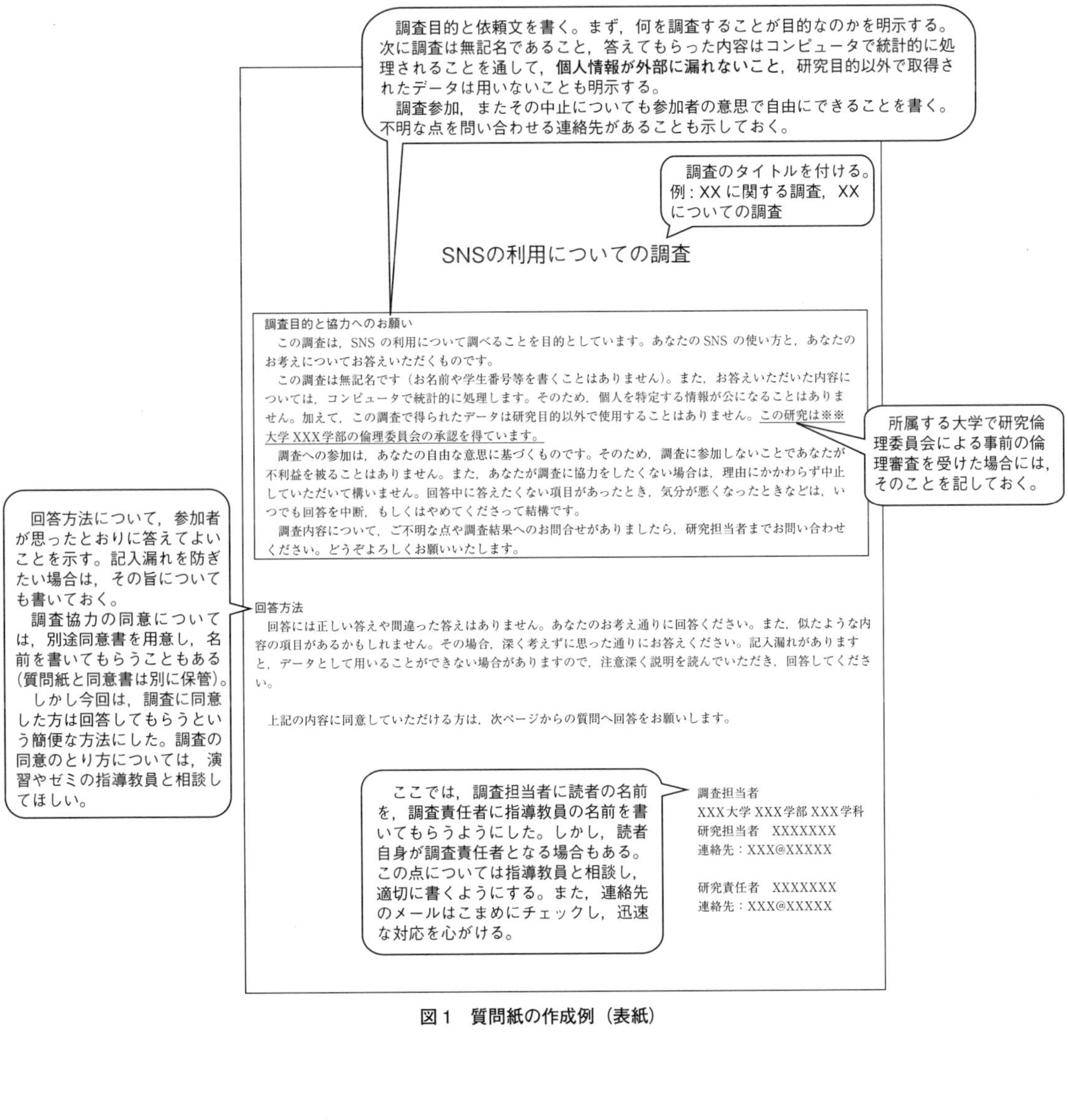

調査目的と依頼文を書く。まず，何を調査することが目的なのかを明示する。次に調査は無記名であること，答えてもらった内容はコンピュータで統計的に処理されることを通して，**個人情報が外部に漏れないこと**，研究目的以外で取得されたデータは用いないことも明示する。
調査参加，またその中止についても参加者の意思で自由にできることを書く。不明な点を問い合わせる連絡先があることも示しておく。

調査のタイトルを付ける。例：XX に関する調査，XX についての調査

SNSの利用についての調査

調査目的と協力へのお願い
この調査は，SNS の利用について調べることを目的としています。あなたの SNS の使い方と，あなたのお考えについてお答えいただくものです。
この調査は無記名です（お名前や学生番号等を書くことはありません）。また，お答えいただいた内容については，コンピュータで統計的に処理します。そのため，個人を特定する情報が公になることはありません。加えて，この調査で得られたデータは研究目的以外で使用することはありません。この研究は※※大学 XXX 学部の倫理委員会の承認を得ています。
調査への参加は，あなたの自由な意思に基づくものです。そのため，調査に参加しないことであなたが不利益を被ることはありません。また，あなたが調査に協力をしたくない場合は，理由にかかわらず中止していただいて構いません。回答中に答えたくない項目があったとき，気分が悪くなったときなどは，いつでも回答を中断，もしくはやめてくださって結構です。
調査内容について，ご不明な点や調査結果へのお問合せがありましたら，研究担当者までお問い合わせください。どうぞよろしくお願いいたします。

所属する大学で研究倫理委員会による事前の倫理審査を受けた場合には，そのことを記しておく。

回答方法について，参加者が思ったとおりに答えてよいことを示す。記入漏れを防ぎたい場合は，その旨についても書いておく。
調査協力の同意については，別途同意書を用意し，名前を書いてもらうこともある（質問紙と同意書は別に保管）。
しかし今回は，調査に同意した方は回答してもらうという簡便な方法にした。調査の同意のとり方については，演習やゼミの指導教員と相談してほしい。

回答方法
回答には正しい答えや間違った答えはありません。あなたのお考え通りに回答ください。また，似たような内容の項目があるかもしれません。その場合，深く考えずに思った通りにお答えください。記入漏れがありますと，データとして用いることができない場合がありますので，注意深く説明を読んでいただき，回答してください。

上記の内容に同意していただける方は，次ページからの質問へ回答をお願いします。

ここでは，調査担当者に読者の名前を，調査責任者に指導教員の名前を書いてもらうようにした。しかし，読者自身が調査責任者となる場合もある。この点については指導教員と相談し，適切に書くようにする。また，連絡先のメールはこまめにチェックし，迅速な対応を心がける。

調査担当者
XXX 大学 XXX 学部 XXX 学科
研究担当者　XXXXXXX
連絡先：XXX@XXXXX

研究責任者　XXXXXXX
連絡先：XXX@XXXXX

図 1　質問紙の作成例（表紙）

につけている程度を測定する。「以下の項目はあなたにどのくらいあてはまりますか」といった教示文を作成し，「1：いつもそうではない」「2：たいていそうではない」「3：どちらともいえない」「4：たいていそうだ」「5：いつもそうだ」の5件法，で測定する。18項目の尺度である。

質問紙が一通りできあったら，かならず他の人，特に指導教員やゼミ教員に確認を依頼する。誤字脱字，日本語が変なところは，作った本人では気づかないことが多い。なお，図1，2，3に質問紙の作成例を示した。

なお，尺度の著作権について，雑誌論文や書籍にその尺度が公表されている場合，一般的な学術的利用（読者の方であれば，実験実習や，ゼミでの研究活動での利用）であれば，基本的には「方法」で文献を引用｛たとえば，（菊池，1988）などと記載｝し，引用文献リストにその引用文献を記載しておけば良い。ただし，尺度の作者が使用にあたっての許諾を求めている場合もある。その場合は，必ず使用許諾をとるようにしてほしい。

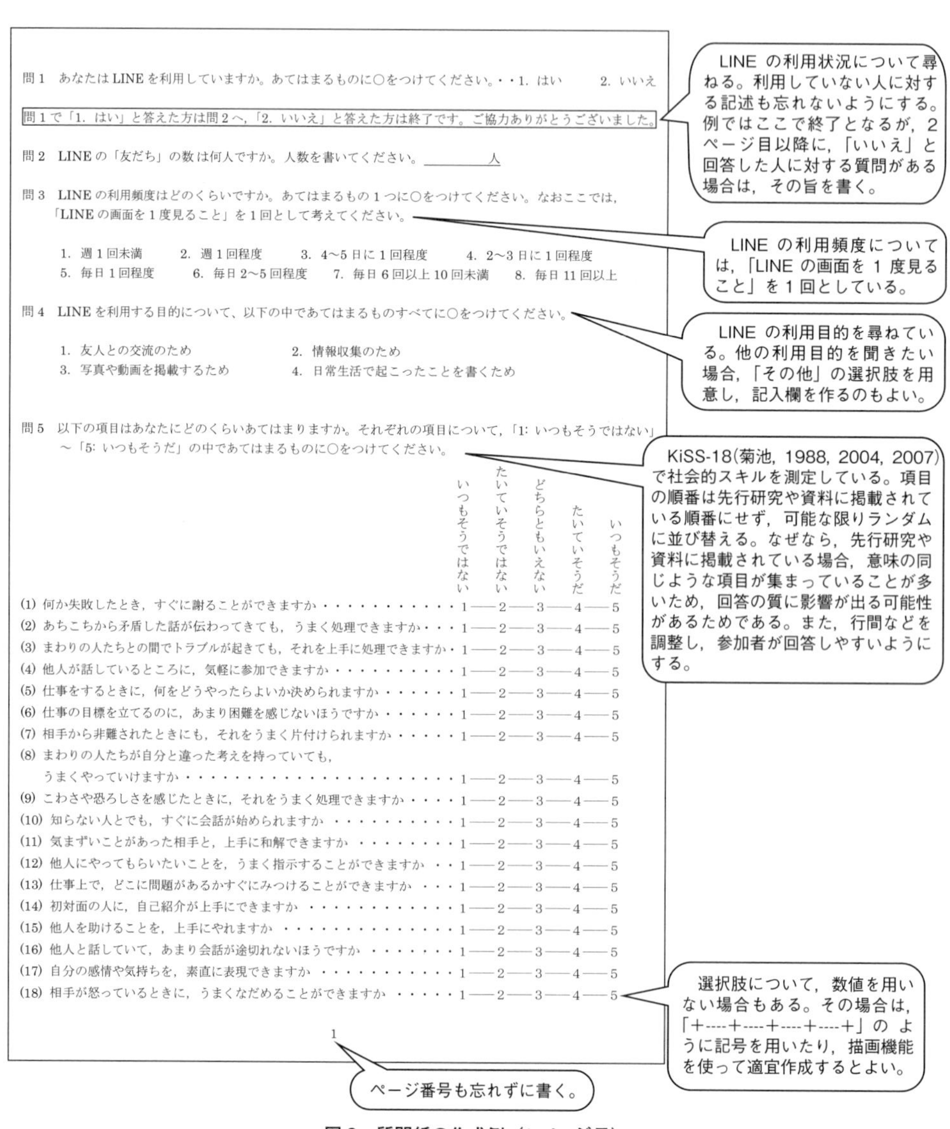

問1　あなたはLINEを利用していますか。あてはまるものに○をつけてください。・・1．はい　　2．いいえ

問1で「1．はい」と答えた方は問2へ，「2．いいえ」と答えた方は終了です。ご協力ありがとうございました。

問2　LINEの「友だち」の数は何人ですか。人数を書いてください。＿＿＿＿人

問3　LINEの利用頻度はどのくらいですか。あてはまるもの1つに○をつけてください。なおここでは，「LINEの画面を1度見ること」を1回として考えてください。

1．週1回未満　2．週1回程度　3．4〜5日に1回程度　4．2〜3日に1回程度
5．毎日1回程度　6．毎日2〜5回程度　7．毎日6回以上10回未満　8．毎日11回以上

問4　LINEを利用する目的について，以下の中であてはまるものすべてに○をつけてください。

1．友人との交流のため　2．情報収集のため
3．写真や動画を掲載するため　4．日常生活で起こったことを書くため

問5　以下の項目はあなたにどのくらいあてはまりますか。それぞれの項目について，「1: いつもそうではない」〜「5: いつもそうだ」の中であてはまるものに○をつけてください。

	いつもそうではない	たいていそうではない	どちらともいえない	たいていそうだ	いつもそうだ
(1) 何か失敗したとき，すぐに謝ることができますか	1	2	3	4	5
(2) あちこちから矛盾した話が伝わってきても，うまく処理できますか	1	2	3	4	5
(3) まわりの人たちとの間でトラブルが起きても，それを上手に処理できますか	1	2	3	4	5
(4) 他人が話しているところに，気軽に参加できますか	1	2	3	4	5
(5) 仕事をするときに，何をどうやったらよいか決められますか	1	2	3	4	5
(6) 仕事の目標を立てるのに，あまり困難を感じないほうですか	1	2	3	4	5
(7) 相手から非難されたときにも，それをうまく片付けられますか	1	2	3	4	5
(8) まわりの人たちが自分と違った考えを持っていても，うまくやっていけますか	1	2	3	4	5
(9) こわさや恐ろしさを感じたときに，それをうまく処理できますか	1	2	3	4	5
(10) 知らない人とでも，すぐに会話が始められますか	1	2	3	4	5
(11) 気まずいことがあった相手と，上手に和解できますか	1	2	3	4	5
(12) 他人にやってもらいたいことを，うまく指示することができますか	1	2	3	4	5
(13) 仕事上で，どこに問題があるかすぐにみつけることができますか	1	2	3	4	5
(14) 初対面の人に，自己紹介が上手にできますか	1	2	3	4	5
(15) 他人を助けることを，上手にやれますか	1	2	3	4	5
(16) 他人と話していて，あまり会話が途切れないほうですか	1	2	3	4	5
(17) 自分の感情や気持ちを，素直に表現できますか	1	2	3	4	5
(18) 相手が怒っているときに，うまくなだめることができますか	1	2	3	4	5

1

図2　質問紙の作成例（1ページ目）

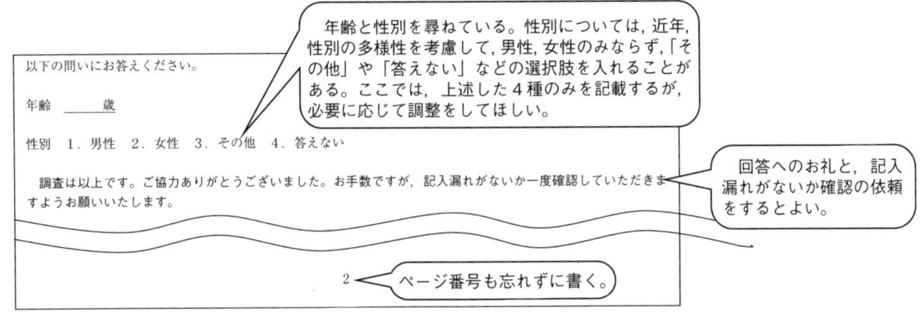

図 3　質問紙の作成例（2 ページ目）

3. 質問紙の回収とデータ入力

質問紙を回収した後は，表紙に通し番号（変数名：ID）を付ける。通し番号は単純に 1，2，3…としてもよいし，たとえば複数の大学にまたがっているのであれば，A 大学のデータは 10001，10002，...，B 大学のデータは 20001，20002，...，のようにしてもよい。

データ入力はスプレッドシート（たとえば Microsoft Excel や Google スプレッドシート等）を用いて入力するとよい。まず，1 行目に変数を入力していく。通し番号，問 1…というように入力する。具体的な変数名と質問項目の対応は，表 1（p. 96）を見てほしい。次に，2 行目以降に個々人のデータを入力していく。通し番号 1 の人のデータはセル A 2，セル B 2，セル C 2，...，というように同じ行に入力する（図 4 参照）。今回の実習では，質問紙に○が付いた，もしくは記入された数値を入力すればよいようにした。ただし，変数問 4_1～問 4_4 の多重解答の項目群について注意してほしい。ここでは 1 つの項目について，○が付いていた場合は 1，付いていなかった場合は 0 を入力している。それぞれの項目に回答しているか否かを明確にするためである。この入力データの一部を図 4 に示した。

調査においては，無回答の箇所もあるだろう。この処理方法を欠損値処理と言う。欠損値はいくつかの理由で発生する。回答者が単純に回答を忘れた場合もあれば，回答したくなかった場合もある。いずれにせよ，欠損値が存在する場合，ピリオドや，999 などありえないほど大きな数値や，-1 といった負の値を入力する。この点については演習やゼミの教員に相談するとよい。

4. データ入力後の確認作業

データを入力し終えたのち，データがきちんと入力されているか，確認作業を行う必要がある。方法の 1 つは，2 度打ちによる確認である。ここでは西口（2007）の方法をもとに説明する。データを入力したシート（図 5 の Sheet 1）とは別のシート（図 5 の Sheet 2）のまったく同じセルにデータを入力する。次に，別のシート（図 5 中 Sheet 3）を開く。そして，Sheet 3 の 1 行目に，変数名をコピー&ペーストする。さらに，A 2 に＝Sheet 1!A 2-Sheet 2!A 2 と入力する。この式は，シート 1 にある A 2 の値からシート 2 にある A 2 の値を引き算する旨を示している。そして，Sheet 1 ないしは 2 のデータがあるセルの範囲を確認し，Sheet 3 にて確認した範囲すべてに＝Sheet 1!A 2-Sheet 2!A 2 をコピー&ペーストする。自動的にセルの指定が変化し，計算結果が出力される。Sheet 1 と Sheet 2 のデータが一致している場合 0 がセルに現れる。不一致の場合は 0 以外の数値，もしくは＃VALUE！というエラーメッセージが出る。なお，＃VALUE！は欠損値の場合でも出現するため気を付けてほしい。

表1　変数名と調査項目の対応

変数名	ラベル
ID	通し番号
問1	問1 LINE 利用の有無
問2	問2 LINE 友だち数
問3	問3 LINE 利用頻度
問4_1	問4　1. 友人との交流
問4_2	問4　2. 情報収集
問4_3	問4　3. 写真や動画
問4_4	問4　4. 日常生活
問5_1	社会的スキル1
問5_2	社会的スキル2
⋮	⋮
問5_18	社会的スキル18
年齢	年齢
性別	性別

	A	B	C	D
1	ID	問1	問2	問3
2	1	1	70	6
3	2	1	59	4
4	3	1	83	6
5	4	1	70	8
6	5	1	49	6
7	6	1	20	7
8	7	1	49	5
9	8	1	21	8
10	9	1	129	8
11	10	1	34	5
12	11	1	45	8

Z	AA	AB
問5_18	年齢	性別
3	19	2
2	19	2
4	18	2
3	20	2
3	19	2
5	21	2
2	19	2
5	20	1
3	19	1
4	18	1
3	20	2

図4　入力したデータ（デモデータ）の抜粋

5. データ分析

①調査参加者の特徴把握

年齢，性別，LINE 利用の有無，友だち数，LINE の利用頻度，LINE 利用目的（友人との交流，情報収集，写真や動画，日常生活）の度数分布表を作成する。これにより，どこのカテゴリーに何人回答したかを明示できるようになる。さらに，年齢については平均値と標準偏差を算出する。LINE 頻度や友だちの数については平均値，標準偏差，中央値，最小値，最大値などを算出するとよい。上限を設けず，自由に数値を記入してもらう回答の場合は，外れ値（とんでもなく大きな値や小さな値，たとえば，ここでは 1000 など）が示される可能性がある。ゆえに，外れ値の影響を受けにくい中央値を確認することは重要である。これらの結果をもとに，今回の調査回答者の LINE 利用の特徴を確認する。

次に，社会的スキルについて計算を行う。まず調査回答者個々人について，社会的スキルの平均値を算出する。Excel の場合，平均値は AVERAGE 関数を用いて算出できる。そして，調査回答者全体の社会的スキルの平均値，標準偏差を算出する。Excel の場合，標準偏差は STEV.S 関数を用いて算出できる。

各セルに対応するデータが入力されているかを確認する

	A	B	C	D	E	F	G	H
1	ID	問1	問2	問3	問4_1	問4_2	問4_3	問4_4
2	1	1	70	6	1	0	1	0
3	2	1	59	4	1	0	0	1
4	3	1	83	6	1	1	1	0
5	4	1	70	8	1	1	1	1
6	5	1	49	6	1	0	1	0
7	6	1	20	7	1	1	1	0
8	7	1	49	5	1	0	0	0
9	8	1	21	8	1	0	1	0
10	9	1	129	8	1	0	0	0
11	10	1	34	5	1	1	0	1
12	11	1	45	8	1	0	0	0
13	12	1	40	5	1	1	0	1
14	13	1	65	8	1	0	0	1
15	14	1	22	6	1	0	1	0
16	15	1	41	6	1	0	0	1
17	16	1	21	6	1	1	1	0
18	17	1	10	3	1	0	1	0

Sheet1　Sheet2　Sheet3

Sheet 1

	A	B	C	D	E	F	G	H
1	ID	問1	問2	問3	問4_1	問4_2	問4_3	問4_4
2	1	1	70	6	1	0	1	0
3	2	1	59	4	1	0	0	1
4	3	1	83	6	1	1	1	0
5	4	1	70	8	1	1	1	1
6	5	1	49	6	1	0	1	0
7	6	1	20	7	1	1	1	0
8	7	1	49	5	1	0	0	0
9	8	1	21	8	1	0	1	0
10	9	1	129	8	1	0	0	0
11	10	1	34	5	1	1	0	1
12	11	1	45	8	1	0	0	0
13	12	1	40	5	1	1	0	1
14	13	1	65	8	1	0	0	1
15	14	1	22	6	1	0	1	0
16	15	1	41	6	1	0	0	1
17	16	1	21	6	1	1	1	0
18	17	1	10	3	1	0	1	0

Sheet1　Sheet2　Sheet3

Sheet 2

Sheet 3 の各セルに，「＝Sheet 1＊＊-Sheet 2＊＊」（＊＊は，各セルの場所を表す記号）を入力する

A2　=Sheet1!A2-Sheet2!A2

	A	B	C	D	E	F	G	H
1	ID	問1	問2	問3	問4_1	問4_2	問4_3	問4_4
2	0	0	0	0	0	0	0	0
3	0	0	0	0	0	0	0	0
4	0	0	0	0	0	0	0	0
5	0	0	0	0	0	0	0	0
6	0	0	0	0	0	0	0	0
7	0	0	0	0	0	0	0	0
8	0	0	0	0	0	0	0	0
9	0	0	0	0	0	0	0	0
10	0	0	0	0	0	0	0	0
11	0	0	0	0	0	0	0	0
12	0	0	0	0	0	0	0	0
13	0	0	0	0	0	0	0	0
14	0	0	0	0	0	0	0	0
15	0	0	0	0	0	0	0	0
16	0	0	0	0	0	0	0	0
17	0	0	0	0	0	0	0	0
18	0	0	0	0	0	0	0	0

Sheet1　Sheet2　Sheet3

「0」であれば，Sheet1，Sheet2 の値は一致，それ以外であれば，入力ミスか，欠損値の可能性

図 5　データ入力後の確認作業

②相関分析

「LINE の利用頻度が高いほど社会的スキルが高い」といったような，2 つの変数の間に関係があるかどうかを分析する方法が相関分析である。なお相関分析には，記述統計として相関係数を算出することと，推測統計として行う無相関検定がある。無相関検定とは，サンプルのデータで得られた相関分析の結果を用いて，母集団における 2 つの変数の関連性について検討を行うことである。つまり，サンプルのデータで得られたような相関の強さが母集団のデータでも得られるかどうかを推測するものである。なお，推測統計として行う無相関検定の実施が難しければ，まずは相関係数を算出すること（1）に注力してほしい。

(1) 調査データ（デモデータ）を用いて相関係数 r（第 3 章 p. 54 参照）を算出する。

◇　ピアソンの積率相関係数 r の式

$$r=\frac{\text{共分散}}{\text{変数}A\text{の標準偏差}\times\text{変数}B\text{の標準偏差}}=\frac{0.501}{1.539\times0.488}=0.667$$

◇　LINE の利用頻度（問 3）が変数 A，スキルの平均値が変数 B になる。

◇　共分散は，個々人のデータについて，変数 A の平均値との差（変数 A についての

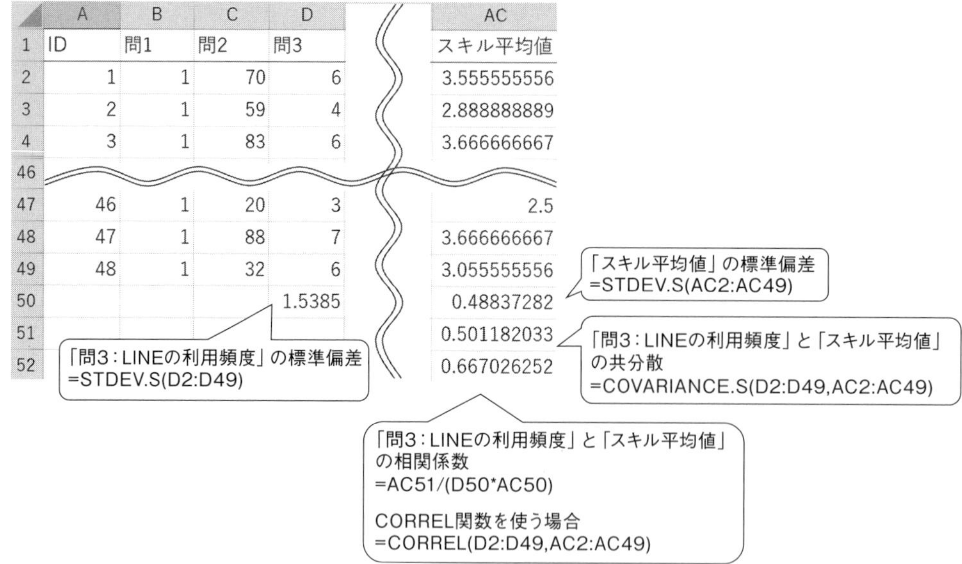

図 6　「問 3：LINE の利用頻度」「スキル平均値」それぞれの標準偏差，および両者の共分散と相関係数の表示例

ズレ）および変数 B の平均値との差（変数 B についてのズレ）を掛け合わせた後に，それを全員分足し合わせ，最後にデータの数で割ったものである。

◇　Excel の場合，関数を用いて計算ができる。共分散は COVARIANCE.S 関数，標準偏差は STDEV.S 関数を用いる。また，相関係数をそのまま算出できる CORREL 関数もある。

(2)　無相関検定を行う。

統計的仮説検定の流れに沿って，分析を進める。なお，友だちの数と社会的スキルの相関についても，同様に行うことができる。「LINE の利用頻度と社会的スキルには相関がある」という実際に調べたい仮説（対立仮説）と，それを否定する意味になる「LINE の利用頻度と社会的スキルには相関がない」という仮説（帰無仮説）を立てる。

◇　対立仮説：LINE の利用頻度と社会的スキルには相関があるだろう

◇　帰無仮説：LINE の利用頻度と社会的スキルには相関がないだろう

◇　調査データから得られた結果が，帰無仮説が正しいという前提の下ではめったに起こらないようなものであるかを確認する。

➤　無相関検定の際には，t 値（t 検定で用いた t 値とは計算方法が違う）を用いる。

$$t=\frac{r\sqrt{\text{データの数}-2}}{\sqrt{1-r^2}}$$

➤　上記の r は(1)で求めた相関係数である。実際に調査データ（デモデータ）で計算された値（データの数=48，r=0.667）を代入すると，以下のようになる。

$$t=\frac{0.667\sqrt{48-2}}{\sqrt{1-(0.667)^2}}=6.071$$

➤　さらに，臨界値を確認するための自由度も必要である。自由度は以下の式に従う。

自由度＝データの数－2＝48－2＝46

以上より，自由度 46，t 値 8.149 である。自由度 46 の場合，t 値の臨界値は 5% 水準では「2.013」，1% 水準では「2.687」となる。算出された t 値の絶対値と臨界値を比較すると，算出された t 値の方が大きい。したがって，1% 水準で有意であると判断できる。なお，レポート等で結果を報告する際は，「r（自由度）相関係数，有意確率の記述」とする。具体的には（$r(46)=.67$，$p<.01$）となる。

(3) 実際に調べたい結果（対立仮説）が支持されたかどうかを示す。

この結果は，「帰無仮説が正しい，つまり，LINE の利用頻度と社会的スキルには相関がないと仮定したとき，今回得られたような相関（$r=.67$）が偶然得られる確率が 1% 以下である」ことを示している。よって，帰無仮説は棄却され，対立仮説を支持することになった。

以上の分析については Excel 等で計算可能であるが，JASP，HAD，jamovi といった統計ソフトを使う方がとっつきやすいだろう。いずれもインターネットで無料で利用可能なものもあるので，必要に応じて使ってほしい（p. 67 コラム統計ソフトについて参照）。

ステップアップ！追加分析

LINE 上の友だちの数は少ないが利用頻度が高い人や，友だちの数は多いが利用頻度が低い人などはどうなのだろうか。こういった，利用頻度と友だちの数を組み合わせたものと社会的スキルとの関係性を考えたい場合，独立変数を利用頻度と友だちの数，そして頻度と友だちの数の交互作用項とし，従属変数を社会的スキルとする階層的重回帰分析が望ましいだろう。実際に調査データ（デモデータ）を用いて分析を行うと，組み合わせの効果が示されるため，興味のある人は挑戦してほしい。

また，KiSS-18 を会話スキル（他人が話しているところに，気軽に参加できる），問題解決スキル（相手から非難されたときにも，それをうまく片付けることができる），仕事・勉強スキル（仕事（勉強）をするときに，何をどうやったらよいか決められる）の 3 つのスキルに分けて検討しているものもある（鈴木, 2004, 2007）。この 3 つのスキルそれぞれと LINE 利用の関連を確認するのも興味深い。

レポート執筆に向けたアウトライン

問　題

1. SNS の利用実態
2. SNS の利用と社会的スキルとの関連
3. 本研究の目的：LINE の利用実態を確認し，LINE の利用頻度と社会的スキルとの関連を明らかにする。

方　法

調査参加者　○○大学の大学生 48 名（男性 26 名，女性 21 名，その他 1 名，平均年齢 19.79 歳，$SD=1.34$）が調査に参加した。

手続き　○○大学にて，研究者が個別に調査への参加を依頼した。依頼の際には，研究者が調査の目的を説明し，同意が得られた後に質問紙を渡した。また，依頼した場所で回答してもらい，回答後に回収を行った。回答にあたっては周りの環境が静寂であるように努めた。

測定項目　SNSの利用の有無の質問：現在，LINEを利用しているかを尋ねた。LINEを利用していると回答した人に対して以下の質問を行った。LINEの友だちの数：「企業等の公式アカウントは除いて，LINEで友だちとして登録している数」を直接質問紙に記入してもらった。LINEの利用頻度：LINEの利用頻度について「1. 週1回未満」から「8. 毎日11回以上」で尋ねた。LINE利用の目的：LINE利用の目的について，「友人との交流のため」「情報収集のため」「写真や動画を掲載するため」「日常生活で起こったことを書くため」それぞれについて当てはまるか回答してもらった。さらに，社会的スキル：KiSS-18（菊池, 1988, 2007）における18項目を尋ねた。「1：いつもそうではない」から「5：いつもそうだ」の5件法であった。最後に，年齢，性別を尋ねた。

結　果

LINE利用の有無を確認した結果，利用者は48名（100.00%）であった。LINE利用の目的（友人との交流，情報収集，写真や動画を掲載，日常生活を書く）について当てはまる人の数を確認した結果，友人との交流は48名（100.00%），情報収集が25名（52.08%），写真や動画を掲載が31名（64.58%），日常生活を書くが21名（43.75%）であった。LINEの利用頻度について各カテゴリーの回答者数を確認した（表1）。毎日2～5回程度が最も多く，その後毎日11回以上が続いた。週1回以下や週1回程度に回答した人はいなかった。さらに，利用頻度の代表値を確認するとM=6.13, SD=4.54, Me=6.00，最大値が8.00，最小値が3.00であった。平均値や中央値から，毎日2～5回程度であることがわかる。友だちの数の代表値についてはM=64.25, SD=48.90, Me=53.50，最大値が194.00，最小値が6.00であった。中央値から友だちの数が53.5人程度であることがわかる。社会的スキルについて平均値と標準偏差を算出した結果，M=3.39, SD=0.50であった。

> *M*: 平均値
> *SD*: 標準偏差
> *Me*: 中央値
> を示す。
> なお，すべての代表値の記号はイタリック体（斜体）表記にする。

LINEの利用頻度と社会的スキルの関係を明らかにするため，相関分析を行った結果，有意な中程度の正の関連が認められた（$r(46)=.67,\ p<.01$）。また，友だちの数と社会的スキルの関連を明らかにするため，同様に相関分析を行った結果，有意な中程度の正の関連が認められた（$r(46)=.67,\ p<.01$）。

表1　LINEの利用頻度の回答カテゴリー別回答人数とパーセンテージ

> 円グラフを用いて示してもよい。

回答カテゴリー	人数	%
1.　週1回以下	0	0.00
2.　週1回程度	0	0.00
3.　4～5日に1回程度	4	8.33
4.　2～3日に1回程度	5	10.42
5.　毎日1回程度	3	6.25
6.　毎日2～5回程度	16	33.33
7.　毎日6回以上10回未満	9	18.75
8.　毎日11回以上	11	22.92
合計	48	100.00

なお，相関が認められなかった場合の記述は以下のようになる。

…相関分析を行った結果，有意な関連は認められなかった（p =.28）。

統計量を記入する。

考　察

・研究で得られた結果の意味，研究の意義について述べる。

・利用実態についての結果から，今回の調査の LINE 利用者の特徴を述べる（例：頻度であれば，週 1 回程度の人はいなかったなど）。

・LINE の利用頻度や友だちの数と，社会的スキルの間の相関分析の結果を再び明示する。たとえば「LINE 利用の頻度と社会的スキルの間には中程度の正の相関関係が認められた」などである。そして，その結果について具体的な記述をするとよい。たとえば「この結果は，社会的スキルが高い人ほど，LINE の利用頻度が高いことを示している」もしくは「LINE の利用頻度が高い人ほど，社会的スキルが高いことを示している」である。

・さらに，上述した結果の理由について説明する。たとえば「LINE でのやりとりにはその相手となる他者が必要である。他者と円滑にコミュニケーションできる能力がある人は，他者とのコミュニケーション量が増え，その一部である LINE での頻度も多いのかもしれない。もしくは，LINE で他者とやりとりすることにより，社会的スキルが鍛えられたのかもしれない」などである。

・研究の問題点，課題点について述べる（項目の適切さ，調査数，調査対象の人数）。

・次のステップとしてどのようなものが考えられるか（たとえば，LINE 以外の SNS についての調査が考えられるであろう。その他にもアイデアを考えてほしい）。

引用文献

・本文中で言及した文献をリストにして掲載する。詳細は，第 2 章 5 節「5. 引用・引用文献表の書き方」（p. 27）を参照のこと。

まとめ

本章は，SNS の 1 つである LINE の利用実態を確認しました。さらに，LINE 利用と社会的スキルの関連を検討しました。利用実態では，利用頻度，友だちの数，利用の目的に着目しました。LINE 利用と社会的スキルの関連では，利用頻度，友だちの数という 2 種類の変数と社会的スキルの相関を検討しました。

今回は，基礎的な質問紙調査の実習として LINE 利用のみに注目して実施しましたが，Twitter や Instagram 等の LINE 以外の SNS についても調査を行って，それぞれの SNS 独自の特徴を把握してもよいでしょう。また，社会的スキル以外の変数，たとえば友だちやフォローしている人との関係性などについても調査を行い，相関を検討することで SNS 利用と対人関係の関連性を明らかにすることもできるでしょう。

■ 引用文献

ICT 総研（2020）. 2020 年度 SNS 利用動向に関する調査 Retrieved from〈https://ictr.co.jp/report/20200729.html〉（2020 年 11 月 30 日閲覧）

菊池　章夫（1988）．思いやりを科学する　川島書店
菊池　章夫（2004）．KiSS－18 研究ノート　岩手県立大学社会福祉学部紀要，*6*，41–51.
菊池　章夫（2007）．KiSS–18 の構成　菊池　章夫（編著）　社会的スキルを測る：KiSS–18 ハンドブック（pp. 23–37）　川島書店
西口　利文（2007）．データの入力・整理　小塩真司・西口利文（編）　質問紙調査の手順（pp. 75–81）　ナカニシヤ出版
Oldmeadow, J. A., Quinn, S., & Kowert, R. (2013). Attachment style, social skills, and Facebook use amongst adults. *Computers in Human Behavior, 29*, 1142–1149.
総務省（2016）．情報通信白書平成 28 年度版 Retrieved from 〈https://www.soumu.go.jp/johotsusintokei/whitepaper/ja/h28/pdf/n3200000.pdf〉（2020 年 11 月 30 日閲覧）
総務省（2018）．平成 30 年版情報通信白書 Retrieved from〈https://www.soumu.go.jp/johotsusintokei/whitepaper/ja/h30/pdf/index.html〉（2020 年 11 月 30 日閲覧）
総務省情報通信政策研究所（2019）．平成 30 年度情報通信メディアの利用時間と情報行動に関する調査報告書概要 Retrieved from 〈https://www.soumu.go.jp/main_content/000644166.pdf〉（2020 年 11 月 30 日閲覧）
鈴木　佳苗（2007）．CMC における KiSS–18 の適用　菊池　章夫（編著）　社会的スキルを測る：KiSS–18 ハンドブック（pp. 38–51）　川島書店
鈴木　佳苗・坂元　章・小林　久美子・安藤　玲子・櫃淵　めぐみ・木村　文香（2004）．インターネット使用がソーシャルスキルに及ぼす影響：パネル調査による評価研究　日本教育工学雑誌，*27*，117–120.
田中　健吾（2008）．大学生の SNS 利用状況と社会的スキルおよびソーシャルサポートと心理的ストレス反応の関連　日本心理学会第 72 回大会発表論文集 Retrieved from 〈https://www.jstage.jst.go.jp/article/pacjpa/72/0/72_2AM148/_pdf/-char/ja〉（2020 年 11 月 30 日閲覧）
植原　玲奈（2017）．SNS の利用と対人関係スキルの関連についての検討　日本心理学会第 81 回大会発表論文集 Retrieved from 〈https://www.jstage.jst.go.jp/article/pacjpa/81/0/81_3B-014/_pdf〉（2020 年 11 月 30 日閲覧）

質問紙調査法／2★
時間的距離

花井友美

はじめに

私たちの意思決定はいろいろなものから影響を受けます。その１つが時間の経過によるものの見方の変化です。たとえば，ずっと結婚式を楽しみにしていたのに，いざ当日まであと数日となった途端，マリッジブルーになってしまうなどです。このような時間の経過によるものの見方の変化は解釈レベル理論（Construal Level Theory）で説明することができます。本章では，解釈レベル理論をもとに，時間的距離によるものの見方の変化を，場面想定法による質問紙調査を行い，データを集計・分析し，検証していきましょう。

解釈レベル理論

久しぶりの海外旅行，旅行の手配をしたときは期待に胸を膨らませていましたが，いよいよ出発の日が近づくと荷造りやら旅行前に片づけないといけない仕事などやるべきことがたくさんあることに気が付き，だんだんと憂うつな気分になってきてしまった……というような経験はないでしょうか？　遠い未来の出来事は楽しく感じるのに，それが近づいてくると違った側面に目が行くというような現象は，この例に限らず，心当たりがあるのではないでしょうか。このような現象をリバーマンとトロープ（Liberman & Trope, 1998）が提唱した解釈レベル理論で説明してみましょう。

解釈レベル理論は，人々が対象に対して感じる心理的距離の遠近によって，その対象の捉え方が変わってくると説明しています。解釈レベル理論によると，対象への心理的距離が遠い場合は，対象は抽象的，本質的，目標関連的な視点で捉えられ，上位概念や目標に関連する高次レベルの解釈がされます。一方で，対象への心理的距離が近い場合は，対象は具体的，副次的，目標無関連的な視点で捉えられ，下位概念や手段に関連する低次レベルの解釈がされます。「抽象的－具体的」を例に挙げると，公園で「ゴールデンレトリバー」を見たときに「犬である」と表現するのが抽象的な捉え方，「大型犬である」「毛が長い」と表現するのが具体的な捉え方です。また，「目標関連的－目標非関連的」を例に挙げると，「勉強する」ということを「知識を身につけること」と考えるのが目標関連的な捉え方，「教科書を開くこと」と考えるのが目標非関連的な捉え方です（図 5(2)-1）。表 5(2)-1 に解釈レベルの高低による対象の捉え方の特徴をまとめました。

心理的距離にはどのような種類があるのでしょうか。1つは，冒頭の例でも示した時間的距離です。1年後のことは遠く感じられますし，明日のことは近く感じられます。たとえば，フジタら（Fujita et al., 2008）は参加者に今週（時間的距離が近い条件）もしくは3か月後（時間的距離が遠い条件）の DVD プレイヤーの購入について想像させました。参加者は，その DVD プレイヤーについての7つのポジティブな特徴を提示され，その後その DVD プレ

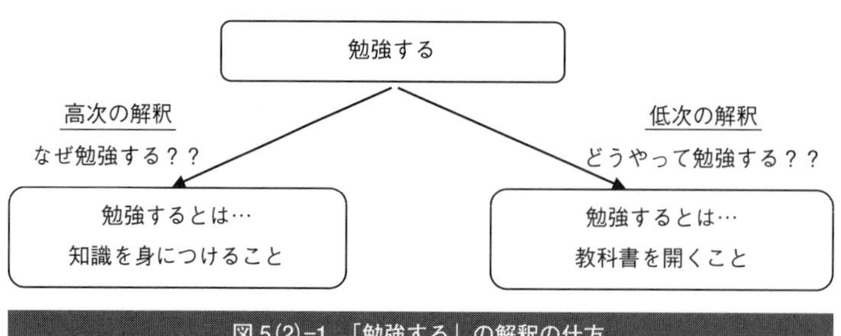

図 5(2)-1　「勉強する」の解釈の仕方

表 5(2)-1　高次と低次の解釈レベルの特徴（Trope & Liberman, 2003 をもとに作成）

高次の解釈レベル	低次の解釈レベル
抽象的	具体的
単純	複雑
構造的／まとまった	非構造的／一貫しない
脱文脈的	文脈的
本質的	表層的
上位の	下位の
目標関連的	目標非関連的
望ましさ	実行可能性

イヤーを評価しました。このときに提示された7個の特徴のうち6個は共通のものでしたが，1個は参加者によって違いました。半数の参加者には「このDVDプレイヤーは環境に優しい素材でできている」という社会的に望ましい抽象的な特徴が提示され，残り半数の参加者には「使いやすいマニュアルがある」という利用する際に便利な具体的な特徴が提示されました。その結果，時間的距離が遠い条件では，環境に優しい素材であるという特徴を示されたDVDプレイヤーの方が評価が高いという結果となりました。一方で，このような違いは時間的距離が近い条件では見られませんでした。

心理的距離には，時間的距離の他にも，空間的距離や社会的距離，経験などがあります。空間的距離とは，たとえば遠い外国のことを考えるか，自分の地元のことを考えるかということです。社会的距離とは，たとえば自分とまったく関係のない他人であるか，自分の身近な人物であるかということです。経験とは，たとえば画面で見ただけの製品であるか，実際に触れた製品であるかということです。

さて，冒頭の例を解釈レベル理論から説明すると，旅行日当日まで時間があるとき（時間的距離が遠いとき）は，何のために海外旅行に行くかということ，たとえば「リフレッシュするため」や「新しい体験をするため」ということに焦点が当たります。そのため，わくわくしてきます。一方で，旅行日当日が近づいてくると（時間的距離が近くなると），旅行前の具体的な準備に目が向きます。そのため，「スーツケースに荷物を詰める」や「航空機のチケットや宿泊先の手配をする」ことに焦点が当たり，なんだか面倒臭いと感じるようになるわけです。

やってみよう実証研究

時間的距離の違いによる引っ越し先の物件の選好の違い

【研究のタイプ】質問紙調査（仮説検証型）
【実習人数】1 人
【材料】質問紙を印刷するための紙など（必要に応じ，Google フォームなどを用いてもよい）
【独立変数】時間的距離の条件（時間的距離遠群／時間的距離近群）
【従属変数】好まれる物件（目標関連的情報提示条件／目標非関連的情報提示条件）
【統計的検定】χ^2 検定（分析用デモデータの分析結果あり）

1. 概要と目的

解釈レベル理論によると，人は時間的距離が遠いときは，目標関連的に対象を捉え，時間的距離が近いときは，目標非関連的に対象を捉えるようになる。この現象を，引っ越し先を選ぶという状況を想定した**場面想定法**を用いて検証することを目的とする。「部屋を借りる」ということは，高次で解釈すれば「生活をすること」であり，低次で解釈すれば「家賃を払うこと」である（図 1）。つまり，引っ越しまでまだ時間が十分にあるとき（例：半年後に引っ越し）は，いかに快適な生活を送ることができるかに関わる情報（例：「日当たりの良い場所である」）が提示された物件の方が，家賃の支払いやすさに関わる情報（例：「1 か月分の家賃が無料である」）が提示された物件よりも好ましいと評価されると予想される。一方で，引っ越しが間近に迫った場面（例：2 週間後に引っ越し）では，家賃の支払いやすさに関わる情報が提示された物件の方が，いかに快適な生活を送ることができるかということに関わる情報が提示された物件よりも好ましいと評価されると予想される。

2. 仮　　説

「半年後の引っ越しの場合（時間的距離遠条件）は目標関連的な情報が提示された物件が，2 週間後の引っ越しの場合（時間的距離近条件）は目標非関連的な情報が提示された物件が好ましいと評価されるだろう」。

（時間的距離の違いによって，好まれる物件が異なるだろう）

3. 方法（デモデータを分析する）

デモデータの概要を説明する。本章で使用するデモデータを以下の手続きで得られたデータであると仮定する。

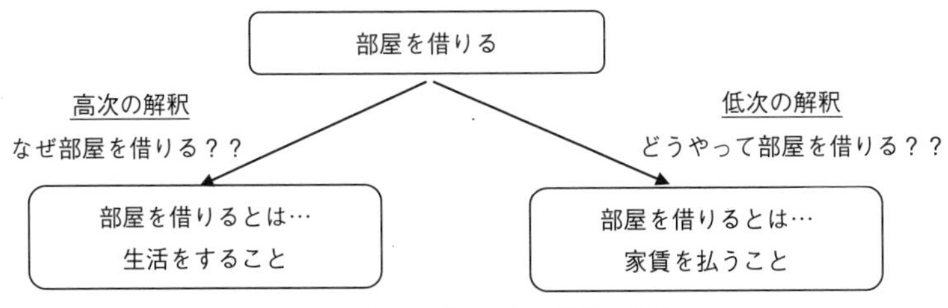

図 1　「部屋を借りる」の解釈の仕方

表1　AとBの物件情報

	A（目標関連的情報）	B（目標非関連的情報）
物件情報	間取りは1DK，25㎡ 駅から徒歩5分 築10年 5階建ての3階 日当たり良好である	間取りは1DK，25㎡ 駅から徒歩5分 築10年 5階建ての3階 1か月分の家賃が無料である

①参加者

大学生100名（男性50名，女性50名；平均年齢20.05歳，*SD*＝1.34）

②刺　激

刺激として2軒（A，B）の賃貸アパートの物件の情報を用意する。1つの物件につき5つの情報を提示する。5つの情報のうち4つは共通とし，残り1つの情報を高次の解釈レベルで処理される目標関連的情報，もしくは低次の解釈レベルで処理される目標非関連的情報とする（表1）。具体的には，Aの物件では，4つの共通情報に加え，「日当たりの良い場所である」という快適な生活を送ることに関わる目標関連的な情報を提示し，Bの物件では，「日当たりの良い場所である」の代わりに「1か月分の家賃が無料である」という家賃の支払いやすさに関わる目標非関連的な情報を提示する。

③手続き

参加者のうち半数を時間的距離遠群，残り半数を時間的距離近群にランダムに割り当てる。時間的距離遠群には，「あなたは半年以内に引っ越しする必要があります。不動産屋から2つの賃貸アパートの物件を紹介されました。」と教示後，表1のAとBの2つの物件の情報を提示する。そして，AとBのどちらの物件を好ましく思ったか選択させる。

時間的距離近群には，「あなたは2週間以内に引っ越しする必要があります。不動産屋から2つの賃貸アパートの物件を紹介されました」と教示し，表1のAとBの2つの物件を提示する。そして，AとBのどちらの物件を好ましく思ったか選択させる。

注：調査手続き上の注意点

1. AとBの物件情報の提示順番を，参加者ごとに交互にするなどして，**カウンターバランシング**を取るとなお良い。
2. AとBのどちらかを選択させるやり方ではなく，AとBのそれぞれについて好ましさを**5件法**で尋ねる方法もある。その場合は，**混合計画**（参加者間要因と参加者内要因が組み合わさった計画）の**2要因分散分析**となる（詳細は**ステップアップ！追加分析** p. 110を参照）。

4. データ入力（結果の整理）

データを入力するときは，1人の参加者のデータを1行に入力していく。デモデータでは，左から，各参加者のIDナンバー，時間的距離の条件分けに関する情報（遠群／近群），選んだ物件（A：目標関連的情報提示条件／B：目標非関連的情報提示条件）が入力されている。時間的距離の条件分けに関する情報については遠群を「1」，近群を「2」，選んだ物件については「A：目標関連的情報提示条件」が選ばれた場合は「1」を，「B：目標非関連的情報提示条件」が選ばれた場合は「2」と入力されている。また，参加者に関する情報として，性別（0＝女性，1＝男性），年齢が入力されている。なお，デモデータもこれに沿った入力がなされている。

表 2　デモデータ（抜粋）

ID	時間的距離	選んだ物件	性別	年齢
A 001	1	1	0	20
A 002	2	1	0	19
A 003	1	2	1	18
⋮	⋮	⋮	⋮	⋮
A 100	2	2	1	21

5. 仮説の検証（データ分析）

時間的距離遠群と時間的距離近群とで選択された物件が異なるかを調べるために，χ^2 **検定**を用いる。まず，仮説を検証する分析を行う前に，時間的距離遠群と時間的距離近群のそれぞれで，目標関連的情報が提示された A の物件と目標非関連的情報が提示された B の物件が選択された度数と比率を確認する。その際はクロス集計表を作成する。クロス集計とは，収集した回答データを，変数をかけ合せて集計することを言う。クロス集計を行うことで，回答の傾向を細分化して把握することができる。

クロス集計表では，表の上側を「表頭」，表の左側を「表側」と呼ぶ。一般的に原因にあたる独立変数を表側，結果にあたる従属変数を表頭に配置する。クロス集計表では，各行の上段に度数（n），下段に割合（%）を記載する。なお，このように実際の調査によって得られた値を「観測値」，もしくは「実測値」と呼ぶ。割合（%）には，行（横の並び）の構成比率を示す「行パーセント」（それぞれのセルの度数÷行合計）と列（縦の並び）の構成比率を示す「列パーセント」（それぞれのセルの度数÷列合計）がある（図 2）。

なお，表 3 にデモデータを使用したクロス集計表を掲載する。ここでは実測値と行パーセントを記載している。

次に，統計的仮説検定の流れに沿って，分析を進める。

①時間的距離の違いによって好まれる物件が異なるだろうという実際に調べたい仮説（対立仮説）とそれを否定する意味になる仮説（帰無仮説）を立てる。

◇　対立仮説：時間的距離遠群では，時間的距離近群よりも，目標関連的情報提示条件の物件（A）が選択される率が高いだろう（時間的距離近群では，時間的距離遠群よりも，目標非関連的情報提示条件の物件（B）が選択される率が高いだろう）。

◇　帰無仮説：時間的距離近群と時間的距離遠群との間で，目標関連的情報提示条件の物件（A）が選択される率に差はないだろう（時間的距離近群と時間的距離遠群との間で，目標非関連的情報提示条件の物件（B）が選択される率に差はないだろう）。

②実際の結果が，帰無仮説が正しいという条件のもとではめったに起こらないようなものであるかを確認する。

◇　デモデータを用いて χ^2 検定を実施する。

✓　χ^2 検定は χ^2 分布を利用する検定手法の総称である。帰無仮説が正しいときに検定統計量は近似的に χ^2 分布に従うとされる。クロス集計表の**独立性の検定**のほか，母分散の検定や分布の**適合度の検定**にも利用される。

✓　帰無仮説が正しいとしたときにこうなるであろうという値を期待値と言う。全体（100 名）で見ると，A の目標関連的情報が提示された物件を選択した者が 45 名（45.0%），B の目標非関連的情報が提示された物件を選択した者が 55 名（55.0%）であった（表 3）。したがって，もし時間的距離の条件の違いにより選んだ物件に違いがなければ，時間的距離遠群であっても近群であっても，45.0% が A の目標関連的情報が提示された物件を選択し，55.0% が B の目標非関連的情報が提示された物件を選択する。つまり，時間的距離遠群 50 名のうち 22.5 名（50 名×0.45）

行パーセントの場合：

		A: 目標関連的情報提示条件	B: 目標非関連的情報提示条件	合計	表頭
時間的距離遠群	n	28	22	50	
	%	56.0%	44.0%	100.0%	行 %
時間的距離近群	n	17	33	50	
	%	34.0%	66.0%	100.0%	
合計	n	45	55	100	
	%	45.0%	55.0%	100.0%	
表側					

列パーセントの場合：

		A: 目標関連的情報提示条件	B: 目標非関連的情報提示条件	合計	表頭
時間的距離遠群	n	28	22	50	
	%	62.2%	40.0%	50.0%	
時間的距離近群	n	17	33	50	
	%	37.8%	60.0%	50.0%	
合計	n	45	55	100	
	%	100.0%	100.0%	100.0%	
表側		列 %			

図2　クロス集計表の各名称

表3　時間的距離の条件（遠群／近群）×選択された物件（A：目標関連的情報提示条件／B：目標非関連的情報提示条件）のクロス集計表（観測値）

		A：目標関連的情報提示条件	B：目標非関連的情報提示条件	合計
時間的距離遠群	n	28	22	50
	%	56.0%	44.0%	100.0%
時間的距離近群	n	17	33	50
	%	34.0%	66.0%	100.0%
合計	n	45	55	100
	%	45.0%	55.0%	100.0%

がAを選択し，27.5名（50名×0.55）がBを選択したであろう。同様に時間的距離近群50名のうち22.5名（50名×0.45）がAを選択し，27.5名（50名×0.55）がBを選択したであろう。これらが期待値である。表4に今回のデモデータにおける期待値を算出したものを示す。

✓ 観測値から期待値を求め，観測値と期待値の差の2乗を期待値で割った値の合計を求める。これをχ^2値という。今回のデモデータからχ^2値を算出すると「4.89」となる。

$$\chi^2\text{値}=\sum\frac{(\text{観測値}-\text{期待値})^2}{\text{期待値}}$$

✓ χ^2分布表から，**自由度**に対応する各有意水準でのχ^2値の**臨界値**を確認し，有意な違いがあるかを確認する。自由度は「(行数−1)×(列数−1)」となる。今回のデモデータの場合，自由度は（2−1）×(2−1)=1となる。

✓ χ^2値は観測値と期待値の差を統合したものであり，χ^2検定ではその差が発生する確率をχ^2分布表から求める。χ^2検定はいくつかの近似値（真の値ではないがそれに近い値）に基づくものであり，各マス（セル）の期待値が小さい場合は正確性に

表 4　時間的距離の条件（遠群／近群）×選択された物件（A：目標関連的情報提示条件／B：目標非関連的情報提示条件）のクロス集計表（観測値・期待値）

		A：目標関連的情報提示条件	B：目標非関連的情報提示条件	合計
時間的距離遠群	観測値	28	22	50
	期待値	22.5	27.5	50.0
	%	56.0%	44.0%	100.0%
時間的距離近群	観測値	17	33	50
	期待値	22.5	27.5	50.0
	%	34.0%	66.0%	100.0%
合計	観測値	45	55	100
	期待値	45.0	55.0	100.0
	%	45.0%	55.0%	100.0%

欠けると言われている。そのため，クロス集計表のセルの期待値に 10 未満のものがある場合は，χ^2 検定を行うよりも，**フィッシャーの正確確率検定**を用いる方が良いとされている。フィッシャーの正確確率検定では，観測されたデータに対し，観測される可能性のあるすべての組み合わせの生起確率をそれぞれ計算する。フィッシャーの正確確率検定を実施するには膨大量の計算が必要となるため，多くの場合 R などの統計パッケージを用いて計算する。なお，R の場合は，fisher.test() コマンドを用いることで実行できる。

✓ 観測値と期待値の差を**残差**と呼ぶ。2×3 や 3×2 以上のクロス集計表の場合，χ^2 検定の結果，有意な差が見られたとしても，どのセルの観測値に有意差があるかは不明である。それを明らかにする目的で行われるのが**残差分析**である。具体的には，まず，残差を期待値の平方根で割り，標準化残差を求める。そして，標準化残差とその分散を用いて標準化変換し，調整済み標準化残差を求める。調整済み標準化残差の分布は，近似的に標準正規分布に従うため，標準正規分布表と照らし合わせ，有意確率を算出できる。

$$\text{調整済み標準化残差} = \frac{\text{実測値} - \text{期待値}}{\sqrt{\text{期待値}\left(1 - \frac{\text{列合計}}{n}\right)\left(1 - \frac{\text{行合計}}{n}\right)}}$$

なお，今回のような 2×2 のクロス集計表の場合は，残差分析は用いられない。

✓ χ^2 検定を行った結果，自由度＝1，χ^2 値＝4.89 となる。自由度＝1 の場合，χ^2 値の臨界値は 5% 水準では「3.84」，1% 水準では「6.63」となる。したがって，5% 水準で有意であると判断できる。なお，レポート等で結果を報告する際は，「$\chi^2(1) = 4.89$, $p < .05$」と記述する（(　) は自由度）。

●この結果は，「帰無仮説が正しい，つまり，時間的距離近群と時間的距離遠群との間で，目標関連的情報提示条件の物件（A）が選択される率に差はないだろうと仮定したときに，今回得られたような結果が偶然得られる確率が 5% 未満である」ということを示している。

③実際に調べたい結果（対立仮説）が支持されたかどうかを示す。

◇　分析の結果，帰無仮説が棄却されたので，対立仮説を支持することになる。

ステップアップ！追加分析

本章のデモデータでは，AとBの物件のうちどちらかを選択させるやり方を用いたが，AとBの物件のそれぞれについて好ましさの程度を5件法などで尋ねる方法もある。その場合は，独立変数が（1）時間的距離の条件（時間的距離遠群／時間的距離近群）と（2）物件の種類（目標関連的情報提示条件／目標非関連的情報提示条件），従属変数が好ましさの程度（5点満点）の2要因分散分析となる。このとき（1）時間的距離の条件は参加者間要因，（2）物件の種類は参加者内要因になる。仮説どおりであれば，図3のような**交互作用**（一方の要因の効果によってもう一方の要因の効果が異なること）が認められるだろう。

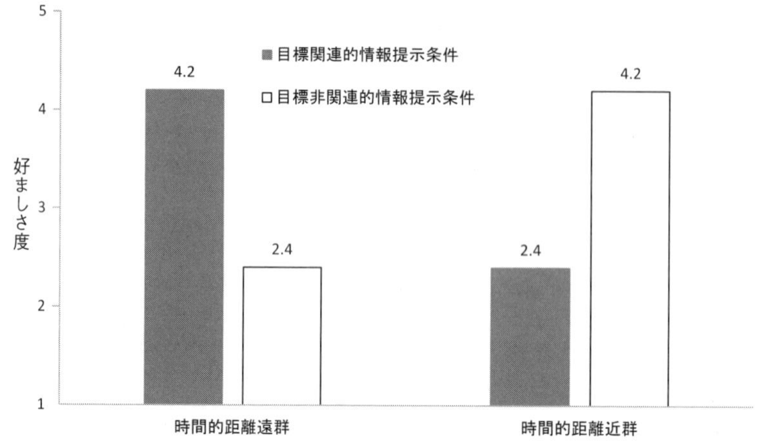

図3　交互作用が認められた場合の例

レポート執筆に向けたアウトライン

問　題

1. 解釈レベル理論とは
2. 時間的距離による解釈レベルの違い
3. 本研究の目的：時間的距離による解釈レベルの違いを，引っ越し先を選ぶという状況を想定した場面想定法を用いて検証する
4. 本研究の仮説：時間的距離遠群と時間的距離近群とで選択される物件（A：目標関連的情報提示条件／B：目標非関連的情報提示条件）が異なるだろう

方　法

参加者の人数と属性の概略（性別，年齢）を説明する。

参加者　○○大学○○学部において，○○を受講する大学生100名（男性50名，女性50名；平均年齢20.05歳，SD=1.34）が授業の一環として参加した。

刺激　以下の2種類の賃貸アパートの物件情報を，本研究の刺激として用いた（表1，p. 106）。それぞれの物件情報は5つの情報から構成され，5つの情報のうち4つは共通のものであったが，残り1つの情報が条件間で異なった。目標関連的情報提示条件（A）では，4つの共通情報に加え，「日当たりの良い場所である」という快適な生活を送ることに関わる情報が付与された。一方で，目標非関連的情報提示条件（B）では，「日当たりの良い場所である」の代わりに「1 か月分の家賃が無料である」という家賃の支払いやすさに関わる情報が付与された。

手続き　参加者のうち半数を時間的距離遠群，残り半数を時間的距離近群にランダムに割り当てた。

時間的距離遠群

「あなたは大学卒業後，就職のため一人暮らしをすることになりました。今から半年以内に物件を決めて，引っ越しする必要があります。不動産屋に相談したところ，次の 2 つの賃貸アパートの物件を紹介されました（表 1 の提示)。A と B のどちらの物件の方に引っ越したいと思いますか？」。

時間的距離近群

「あなたは大学卒業後，就職のため一人暮らしをすることになりました。今から 2 週間以内に物件を決めて，引っ越しする必要があります。不動産屋に相談したところ，次の 2 つの賃貸アパートの物件を紹介されました（表 1 の提示)。A と B のどちらの物件の方に引っ越したいと思いますか？」。

結　果

時間的距離の条件（近群／遠群）と選択される物件（A：目標関連的情報提示条件／B：目標非関連的情報提示条件）との関連性を検討するために，クロス集計表を作成した。時間的距離遠群では「A：目標関連的情報提示条件」の参加者は 28 名（56.0%），「B：目標非関連的情報提示条件」の参加者は 22 名（44.0%）であった。一方で，時間的距離近群では「A：目標関連的情報提示条件」を選択した参加者は 17 名（34.0%），「B：目標非関連的情報提示条件」を選択した参加者は 33 名（66.0%）であった。クロス集計表の独立性を検定するために，χ^2 検定を行ったところ，有意差が認められた（$\chi^2(1)=4.89$, $p<.05$)。このことから，仮説は支持されたと言える。

調査で得られたデータの全体的な概要を示す。

◇　有意差がなかった場合の記述例

時間的距離の条件（近群／遠群）と選択される物件（A：目標関連的情報提示条件／B：目標非関連的情報提示条件）との関連性を検討するために，クロス集計表を作成した。時間的距離遠群では「A：目標関連的情報提示条件」を選択した参加者は 26 名（52.0%），「B：目標非関連的情報提示条件」を選択した参加者は 24 名（48.0%）であった。一方で，時間的距離近群では「A：目標関連的情報提示条件」を選択した参加者は 22 名（44.0%），「B：目標非関連的情報提示条件」を選択した参加者は 28 名（56.0%）であった。クロス集計表の独立性を検定するために，χ^2 検定を行ったところ，有意差は認められなかった（$\chi^2(1)=0.64$, $p=.42$)。したがって，仮説は支持されなかった。

考　察

- 研究の目的（時間的距離による解釈レベルの違いを，引っ越し先を選ぶという状況を想定した場面想定法を用いて検証する)，仮説，仮説が支持されたかを簡潔に述べる。
- 研究で得られた結果の意味，研究の意義について述べる。
- 研究の問題点，課題点について述べる（手続き上の問題など)。
- 次のステップの研究としてどのようなものが考えられるか，またその研究ではどのような予測が可能であるかを述べる。
- 本研究の結果を日常場面にどのように応用できるか述べる。

引用文献

・本文中で言及した文献をリストにして掲載する。詳細は，第2章5節「5. 引用・引用文献表の書き方」(p. 27) を参照のこと。

まとめ

本章は，解釈レベル理論をもとに，時間的距離によるものの見方の変化を確認しました。場面想定法による仮説検証型の質問紙調査のデモデータをもとに，時間的距離の条件（近群／遠群）と選択される物件（A：目標関連的情報提示条件／B：目標非関連的情報提示条件）との間の関係性をクロス集計表でまとめました。また，χ^2 検定を用いて統計的に分析しました。

解釈レベル理論は，近年の消費者行動において関心を集めている理論の1つです。さまざまな研究者によって，解釈レベル理論を導入した研究がなされています。今回は，基礎的な質問紙調査の実習としてデモデータを用いて分析しましたが，みなさんが興味あるさまざまな場面を想定した調査を実施し，データを集め，分析していくとおもしろいでしょう。

■ 引用文献

Fujita, K., Eyal, T., Chaiken, S., Trope, Y., & Liberman, N. (2008). Influencing attitudes toward near and distant objects. *Journal of Experimental Social Psychology, 227* (21), 9044-9062.

Liberman, N., & Trope, Y. (1998). The role of feasibility and desirability considerations in near and distant future decisions: A test of temporal construal theory. *Journal of Personality and Social Psychology, 75*, 5-18.

外川 拓・八島 明朗 (2014). 解釈レベル理論を用いた消費者行動研究の系譜と課題　消費者行動研究, *20* (2), 65-94.

Trope, Y., & Liberman, N. (2003). Temporal construal. *Psychological Review, 110* (3), 403-421.

観察法／1
収納行動

長岡千賀

はじめに

製品やサービスの開発に際して大きなヒントを得ることができる方法の1つは観察です。製品やサービスを使う人の自然な行動から，使い手の隠れた欲求を読み取り，それを満たすようにデザインすることによって，より多くの人にとって快適に使える製品やサービスを実現することができるのです。ただし，観察によって得られたデータの分析には自分の価値観や偏見が入り込みやすいので，それを防ぐための調査上の工夫や訓練が必要です。また，外部機関との連携によって開発を進めるときには，観察によって得られた結果を連携先に適切に報告することが重要です。それにより開発に関する意思決定をサポートするのです。本章では，観察を活用して開発された事例を見ながら，観察法による検討のプロセスについて概観します。

製品やサービスの開発プロセスにおける観察研究

「元祖　油・水なし　パリッと焼ける！」と謳う味の素の冷凍餃子は，行動観察に基づいて，既存の製品をデザインし直して作られたと言われています。それまでの冷凍餃子は，調理の際に，パッケージに表示されている決められた量の水を入れなくてはいけませんでした。しかし，主婦たちの調理の様子を観察したところ，主婦たちは，パッケージの表示を見ずに，水を目分量で入れて調理したそうです。ここから，味の素は主婦たちの潜在的な欲求――手間をできるだけ省きたい――を読み取り，それを満たすように，油も水も入れずに美味しく焼ける餃子を開発することに取り組みました。その結果，大ヒット商品を生んだのです。この他にも，現在の私たちの身の回りには，使い手の行動観察を踏まえてデザインされた日用品や，家電，OA機器が数多くあります。

味の素グループのような大手企業でなければ，製品やサービスの開発につながる行動観察ができないわけではありません。たとえば，大学のオープンキャンパス用バッグの開発に，学生による行動観察が活かされた事例があります（図6(1)-1)。追手門学院大学は，入試課と経営学部の学生有志のコラボでバッグを開発したことがあります。このバッグにオープンキャンパス当日配布の各種資料を入れて来場した高校生に配布し，持って帰ってもらいます。このため高校生や大学生の行動が，開発のヒントになると学生有志は考えました。そして観察により，高校生や大学生たちのエコ意識の高さも関係して，使いやすそうな生地と形状のバッグを繰り返し使っている人が多いこと，また，高校生のバッグの持ち方や使用場面の特徴などを見出しました。そしてそれを踏まえて，生地や形状，紐の長さや印刷デザインの概要などを決めました。それまで使われていたオープンキャンパス用バッグは，たいてい，横長の形状で，鮮やかな色で大きな柄が印刷された紙製または不織布製のものでした。それに比べると，新しく開発されたものはずいぶん地味ですが，高校生からの評判は非常に良かったようで，その翌年以降

図6(1)-1　行動観察から開発されたオープンキャンパスバッグ
図は広報用ポスター（学生有志による）の一部。

も同じスタイルのものが作成されています。

家庭での収納行動とパッケージ開発

産学連携の加工食品開発事業にも，観察が活かされた事例があります。ある和食店（日本料理　成田家）と追手門学院大学内の研究所との産学連携事業のことです。大学からは経営学，マーケティング，心理学をそれぞれ専門とする研究者が本事業に関わりました。

連携事業の開始にあたっては，まずは協議です。当該和食店と，経営学やマーケティングの研究者の度重なる協議を重ねた結果，茨木市ふるさと納税返礼品として，鶏のすき焼きの缶詰を開発することを決定しました。缶詰としたのは，長期保存可能で，災害備蓄品としても活用可能にするというねらいがありました。大阪府北部地震（2018年）での経験も踏まえての決断でした。

これに続いて，心理学研究者（筆者）と，経営学部の学生有志が，パッケージ開発をスタートしました。ちょうどそれと同じ頃，当該和食店には，缶詰加工関係業者から新しいパッケージの型が提案されていました。新しいパッケージの型とは，スリーブ型と言われるもので，衣服の袖のように両端が開いた形状のものです（図6(1)-2）。従来のシール型パッケージ（円柱形の缶の側面にシールを貼るもの）に比べ，印刷面が大きいので，製品や店舗に関わる情報を詳しく掲載することができるというメリットがあります。当該和食店にはそれを採用したいという気持ちがありました。しかしこの提案を聞いた筆者たちはある疑問をもちました。この製品の利用者が生活するなかで，どちらの型のパッケージが都合が良いだろうかという疑問です。災害備蓄品としての活用も視野に入れた製品開発であるため，収納しやすさや生活の中での扱いやすさも重視されると考えたのです。

そこで，一般消費者を対象とした観察法を用いた検討を実施しました。一般消費者の収納行動からヒントを得ようと考えたのです。この時点では本製品は3缶セットで出品する方針でした（後に，ふるさと納税返礼品とするには本製品を6缶セットで出品する必要があることを知

図6(1)-2　スリーブ型パッケージの一例

右側面の下端を底面から外したところ。左側面（外）をメインの印刷面とし，すべての面に印刷できる。

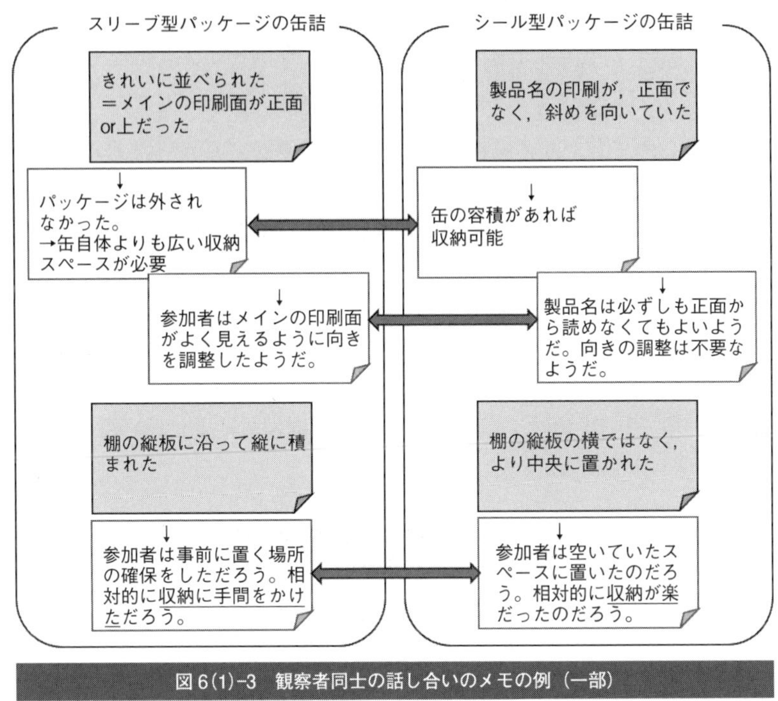

図6(1)-3　観察者同士の話し合いのメモの例（一部）

らされます)。そのため，調査に参加してくれる一般消費者の自宅を訪問し，スリーブ型パッケージの缶詰を3缶渡し，収納してもらいました。このときスリーブ状の紙の外し方についても先に説明しました。参加者が収納し終えたところで，スリーブ型パッケージの缶詰の収納の様子と，当該の家にすでに収納されていたシール型パッケージの缶詰を写真撮影させてもらいました。

事例をいくつか集め，かつパッケージ間で比較しながら収納の仕方とそこから読み取れる一般消費者の認識について書き出し（図6(1)-3），本製品は備蓄品としての活用も視野に入れていることや，6缶セットで出品されることも踏まえて，最終的にシール型パッケージを採用することにしました。ちょっとした扱いやすさは，一度だけの利用ではなく繰り返し利用してくれることにもつながるとも推測されました。

なお，この検討には，観察法だけでなく面接法も組み合わせていました。面接からは，スリーブ型のものは高級感があり，贈答用に良さそうだという意見ももらいました。これも重要な視点ではありますが，ここでは利用者にとっての扱いやすさを優先することにしました。

具だくさんで大満足！鶏のすき焼き缶詰　290 g× 6 缶

鶏肉だけでなく，白ねぎ，椎茸，豆腐などがたっぷり入った大満足の缶詰です。

図 6(1)-4　本製品出品の現況（ふるさと納税サイトでの表示）

そして，筆者らはパッケージの図柄やキャッチコピーの作成を進めました（長岡, 2020)。その際，当該和食店にシール型で作成することを伝えました。最初は驚かれたようでしたが，利用者の視点からの検討結果であることを伝えると納得してくださいました。現在本製品（図 6 (1)-4）は順調に利用されているということですから，本検討はより良い意思決定を支えるものだったと言えるでしょう。

やってみよう実証研究

パッケージの形状と収納行動

【研究のタイプ】観察
【実習人数】2〜3 名
【準備物】缶詰（5 号缶：大きさの詳細は 3. 方法に記載），スリーブ型パッケージ，記録用紙，筆記用具，クリップボード，カメラまたはビデオカメラ，同意書，必要に応じて謝礼
【独立変数】パッケージの形状（スリーブ型，シール型）
【従属変数】収納行動

1. 概要と目的

ここでは，鶏のすき焼き缶開発の一環としてパッケージの開発をすることを想定している。あなた自身の必要に合わせて，自ら調査企画する際は，**ステップアップ！観察計画** p. 118 も参考にしていただきたい。

本製品はふるさと納税返礼サイトのほか，和食店の店頭等でも取り扱われる予定である。本製品の主な特徴は，鶏肉ばかりでなく，豆腐や野菜を含んでいること（健康的である），1 人

前として十分な量であること（満腹感が得られる），簡単に食べられ，簡単なアレンジでさまざまな食べ方ができ，かつ，3年間常温保存できること（利便性が高い）である。

パッケージの形状はスリーブ型とシール型から選択できる。本製品の特徴も踏まえ，また訴求の方針も考えながら，パッケージの形状を決定することが本検討の目的である。本製品は災害備蓄品としての活用も視野に入れて開発されていることから，パッケージの型の決定には収納しやすさや扱いやすさも考慮されるべきと考えられる。このため，スリーブ型とシール型のそれぞれの収納行動を観察し比較することにより，検討を行う。

2. 観察によって明らかにしたいこと

スリーブ型パッケージ付きの缶詰を収納するときと，シール型のものを収納するときと，収納行動にはそれぞれどのような特徴があるか，そして，本製品の性質を踏まえたときどちらの形状が本製品に向いているか。

3. 方　法

①5号缶（直径74.1 mm，高さ81.3 mm）の缶詰とスリーブ型パッケージを用意する。スリーブ型パッケージは，レトルトカレーの箱ぐらいの厚さの紙で，図6(1)-2を参考にして自作したものでよい。このとき，側面にあたる縦長の2面のうち一方だけに「鶏のすき焼き缶　サンプル」と記す。

②一般家庭で日頃から食品の購入，収納，調理をしている一般消費者に，事前に同意を得て，各家庭を訪問し調査協力してもらう。まず調査協力してくれる参加者に，スリーブ型パッケージ付きの缶詰を紹介し，スリーブ型パッケージの外し方を説明する。このとき，パッケージは今後印刷予定であることと，現在「サンプル」と書かれた面に製品名が大きく印字される予定であることも伝える。次に，スリーブ型パッケージ付きの缶詰3缶を受け取ってもらい，収納するよう教示する。

③参加者が収納を終えれば，スリーブ型パッケージの缶の収納場所と，各家庭が保管しているシール型パッケージの缶の収納場所を教えてもらい，両方の缶の収納の様子を写真撮影する。

もし，訪問した家庭にすでにスリーブ型パッケージ付きの5号缶ほどの大きさの缶詰が3缶以上収納されている場合は，その収納の様子を撮影させてもらう。また，ここでは収納後に収納された様子を見せてもらうという計画のもと観察を続けたが，もし収納行動の一部始終を観察させてもらえる場合（依頼の際などに同意が得られている場合），それも観察させてもらうとよいだろう。発展的に考察できることにつながる。

収納の様子を見ながら気がついたことや気になったことは，記録用紙に記しておく（表1）。この記録は，観察直後に観察者同士でその事例を振り返るときなど（後述の**ステップアップ！観察計画** p. 118の手順⑨に詳述）に非常に役に立つ。

また，できる限り，パッケージの使い勝手に関する半構造化面接を組み合わせて実施する。このときにも記録用紙は有用である。気になったことについて質問することができるし，また，参加者から得られた回答をメモするのにも使える。

以上の手順で5件ほどデータ収集する。なお，家庭訪問して観察を始める前に，後述の**ステップアップ！観察計画**の手順⑧に詳述するとおり，参加者に同意書にサインしてもらうことも忘れてはならない。この他，スムーズに調査実施するための手がかりは，**ステップアップ！観察計画**の手順④～⑨のとおりである。

表1　記録用紙と記入例（収納行動の一部始終を観察した場合）

参加者 ID	缶2	日時	2020. 9. 30 （水）
		場所	缶2さんの自宅
観察者メンバー	古谷，村山，長岡	メモ：　マンション	
記録者	長岡		

時刻	行動	メモ
15：40	中を見わたす	左の扉
	反対の扉を開く	右　場所探し？
	左に ..	

4. データ分析

分析の際には，自分の価値観や習慣に当てはめるのではなく，自分の価値観から一度離れ，参加者の世界観を受け入れようとしながら，データに忠実に読み取り考える必要がある。ここは訓練が必要な点である。また，自分では非常に細かいと感じられる気づきでも，他の観察者の見方も踏まえると大きな気づきにつながることがある。そのため，一緒に観察した者同士が互いに発言を尊重しながら話し合い，図示しながら（たとえば図6(1)–3のように），考察を深めるとよい。

収納の様子を分析する際の考え方の一例を以下に示す。

◇スリーブ型とシール型の物の置かれ方を比較する。また，そのように缶を置く過程で，参加者はどのような認識や考えをしたと考えられるか。複数の事例が収集できたら，事例間の共通点について考えよう。

◇参加者はスリーブ型パッケージを缶詰から外したか。なぜそのようにした／しなかったと考えられるか。

◇収納途中でスリーブ型パッケージは外れないだろうか。もしスリーブ型パッケージが外れた場合，缶詰の中身がわからなくなることがある。これを避けるにはどうするとよいか。それにはどの程度コストがかかるか。

◇以上のような見方から考えられたことと，本製品の特徴，さらに宣伝の際の訴求方針も予備的に考えながら，本製品にはどちらのパッケージの型がより適切かを考える。

ステップアップ！観察計画

ここからは，あなた自身，または連携先の外部機関の必要に合わせて，自らが調査を実施するための手順を示す。特に，外部機関との連携事業において，あなたが外部機関の意思決定をサポートする立場にある場合は，手順⑩に示すように，外部機関向けに報告をする必要がある。この報告を適切にすることによってはじめて，製品やサービスの開発に関わる重要な意思決定をサポートすることができる。

①問題の発見と目的の設定

調査の目的を明確にすることが調査の成否を大きく左右するので，この段階でじっくり検討する必要がある。

たとえば，連携先の機関が困りごととして話していることとは違うところに，本当の問題が潜んでいる場合もある。最初に話された困りごとだけで調査目的を明確化できないときには，丁寧な聞き取りによって問題を見つけ出すのがよい。場合によっては，観察よりも適切な研究法があるかもしれないので，観察という方法論にこだわらずに検討する。

また，対象となる製品やサービスの利用方法を，実際に手にとって確認しておこう。そこから問題が発見されることもある。

②調査の全体的な企画

調査の目的が明確になり，観察を用いた検討をすることが決まった後は，以下の事柄について大まかに企画を立てる。

・観察によって明らかにしたいこと
・調査対象者
・調査対象者のタスク
・観察環境
・データ収集方法，撮影対象
・調査実施と報告の大まかなスケジュール

③調査対象者の選定条件の決定

開発しようとしている製品や製品の主なターゲット層も踏まえ，調査で知りたいことに迫るために，どのような属性の人たちを観察対象とするとよいかを考える。

④観察方法の検討

◇調査対象者に何をやってもらうかを具体的に決める。また，それを彼らが容易に理解できるように教示文を作成する。
◇調査後の報告（手順⑩）に使える写真や動画が得られるよう撮影対象を決定する。ただし，参加してくれた人が撮影機器を意識しすぎて行動しにくくなることは避けるよう配慮する。
◇観察者は原則として，観察中は，部屋の片隅で自分の存在を消し去って観察・記録する。観察場所に自分が使える机はないと考え，クリップボードやノート等を用意する。

⑤調査対象者の確保と日程調整

◇調査対象者（調査参加者）をリクルートし，彼らの都合に合わせて調査の日程を組む。
◇1 日に多くの観察予定を入れないようにし，できるだけ観察直後に観察者同士で事実確認する時間（手順⑨参照）を確保する。
◇調査は思いがけず長引くことがある。また，観察中の観察者は，調査参加者の行動や心理に敏感に向き合うため，精神的な疲れも生じる。こうしたことから，余裕をもって予定を組むのがよい。

⑥同意書，観察記録用紙や撮影機器の準備

研究倫理に照らし，同意書を準備する。必要に応じて，謝礼や，秘密保持のお願い――調査参加者が調査によって知り得る新しい製品やサービスに関して第三者に漏洩してはならない――についても記す。また，撮影のための機器は，確実に充電し，録画可能時間などを確認しておく。

⑦リハーサル

準備不足や不都合な点がないかチェックするために，調査対象者の属性をできるだけもつ人で，本企画に関わっていない知り合いに参加してもらい，当日とできるだけ同じ条件でリハーサルを行う。用紙やカメラを使って記録も行う。教示を調査参加者が理解できるか，記録方法に不都合はないかなどを確認する。また，調査全体にかかる時間を把握しておけば，調査日程を組む際に役に立つ。リハーサル結果に応じて，調査実施方法を一部修正する。

また，観察者は教示の際などに調査参加者に対して，あたたかく自然に振る舞うのがよい。観察者の振る舞いによっては，調査参加者は観察されるのに抵抗をもったり，自然な行動を見せまいとしたりすることがある。調査参加者に「この観察者ならそこに居てもよい」と思われるように振る舞えているかを，他の人にも見てもらうなどして，確認しておく。

⑧観察実施

出発の前に，まずは準備物の最終確認をする。訪問後は以下の順で調査を進める。

◇導入

調査参加者への研究目的等の説明

同意確認（同意書にサインをもらう）

◇観察

教示

行動観察とインタビュー（記録も行う。写真は角度を変えて複数撮影しておく）

◇しめくくり

本調査についての質問受け付け

お礼を伝える（謝礼が支払われるときにはこのときに渡す）

⑨観察者同士の事実確認，観察データの整理

観察直後で，次の別の観察をまだしないうちに，一緒に観察した者同士で，観察したことについて話し合い，共通理解を得ておく機会（ブリーフィングと呼ばれる）をもつのがよい。観察から時間が経つと，観察したことや観察しながら得た気づきを忘れたり，他の観察の記憶と混ざったりして支障が出るため避ける。また，話し合った内容を記録しておくことも大切である。

複数のデータが集まった後は，事例間の共通性を探ったり，事例をグループ分けしたりする（たとえば，図6(1)-3のように図示しながら考えを進めることができる)。これによって新たに気づくことがある。またこの過程に，製品やサービスの開発に関わる連携先の人が参加してくれることにはメリットがある。連携先からの質問や発言から，開発の過程で必要となる重要ポイントをさらに引き出し，よりよいレポートを作成することに役立てられるかもしれない。

⑩レポート作成のための動画や写真の準備とレポート作成

連携先がある場合，調査結果を連携先にわかりやすく報告する必要がある。そのために，写真や動画を使うことは非常に有効な方法である。調査時に撮影したすべての写真をレポートで使う必要はなく，重要な箇所を，解説も踏まえながらわかりやすく示すとよい。スマートフォンのアプリ等を使って，映像を切り出したりキャプションを入れたりするのもよい。

また，連携先の，意思決定に影響力をもつ人物（例：責任者）はたいてい忙しい。そのため検討の時間も限られている。このためレポートの分量や表現に注意が必要だ。表2の項目をA4判用紙1枚にまとめ，2ページ目以降には補足資料として後述のレポートを添付しておくのがよい。

表2　1枚レポートの項目

〈報告書〉 はじめに ・観察の目的 ・使用した製品の情報 観察によって明らかにしたい項目 調査結果に基づく提案・回答

もしプレゼンテーションをする機会が得られたなら，撮影した映像を使ってわかりやすく伝えられるように工夫し，発表時間にも気を付けて準備する。

レポート執筆に向けたアウトライン

問　題

1. 本製品の開発のねらいと特徴
2. 関連パッケージの特徴
3. 本研究の目的
4. 方法の概要

方　法

参加者　一般消費者 5 人（男性 3 名，女性 2 名；20 歳代 1 名，30 歳代 2 名，40 歳代 2 名）が調査に個別に参加した。各人は，日頃から自身の家庭で食品の購入や収納などをする者であった。また，各人から事前に調査協力について同意を得た。

材料　スリーブ型パッケージの缶詰 3 缶を用いた。スリーブ型パッケージは厚手の用紙で作成されたものであった。側面にあたる 2 面のうち一方には「鶏のすき焼き缶　サンプル」と印字された。

手続き　各参加者の自宅を訪問し調査を行った。まず参加者に，スリーブ型パッケージ付きの缶詰を紹介し，スリーブ型パッケージの外し方を説明した。このとき，パッケージは今後印刷予定であり，「サンプル」と書かれている面に製品名が大きく印字される予定であることを伝えた。次に，参加者に，スリーブ型パッケージの缶 3 つを受け取ってもらい，収納してもらった。その後，収納したスリーブ型パッケージの缶の収納場所と，各家庭が保管しているシール型パッケージの缶の収納場所とを教えてもらい，両方の缶の収納の様子を写真撮影した。最後に，パッケージの使い勝手に関する半構造化面接を行った。これらは静かな居室で行われた。

結　果

・写真と説明を組み合わせ，効果的に示すよう心がける。このとき，写真を示すだけでなく，そこで見出される事柄を必ず言語化する。
・インタビューで得られたことがあれば，写真と対応させながら述べる。
・複数の事例で共通して見られる特徴や，個別的ではあるが注目すべき事例について，図（たとえば，図 6(1)–3 のような）を示しながら記述するのも効果的である。

考　察

・研究の目的，観察によって明らかにしたかったことを簡潔に述べる。
・本製品の性質，特徴と，そこから考えられる訴求方針を述べながら，本研究で得られた結果に基づき，どちらのパッケージの形状が本製品に向いていると考えられるか議論する。
・製品やサービスの実現のために今後必要すべき課題が，検討を通して見出されたなら，その課題について述べる。

引用文献

・本文中で言及した文献をリストにして掲載する。詳細は，第 2 章 5 節「5. 引用・引用文献表の書き方」（p. 27）を参照のこと。

まとめ

本章では，缶詰のパッケージ開発に向けて行われる観察法による検討が，どのように行われるかを概観しました。パッケージの開発と聞くと，デザイナーの勘や経験に頼って作成されることを想像する人もいるでしょう。しかし，優れた勘や豊かな経験を誰しもがもてるわけではなく，また，そこから開発されたものが幅広く多くの人にとって快適なものとなるかどうかはわかりません。これに対して，本章で見てきた実証的検討から得られた結果を活用して実現した製品やサービスは，より多くの人にとって快適に使えるものとなることでしょう。

上記の実証研究では 2 つの形状のパッケージを使って収納行動を観察・比較することとなっていますが，これにより，観察の観点が絞られ考察しやすくなっています。また，他の観察者と共同して事実確認をすることは，自分の価値観や偏見から離れて見ることの訓練にもなります。ぜひ，製品やサービスの開発に向けて，観察を計画して実証データを得て考える楽しさ，難しさを経験してください。

■ 引用文献

黒須 正明（編著）(2003). ユーザビリティテスティング―ユーザ中心のものづくりに向けて　共立出版

長岡 千賀（2020). 製品パッケージと説明コピーの作成に向けた心理学的検討：茨木市ふるさと納税返礼品「鶏のすき焼き缶」の開発　追手門経営論集, *52*(2), 51–62.

観察法／2★ 子どもの行動観察

進藤将敏

はじめに

子どもたちは幼児期から始まる集団活動を通して，社会での振る舞い方や友達との関係性を育んでいきます。そうした集団適応（集団の中でうまく過ごせること）が基盤となって，小学校への就学がスムーズになり，後の学校生活を楽しむことにつながると考えられます。しかし，すべての子どもが集団の中でうまく生活できているとは限りません。中にはクラスの活動から外れたり，教室を飛び出したりするなどの逸脱行動が目立つケースも多く見受けられます。このような事態を改善することは，子どもたちの社会適応を促すうえで意義のある取り組みと言えるでしょう。そこで，本章では，幼児期の子どもに対する保育者の働きかけ（介入）によって，子どもの逸脱行動が低減するかどうかを観察法で検証する方法を紹介します。特に，観察によるデータ収集の仕方から結果のまとめに至るまでの流れを解説していきます。

子どもの集団適応の問題

学校教育の現場では，発達上の問題を抱え，支援を必要とする子どもに対して適切な対応をとることが求められています。近年では，幼児期の段階から「保育者の指示を聞かない」「クラス内でトラブルを起こしやすい」といった子どもの報告件数が増えており，保育者も対応に難しさを感じています。そのような幼児期の不適応行動は，小学校入学以降における小１プロブレム（先生の話を聞けない，集中して学習に取り組めないなど）といった，落ち着きのない行動が顕著に見られる問題にもつながりうるでしょう。

幼児期における「落ち着きがない」行動の背景には，たとえ知的な発達面に遅れがなく，言葉の理解力があったとしても，「姿勢の制御が未熟であるといった運動バランスの問題」「家庭環境の問題」「注目欲求の高さ」など，さまざまな要因が考えられます。たとえば，本章の事例で仮定する対象児（5歳，男児）の場合も，知的な遅れはありませんが，集団活動の場面では「床に寝転ぶ」「集団の活動から離脱する」といった逸脱行動が目立つ例です。対象児の逸脱行動に対し，保育者はその都度，言葉で注意したり，体の動きを抑えるなどの対応をとっていましたが，逸脱行動は改善されませんでした。むしろ，対象児は注意を受けることによって，ますます逸脱行動をするようになるという悪循環に陥っているように見受けられました。この点に関して，私たちの日常的な行動パターンは，常に「強化子」の出現によって形成されて（強化されて）いることが考えられます。たとえば，人に挨拶をすると「すぐに挨拶が返ってくる」（強化子の提示）ので，今後も挨拶を続けるようになり（強化），電話をかけると「すぐに誰かが出る」（強化子の提示）ので，今後も電話をするようになる（強化），といった実感があるでしょう。そう考えると，上記の対象児も，保育士がタイミングよく即座に注意すること自体が強化子となり，逸脱行動を強化していたのかもしれません。

実際に，そのような仮説のもとで教育的な介入を行った海外の研究では，強化子（教師が子どもを注意する）を減ずることで，行動が弱化（子どもの不適応行動が低減）したといった一定の効果が報告されています（Hall et al., 1971）。本章でも，強化子の提示を阻止することで，標的となる行動の弱化を意図した事例を扱います。具体的には，逸脱行動をする対象児に対し，保育者が「言葉で注意する」「体の動きを抑える」といった働きかけを減じることにより，子どもの逸脱行動が減少するどうかを観察法によって検証するプロセスを紹介します。

やってみよう実証研究

保育者の介入による子どもの逸脱行動の低減

【研究のタイプ】観察（一事例実験デザイン）
【実習人数】2名以上
【材料】観察記録用紙，筆記具
【独立変数】介入の実施
【従属変数】逸脱行動の数
【統計的検定】Tau-U

1. 概要と目的

近年では，「保育者の指示を聞かない」「クラス内でトラブルを起こしやすい」といった子どもの報告件数が増えており，保育者も対応に難しさを抱えている。本研究は，そのような集団適応に課題を抱える子どもへの教育的介入の効果を調べる。対象児として，知的な遅れはないが，集団活動場面で「床に寝転ぶ」「集団の活動から離脱する」などの逸脱行動が目立つ子ども（5歳，男児1名）を選定した。保育者は対象児の逸脱行動に対し，その都度，言葉で注意する，体の動きを抑えつけるなどの対応をとっていたが，逸脱行動は改善せず，以前にも増して対応が困難となった。このことから，逸脱行動が生じたタイミングで即座に注意すること自体が逸脱行動の強化子になっていた可能性が考えられた。そこで本研究では，保育者が対象児を即座に注意したり，動きを抑えるといった強化子を減じることで，逸脱行動が低減するか否かを検討する。

2. 仮　説

保育者が逸脱行動の強化子（対象児を注意する，体の動きを抑える）を減じることによって，対象児の逸脱行動は減少するだろう。

3. 方　法

◇観察対象児の選定：本章では，「知的な遅れはないが集団活動における逸脱行動が目立つ5歳児1名」を観察対象児とする。このとき，対象児の特徴については事前に把握しておく必要がある。たとえば，調査に先立って予備観察や予備調査（または担当保育者への聞き取り）をしておき，具体的にどのような逸脱行動が，どのような場面で見られるのかを観察しておくとよい。

◇観察する行動：対象児の「逸脱行動」として，とりわけ顕著に見られるもの（「集団での活動中に席を離れる」「床に寝転ぶ」「椅子の上に立つ」「活動が行われている場所を離れる」）に焦点を当てて観察することにした。また，実際の観察では研究目的に合わせた記録用紙

セッション 8 日時　20XX／10／18　　観察時間　9：00－10：00		
逸脱行動の種類	記録	生起数
席を離れる	正	4
床に寝転ぶ	丅	2
椅子の上に立つ		0
活動や集団から離れる	正 下	8
その他（　　　　）		0
合計		14

図 1　記録用紙と記入例

（図 1 参照）を用いて，観察時間内に逸脱行動が何回生じるのかを数えていく。

✓記録用紙の作成

前もって対象児の行動の様子を知っておかなければ，「具体的にどのような行動を逸脱行動として見なせばよいか」が不明確となり，研究目的に沿ったデータ収集ができなくなる。そのため，事前に予備調査または予備観察をしておきたい。また，個人情報保護の観点から，必ずしも子どもの様子の録画許可が得られるとは限らない。もし，肉眼での観察を前提とするならば，観察項目があまりに多いと観察が追いつかなくなり，精度も下がる。そう考えると，観察項目は当該の研究に必要なものだけに絞った方がよい。

✓観察項目の定義

たとえば，「活動や集団から離れる」を数える際は，その判定基準を厳密に決めておき，カウントの練習を念入りに行うこと。実際に，日常場面での人間の行動を観察してみると，目まぐるしく変容し，曖昧な行動が多いため，思ったとおりに記録することが難しいと感じるはずである。そのため，観察項目の定義の確認・修正作業，観察の練習は，計画に余裕をもって進めたい。

◇観察場面：研究目的に沿ったデータを集めるには「標的となる行動がどのような場面で観察できるか」という視点も重要である。本章では，予備調査で得た情報から，対象児の逸脱行動は集団活動の中で現れやすいと予想した。そこで，観察場面を集団で行われる「朝の集まりの時間」または「クラスでの遊び場面」に限定し，そこでの逸脱行動を調べることにした。このように，観察法ではあらゆる生活場面を手当たり次第に観察するのではなく，「研究目的に応じた観察場面を切り取って」データを収集することで効率的で質の高い観察ができる。

◇観察者：データの信頼性（後述の「一致率」）を高めるために，観察は 2 名以上で行う。このとき，観察者同士で相談しながら観察するのではなく，それぞれ独立に，かつ対象児の行動が常に自分の視野に入る位置で観察を行う。

✓観察時の留意事項

観察される子どもは教室内に観察者が存在することによって，普段どおりに振る舞わないことがある（たとえば，観察者がいるときに限っておとなしくなるなど）。そのため，観察される側には，観察者の存在自体に影響を受けやすい性質があることを理解しておきたい。その影響力を最小限にするためにも，観察者は自身の観察態度についても工夫や配慮が必要である（たとえば，対象児に近づきすぎない，凝視しすぎない，話しかけない，興味を示さないなど）。

◇データの一致率：行動観察ではデータの「一致率」について必ず考慮したい。一致率とは，2 名またはそれ以上の観察者同士で，実際に測定した数がどの程度一致していたかを表す指標である。これは，データの信頼性（客観性）の有無に関わる。一致率を高めるには，2名の観察者が「まったく同じ手続きで」観察し，「まったく同じ基準で」行動を記録し，観察中は「互いに相談することなく独立して」観察しなければならない。

一致率の算出にはさまざまな方法があるが，代表的なものとして，記録した数の総数の一致百分率がある。たとえば，60分間の観察終了後，第1観察者が「逸脱行動」を計12回カウントし，第2観察者が計15回カウントしていたとする。この場合，一致率は「少ない方の観察数（12回）」÷「多い方の観察数（15回）」×100で算出され，80%となる。しかし，本章のように複数の観察項目がある場合，この方法では逸脱行動の総数が2名とも同じであっても，たとえば，観察項目の「席を離れる」「床に寝転ぶ」が同じ回数カウントされていたかどうかはわからない。そこで，より正確な一致率を出すために，観察項目ごとに一致率を出し，それらの平均値を最終的な一致率とする方法がある。もし，「席を離れる」が一致率80%，「床に寝転ぶ」が90%，「椅子の上に立つ」が100%，「活動や集団から離れる」が90%だった場合，それらの平均値（＝90%）が求める一致率となる。

なお，一致率は少なくとも80%以上が目安だが，できれば90%以上が望ましい。試しに，記録用紙を使って行動をカウントする練習をしてみると，上記の基準の一致率を出すことは難しいはずである。しかし低い一致率では，データとして信頼できない。繰り返し強調するが，行動をカウントする基準（観察の定義）は準備段階で入念に確認すべきである。もし，一致率が思わしくない場合は，他の観察者と協議したり，修正を重ねるなどして一致率を高める努力や工夫をしたい。

◇観察時期の設定：本章では，観察期間を9月～12月に設定し，さらにその期間を3期に分けた。具体的にはベースライン期（9月），介入期（10月），フォローアップ期（12月）とした。

✓ベースライン期

観察を開始して最初の5回（セッション1～5）をベースライン期とした。この期間は，対象児の通常時における逸脱行動を測定するために設定する。ここで得るデータが介入期の逸脱行動数と比較する基準となる。

なお，各セッションの観察時間は60分とし，観察は1日，1セッションとした。これは以降の介入期，フォローアップ期も同様である。

✓介入期

ベースライン期に続き，セッション6～12（7回）を介入期とした。介入期では，保育者は対象児の逸脱行動に対して，「言葉での注意」（例：「だめ」と言う）や「動きを抑える」（例：「腕をつかむ」）といった働きかけを行わないように心がけた。

✓フォローアップ期

介入期が終了してから，1か月後に3回（セッション13～15）のフォローアップ観察を行った。この目的は，介入の効果が一定時間経過した後も持続しているか否かを検討するためである。

4. データの整理

✓逸脱行動の算出

記録された各行動（「席を離れる」「床に寝転ぶ」「椅子の上に立つ」「活動や集団から離れる」「その他」）の合計観察数を「逸脱行動の数」として算出する。

✓データの信頼性の確認

観察者2名の一致率を算出する。本章では，最初の2回のセッション（セッション1,2）の一致率を確認したところ，93.3%であり，十分な一致率であると判断した。そこで，

表1　逸脱行動の回数の変化

ベースライン期		介入期		フォローアップ期	
セッション	逸脱行動の数	セッション	逸脱行動の数	セッション	逸脱行動の数
1	15	6	23	13	13
2	21	7	12	14	16
3	28	8	14	15	14
4	21	9	9		
5	29	10	8		
		11	13		
		12	10		
中央値 21		中央値 12		中央値 14	

注）表1に「中央値」を記したのは，後述する統計解析 Tau－U（Parker et al., 2011）を実施することが関係している。Tau-U とは，「ケンドールの順位相関係数（Tau）」と「マンホイットニーの *U* 検定」から導かれた，順序尺度の統計手法の応用である。順序尺度では値の大小関係が検討されることから，検定では中央値の比較が行われる。そのため，本章では中央値を記した。

以降の一致率の確認は断続的に行うことにした。具体的には，セッション 1, 2, 6, 10, 12, 14（期間全体の 40％）の各セッションにおいて，観察項目ごとに一致率を算出し（「2 名のうち少ない方の観察数」÷「2 名のうち多い方の観察数」×100），それらの平均値から，各セッションの一致率を導いた。さらに各セッションの一致率の平均値を求めたところ，85.2％ であった。データの信頼性が確認できたので，以降の分析では第 1 観察者のデータを用いることにした。表 1 には，逸脱行動の回数の変化を示した。

5. 仮説の検証（データ分析の手順）

◇視覚的な分析

時期の経過に伴って，逸脱行動がどのように変化するのかを検討する場合，データを表 1 のように表現することに問題はない。しかし，データを図 2 のように表現してみると，独立変数（介入）が従属変数（逸脱行動）に及ぼす影響を「視覚的に」よりわかりやすく示すことができる。

◇図の読み取り方（解釈のポイント）

✓ベースライン期のデータの「安定性」

たとえば，逸脱行動がセッション 3 で 0 回，セッション 4 で 30 回だったりすると，データのばらつきが非常に大きい。ベースライン期は，続く介入期やフォローアップ期と比較する「基準値」となるため，データは安定している必要がある。図 2 のベースライン期の場合，全体的に 20～30 回の周辺にデータが集まっており，大きく逸脱した値がないと言える。つまり，データとしてある程度安定しており，対象児の「普段の」行動を捉えていると解釈できる。

✓データの「高さと傾き」

たとえば，図 2 のベースライン期と介入期のデータを見比べると，データの重なり（同じような値が見られること）がほとんどなく，視覚的にも介入期のデータの方がベースライン期のデータの高さよりも低い位置にある。さらに，介入期のデータは全体的に見て，傾きが右肩下がりであることから，ベースライン期に比べて逸脱行動が減少していることが見て取れる。

✓介入期におけるデータの「変化の生じ方」

たとえば，介入期になって即座に逸脱行動が減少したならば，それは介入の効果として

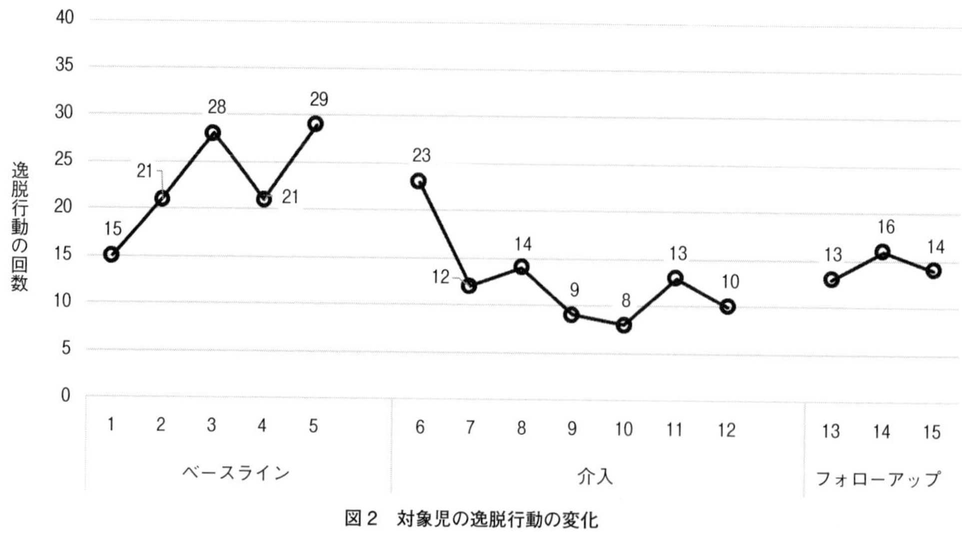

図2　対象児の逸脱行動の変化

解釈できるだろう。しかし，しばらくたっても変化しないのであれば，介入の効果とは言えない。図2の場合，介入期の最初のセッションでは，逸脱行動はベースライン期とあまり変わらないが，次のセッションから大きく減少し，それ以降も安定的に少ない数を維持している。つまり，介入が始まったとたんに効果を発揮するのではなく，ある程度の時間が経ってから効果が現れ始めたと解釈することが自然な見方であろう。

※より良い分析をするために

図2によって，独立変数と従属変数の関係について理解しやすくなり，データの意味がより明確になったと思われる。このように，得られたデータをどのように視覚化すれば，より良いデータ表現になるのかを常に工夫するように心がけたい。

6. 統計解析

さらに正確なデータの読み取りをするため，統計解析も行う。本章のように，「観察対象児が1名」であり，かつ「時間軸に沿った行動の変化」を捉えることを目的とした研究方法を一事例実験デザインと呼ぶ。一事例実験デザインに有効な統計分析として，Tau-U（Parker et al., 2011）がある。Tau-U の利点は，解釈がしやすい，分析精度が高い，データ数が少なくても対処でき，時間軸に伴うデータの変化を測定できることである。特に，新たな独立変数の導入前後で繰り返し結果の測定が行える検定法なので，たとえば，観察対象者のベースライン期の行動が介入期とフォローアップ期において，それぞれどのように変化したのかを個々に分析できる。そして，Web 上では無料の解析アプリ（http://www.singlecaseresearch.org/calculators/tau-u）（Vannest et al., 2011）を利用することができる（図3）。

◇アプリの使い方（Tau-U）

①データ入力

✓独立変数の名称を入力する。たとえば，図3のように，左側から順にベース，介入，フォローと入力する。

✓次に，それぞれの独立変数のデータを図3のように縦一列に入力する（Excel のデータを貼り付けることも可能）。

図 3　Tau-U のデータ解析アプリ（Vannest et al., 2011）

②分析手順

✓「正しいベースライン」(correct baseline) にチェックを入れる。

✓次に，比較したい 2 つの変数をそれぞれチェックする。たとえば，ベースと介入を比較したい場合はその 2 つをチェックする。

✓最後に，画面上部の「コントラスト」(contrast) を押すと，「結果」の「修正されたベースライン」(corrected baseline) に分析結果が出力される。たとえば，ベースと介入の比較結果は「ベース vs 介入」として出力される（図 3 参照）。

◇出力結果の解釈の仕方（Tau-U）

✓　「ベースライン期」と「介入期」の逸脱行動数の変化を調べる。

図 3 の「結果」におけるベース vs 介入を見ると，Tau 値と p 値（p. 58 参照）はそれぞれ，Tau＝－1.03，p＝.004 であったため，1% 水準で有意となった。Tau が負の値は，逸脱行動が介入期で減少したことを意味している。

✓　「介入期」と「フォローアップ期」の逸脱行動数の変化を調べる。

図 3 の「結果」における介入 vs フォローを見ると，同様に，Tau＝0.95，p＝.023 であったため，5% 水準で有意となった。Tau が正の値は，逸脱行動がフォローアップ期で増加したことを意味している。

✓　「ベースライン期」と「フォローアップ期」の逸脱行動数の変化を調べる。

図 3 の「結果」におけるベース vs フォローを見ると，同じく，Tau＝－1.33，p＝.003 であったため，1% 水準で有意となった。Tau が負の値は，逸脱行動がフォローアップ期で減少したことを意味している。つまり，フォローアップ期の逸脱行動は介入期より増加したとはいえ，ベースライン期に比べると少ない状態で維持されていることがわかる。

ステップアップ！追加分析

図2のように逸脱行動の全体を示すだけでなく，逸脱行動の各項目（「席を離れる」「床に寝転ぶ」など）についても，同様の図示表現と統計解析ができる。そうすることによって，具体的にどのような種類の行動が介入に影響を受けやすかったのか，または，あまり影響を受けなかったのかなどについても明確にでき，今後の介入の方針や課題を見出すうえでも有益な情報となりうる。

レポート執筆に向けたアウトライン

問　題（書き方の手順）

1. 幼児期における集団適応の問題について
2. 不適応行動としての逸脱行動に関連する要因について
3. 逸脱行動の低減に効果的な介入方法について
4. 本研究の目的：子どもの逸脱行動に対する介入効果の検証
5. 本研究の仮説：介入が逸脱行動の頻度の減少に影響を与える

✓1，2では，現代社会で問題になっている「一般的な」事象やその背景について問題提起する。
✓3では，1，2で示した問題への解決策を「具体的に」提案する。
✓4，5では，3で提案したことに基づきながら，研究で明らかにしたいことを「具体的に」述べる。
✓つまり，1から5に向かって「一般的な内容が具体的になっていく」流れを意識する。

方　法

対象児　A市の保育所に通う5歳児1名（男児）を観察対象とした。20XX年8月時点において，この対象児は知的発達の遅れはないが，集団活動での逸脱行動が日常的に目立っており，保育者は対象児に何度も注意を促すが改善には至らず，対応に苦慮している状況だった。

観察対象児の概要（特徴）を説明する。

手続き　観察期間は20XX年9月～12月であり，観察場面を「朝の集まりの場面」または「クラス集団での遊び場面」に限定した。本研究では，ベースライン期（9月），介入期（10月），フォローアップ期（12月）を設定し，各期間における逸脱行動の回数を，観察者2名による行動観察によって測定した。ベースライン期は，観察を開始して最初の5回（セッション1～5）とした。各セッションの観察時間を60分，観察は1日・1セッションとし，これは介入期，フォローアップ期も同様である。介入期（セッション6～12）では，保育者は対象児の逸脱行動に対して，「言葉での注意」（例：「だめ」と言う）や「動きを抑えつける」（例：腕をつかんで抑える）といった働きかけを行わないように心がけた。介入期が終了して1か月後，フォローアップ期（セッション13～15）における観察が行われた。

観察時期（ベースライン期～フォローアップ期）の概要，観察場面，観察時間の情報を記載する。

従属変数　対象児の「逸脱行動の数」を測定した。記録用紙には，対象児の逸脱行動として，日常で特に目立っている4つの観察項目を設けた。具体的には「席を離れる」「床に寝転ぶ」「椅子の上に立つ」「活動や集団から離れる」であり，それ以外は備考欄（「その他」）を設けた。こ

具体的に何を測定したのかを説明する。

れらの各項目の記録回数の合計を「逸脱行動の数」とした。

結　果

データの信頼性を確認するため，観察者2名の一致率を算出した。本研究では，最初の2回のセッション（セッション1，2）の一致率を確認したところ93.3%であり，十分な一致率であったため，以降の一致率の確認は断続的に行った。具体的には，セッション1，2，6，10，12，14（期間全体の40%）の各セッションにおいて，観察項目ごとに一致率を算出し（「2名のうち少ない方の観察数」÷「2名のうち多い方の観察数」×100），それらの平均値から，各セッションの一致率を導いた。さらに各セッションの一致率の平均値を求めたところ，85.2%であった。よって，データの信頼性が確認できたため，以降の分析では第1観察者のデータを用いることにした。図（先述の図2に該当）には，観察期間における対象児の逸脱行動の数を示した。

> データの信頼性をはじめに確認する。

ベースライン期と介入期にかけての逸脱行動の数の変化を調べるため，Tau-Uによって有意性を検定したところ，Tau＝−1.03であり，1%水準で有意であった。次に，介入期とフォローアップ期にかけての逸脱行動数の変化も同様に分析したところ，Tau＝0.95であり，5%水準で有意であった。そして，ベースライン期とフォローアップ期にかけての逸脱行動数の変化については，Tau＝−1.33であり，1%水準で有意であった。

> 図を挿入することで，集計結果を視覚的に表現する。

> 統計分析の手法と検定結果を述べる。

◇　結果が有意でなかった場合の記述例

ベースライン期と介入期にかけての逸脱行動の数の変化を調べるため，Tau-Uによって有意性を検定したところ，有意ではなかった（Tau＝0.20，p＝.60）。また，介入期とフォローアップ期にかけての逸脱行動数の変化（Tau＝0.44，p＝.14），およびベースライン期とフォローアップ期にかけての逸脱行動数の変化（Tau＝−0.31，p＝.35）においても有意ではなかった。

考察（書き方の手順）

1. 研究の目的を簡潔に振り返る。
2. 得られたデータの意味（データの読み取り方）と統計的分析の結果を述べる。
3. 分析結果を総合して，仮説が支持されたかどうかを簡潔に述べる。
4. 研究の意義を述べる（どのような点に価値があるのか，先行研究の結果との比較等）。
5. 研究の問題点や限界について述べる（手続き上の問題点，観察法の限界，十分に検討できなかった点等）。
6. 次の研究への展開を述べる（さらに何を明らかにする必要があるのか等）。

> 先述の「図の読み取り方（解釈のポイント）」の内容を記述してから，その裏付けとして統計的分析の結果を述べるとよい。

> （書き方の例）図2のデータの特徴およびTau-Uによる分析の結果，介入によって逸脱行動は減少しており，一定時間経過後もその状態は維持されていた。よって，仮説は支持されたと言える。

引用文献

・本文中で言及した文献をリストにして掲載する。詳細は，第2章5節「5．引用・引用文献表の書き方」（p. 27）を参照のこと。

まとめ

本章が示したデータ収集から分析までの流れを振り返ると，行動観察はただやみくもに人間の行動を眺めることではないことがわかるでしょう。明らかにしたい研究目的をもち，かつ客観的に観察できる行動に着目したうえで取り組む必要があります。つまり，(1)「観察したい行動は何か」を研究の目的に合わせてはっきりさせること，(2)「どのような場面で観察すれば，見たい行動や行動の変化がわかるのか」をきちんと考えておくこと，(3)「集めたデータをどのように表現すれば」(どのようなグラフや表が描ければ) データの内容がわかりやすくなるのか，という点まで前もって計画しておくことが重要です。(1)～(3) を，ともに研究に取り組む仲間たちや指導者と相談しながら思案し，より良い計画に練り上げていく過程を大切にしましょう。本章で紹介した方法論を参考にしながら，自分なりのアイデアで研究を進めていただければと思います。

■ 引用文献

Hall, R. V., Fox, R., Willard, D., Goldsmith, L., Emerson, M., Owen, M., Porcia, E. (1971). The teacher as observer and experimenter in the modification of disputing and talking-out behaviors. *Journal of Applied Behavior Analysis*, *4*, 141-149.

Parker, R. I., Vannest, K. J., Davis, J. L., & Sauber, S. B. (2011). Combining nonoverlap and trend for single-case research : Tau-U. *Behavior Therapy*, *42*, 284-299.

Vannest, K. J., Parker, R. I., & Gonen, O. (2011). Single case research : Web based calculators for SCR analysis (version 1.0). [Web-based application]. Canyon, TX : College Station, Texas A&M University. Retrieved from 〈http : //www.singlecaseresearch.org/calculators/tau-u〉 (2020年12月20日閲覧)

■ 参考図書

Alberto, P. A., & Troutman, A. C. (1999). *Applied behavior analysis for teachers* (5 th ed.). Upper Saddle River, NJ : Merrill/Prentice-Hall. (アルバート，A. P.・トルートマン，C. A. 佐久間 徹・谷 晋二・大野 裕史 (訳) (2004). はじめての応用行動分析　日本語版第2版　二瓶社)

松浦 均・西口 利文 (編) (2008). 観察法・調査的面接法の進め方　ナカニシヤ出版

山田 剛史 (2020). 単一事例データのための統計的方法について――効果量を中心に――　高齢者のケアと行動科学，*25*，35-55.

調査的面接法／1
テレワーク時代におけるチームワークを支えるコミュニケーションとは？

田中勝則

はじめに

私たちは働く際に１人ではなく多くのメンバーとともにチームで取り組むことが少なくありません。メンバー間での情報交換や相互支援などを通じ，チームが効果的に機能し，生産性が向上することが望まれます。こうした観点から，これまで社会心理学ではチームワークについての研究が行われてきました。しかし，これまでの研究の多くはその働き方が基本的に対面式の業務形態であることを暗黙の前提にしていたところがあるかと思います。新しいテレワーク時代に必要となってくる効果的なチームワークのあり方についてはまだよくわからないことが多いのではないでしょうか？

本章では調査的面接法を活用して，このような未知の問題に探索的に接近していく方法を理解することを目的とします。

チームワークにおけるコミュニケーションの役割

チームワークとはチーム全体の目標達成のために必要な協働作業を支えるために，メンバー間で交わされる対人的相互作用（Dickinson & McIntyre, 1997）と定義されています。チームワークは７つの要素によって構成されることが示されています（図７(1)-1）。その中でもコミュニケーションが果たす役割が重要であることが指摘されています。ここでのコミュニケーションとは報告や連絡，相談など，情報を伝達するための行動を指しており，チームワークの他の要素を相互に結びつける働きを担っています（三沢他, 2009）。このようにチームワークではコミュニケーションが中核的な役割を果たしていることから，今回はチームワークにおけるコミュニケーションに着目していきたいと思います。

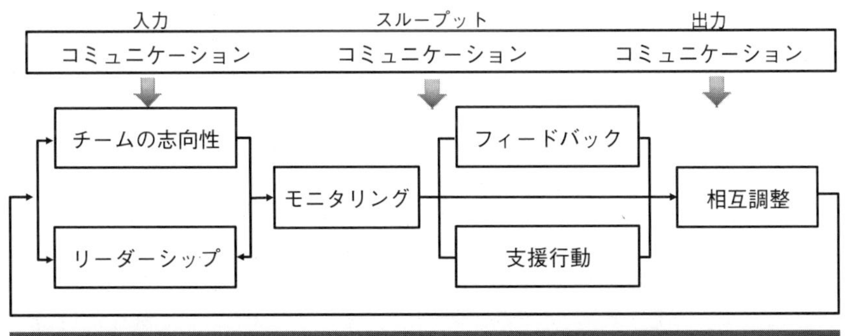

図７(1)-1　チームワーク要素モデル（Dickinson & McIntyre, 1997；三沢他, 2009）

テレワーク下でのコミュニケーション

対面式の業務形態ではチームメンバーが一堂に会することが多いため，言語的・非言語的双方のチャネルを活用した豊かなコミュニケーションが可能です。そのため，チーム内でのコミュニケーションがスムーズに展開することが期待されます。しかし，テレワークにおける非対面式の業務形態ではコミュニケーションにさまざまな制約がかかることが見込まれます。それらがテレワークにおけるコミュニケーションに影響を及ぼし，結果としてチームワークにもさまざまなインパクトをもたらす可能性が考えられます。

それでは，テレワーク下でのコミュニケーションはどのようにチームワークに影響するのでしょうか。今回はコミュニケーションツールの違いに焦点を当ててみましょう。従来のメールやLINEを中心としたテキストベースのやりとりは非対面式であり，かつ非同期型のコミュニケーションになります。これらには相手の時間を制約することなくコミュニケーションを行うことができるメリットがある一方で，非言語チャネルの乏しさや即時性をもったスピーディーなコミュニケーションには不向きな側面もあります。一方，COVID-19のパンデミックをきっかけに，ZoomやGoogle Meetなどのビデオ会議ツールを活用した，遠隔でありながらも対面式かつ同期型のコミュニケーションが一気に普及しました。こうしたツールは物理的な距離の問題を改善するだけでなく，コミュニケーションチャネルの多様化や即時性のあるコミュニケーションを可能にするメリットを有します。しかし，このようなツールを用いたコミュニケーションがテレワーク下におけるチームワークにどのように影響するかについてはまだよくわかっていないことが多い状況と言えるでしょう。

そこで，今回は「テレワーク下におけるビデオ会議ツールを用いたコミュニケーションはチームワークにどのような影響を及ぼすか？」というリサーチクエスチョンを設定して研究を進めていきます。

やってみよう実証研究

テレワーク下でのコミュニケーションのチームワークへの影響

【研究のタイプ】調査的面接（半構造化面接・仮説探索型）
【実習人数】面接者（あなた）とテレワーク経験のある参加者1名
【事前の環境設定】静寂で調査参加者のプライバシーが保たれる環境を確保する。大学や，その他自分の所属する組織内に面接室などの防音環境があればそのような部屋を用いることが望ましい。
【事前の物品準備】面接内容を収録するための録音機材（ICレコーダー，スマートフォンの音声録音機能等を活用してもよい）。可能であれば，機材不調や収録ミスに備えて複数台準備できることが望ましい。

インフォームドコンセントの観点から，面接調査に関する説明文書（図1）および研究同意書（図2）についても事前に準備をしておく。

面接を進める際の面接シート（図3）。A4判用紙1枚程度で，構造化された質問項目として調査参加者の人口統計学的変数（例：年齢，職業，最終学歴等）および今回のリサーチクエスチョンに関連して必ず尋ねたいことをまとめておく。これらについては指導教員との間で事前に打ち合わせておく必要がある。メモの分量が気になるようであれば，予備として白紙のメモ用紙を数枚用意しておくとよい。

【面接の時間】おおむね30～40分程度が一般的だが，研究目的によって異なってくるため，自分の明らかにしたいリサーチクエスチョンと照らし合わせながら，適切な時間枠を設定する。事前に時間枠を設定しておき，参加者に対して調査依頼を求める時点で大まかな時間枠の提示を行っておくことが望ましい。参加者の特性に応じて時間枠の判断を行うことも必要である（例：子どもであれば成人ほどの長時間は困難）。

テレワーク下におけるビデオ会議ツールを用いた
コミュニケーションについての研究

インタビュー目的と協力のお願い

今回の面接調査では，テレワーク下におけるビデオ会議ツールを用いたコミュニケーションについて調べることを目的としています。30～40分程度の時間で，あなたのお考えについてお聞かせ頂く予定です。面接への協力はあなたの自由な意思に基づくものです。

面接でお話し頂いた内容は記録のために録音させて頂きます。調査結果は卒業論文として取りまとめられます。また，その成果を専門の学会で発表する可能性もありますが，いずれにおいてもあなた個人が特定されることはありません。また，面接内容を研究目的以外に使用することもありません。

面接の際，答えたくない質問がある場合には無理に答える必要はありません。途中で面接をやめたくなった際はその旨をお申し出ください。これらのことであなたが不利益を被ることはありません。この研究は※※大学XXX学部の倫理委員会の承認を得ています。

この調査についてお問合せがありましたら，担当者までお問い合わせください。どうぞよろしくお願い致します。

担当者：※※大学XXX学部4年○○●●
連絡先：～～～～～@+++.
指導教員：※※大学XXX学部　□■△▲

所属する大学で研究倫理委員会による事前の倫理審査を受けた場合には，そのことを記しておく。

連絡先は大学で付与されているメールアドレスを用いることが望ましい。研究開始後はメールの確認を怠らないようにすること。

図1　面接調査に関する説明文書の例

研究同意書

私は「テレワーク下におけるビデオ会議ツールを用いたコミュニケーションについての研究」の面接調査に関する説明を受け，それらに同意した上でインタビューに参加します。

年　　月　　日
氏名 ________
連絡先 ________

図2　研究同意書の例

ID：________

面接実施日：________
場所：________
面接時間：________

年齢：________
職業：________
最終学歴：________

Q1. ビデオ会議ツール（Zoom，Google Meet，Microsoft Teams，CiscoWebex等）を用いて，テレワーク業務を行った感想について聞かせてください。

メモ記入欄

Q2. テレワーク下でビデオ会議ツールを用いたコミュニケーションを行う際のメリットとデメリットは何だと思いますか？（ビデオ会議ツールの種類は問いません）。

メモ記入欄

Q3. 対面でチームでの業務を行っていく際，気をつけていることを教えてください。

メモ記入欄

Q4. テレワーク下でチームでの業務を行っていく際，気をつけていることを教えてください（ビデオ会議ツールの種類は問いません）。

メモ記入欄

図3　面接シートの例

1. 概要と目的

COVID-19 のパンデミックに伴い私たちの生活は一変した。その大きな変化の 1 つにビデオ会議ツールを用いたテレワークの普及が挙げられる。しかし，こうしたコミュニケーションが組織におけるチームワークにどのような影響を及ぼすかは不明な点が多い。そこで，本研究ではテレワーク時代に求められるチームワークを支えるコミュニケーションを明らかにすることを目的とする。

2. 仮説（リサーチクエスチョン）

テレワーク下におけるビデオ会議ツールを用いたコミュニケーションはチームワークにどのような影響を及ぼすか？

3. 方　法

①面接への導入まで

面接を開始する時点で調査参加者は研究参加への同意のうえでその場に足を運んでいることが想定されるが，まずは調査に協力して足を運んでもらえたことに対してあらためて感謝の意を表する。面接の前に丁寧なコミュニケーションを図ることが，調査参加者の緊張感や不安の低減，面接者に対する信頼感（ラポール）の形成につながる。こうした働きかけを通じてよりよい面接環境の構築に努めることは，調査的面接で質の良いデータを得ることに寄与する。

面接導入時点では面接の目的および留意事項（面接内容は録音されること，匿名性が担保されること，答えたくない質問には無理して答える必要のないこと，面接内容の研究外目的使用がないこと，大まかな所要時間等）について，事前に準備した面接調査に関する説明文書（図 1）に基づき口頭で説明を行う。調査参加者が説明を十分に理解できたことを確認したうえで，研究同意書（図 2）に署名をしてもらう。こうして研究同意を得た後に，あらかじめ準備した録音機材を用いて面接内容の収録を開始する。録音開始の際には調査参加者にその旨を一言告げる。

②面接の開始：構造化された質問に基づく情報収集

まずは面接者の自己紹介を行う。その際，今回のテーマ設定に至った経緯について簡単に説明できると望ましい。そして，あらかじめ用意した面接シート（図 3）に沿って必ず確認をしておきたい事項について質問を開始する。今回であれば，既述の例示に沿い，まずは人口統計学的変数（年齢，職業，最終学歴等）について尋ねる。次に，リサーチクエスチョンに沿って事前に用意した質問項目に沿って面接を展開していく。この際，必要に応じて面接シートに補助的にメモを取る。ただし，面接内容については録音を行っているため，メモを一言一句取ることに専心しすぎる必要はない。後ほど確認するために，聞き取りづらかった点に注意を向けておくとよい。また，質問に答える際の調査参加者の非言語コミュニケーション（例：表情，姿勢，声の調子，話すテンポ等）に着目することで豊かな情報が得られる可能性がある。

③面接の展開：より詳細な情報を得るための面接技法

リサーチクエスチョンに沿ってあらかじめ準備した質問を尋ねていくうちに，自ずともう少し詳しく聞いてみたい内容が出てくることが想像できるだろう。その際には，語られた内容に対して詳細を明らかにしていくための問いかけが必要となる。

内容を明確化するための代表的な問いかけの方法の 1 つに「**開かれた質問（オープン・クエスチョン）**」と呼ばれる技法がある。主として「いつ（When)」，「どこで（Where)」，「誰が（Who)」，「何を（What)」，「なぜ（Why)」，「どのように，どのくらい（How)」といった疑問符（英語の頭文字をとって5W1Hとも呼ばれる）を用いて質問をする方法である。こうした問いかけを通じて，調査参加者が実感を伴った形で自分自身の感じていることや経験を具体的かつ詳細に表現しやすくなることへとつながる。

しかし，それでも面接で語られる内容の表現に関しては，調査参加者と面接者との間で同じ言葉を用いていたとしても意味合い的には異なるニュアンスを指していることがしばしば生じる。

> **調査参加者：**「Zoomでの打ち合わせだからといえども，しっかりと丁寧に行う必要がある」と上司からよく言われるんですよね。私も本当にそうだと思います。

ここでは下線部の“しっかりと丁寧に”という語りに着目してみよう。調査参加者がイメージする“しっかり”とはどの程度のニュアンスを指すのであろうか。また，“丁寧に”とはどのような意味なのであろうか。情報量を増やすことなのだろうか，それとも打ち合わせの頻度を増やすということなのだろうか。このように，面接法では語られた文字内容だけではそのニュアンスや意味合いを掴み取りにくいことが生じうる。これでは結果を分析する際に面接者にとって都合のよいようにデータが解釈され，恣意的な結論が下されることにもつながりかねない。そこで，次のように開かれた質問を用いることで，調査参加者が語った内容やその文脈を詳細に知ることが可能となる。

> **面接者：**なるほど，Zoomでの打ち合わせでもしっかりと丁寧に行うことが必要なのですね。今，しっかりと丁寧にということでしたけど，具体的には打ち合わせにおいて何をどのようにしっかりと丁寧に行うのでしょう？
> **調査参加者：**上司の言う通りだなぁと思ったんですが，Zoomで顔を見て話ができることに慣れちゃうと，事前に準備する打ち合わせ時のプレゼン資料が雑になっちゃうんですよね。ですから，テレワークといえども実際に顔を合わせて打ち合わせする時と同じレベルの量の資料の準備が必要だなと痛感してます。

開かれた質問によって，テレワークでの打ち合わせにおいても対面時と同じレベルの量の資料準備が必要だということがこのように明確化される。一方，新たに“顔を合わせて打ち合わせする時と同じレベルの量”という語りがなされた。この時点で面接者は“顔を合わせて打ち合わせする時と同じレベルの量”がどの程度かについては知る由もないはずである。そのため，さらに開かれた質問を用いてより詳細な情報を繰り返し得ていくことが求められる。

調査的面接において面接者が避けるべき事項の1つに，調査参加者から語られた内容について“わかったつもり”になってしまうことが挙げられる。データを実証的に正確に理解するために，曖昧な点については面接中にこのように開かれた質問を活用して詳細を確認することが必要である。具体的には，形容詞や副詞による表現は曖昧なものとなりやすく，調査参加者と面接者との間で齟齬が生じやすい。これらについては開かれた質問を活用して具体化，数値化していく工夫が求められる。数値化しておくことで，その後，統計的な処理を行うことが可能になる場合もある。

ここまで開かれた質問の有用性について記してきたが，一方で**「閉じた質問（クローズド・クエスチョン）」**という問いかけ方も存在する。これは「はい」もしくは「いいえ」で答えられるような質問を指す。限定された特定の事実を確認するうえで有用な方法である。話の広がりや詳細を明らかにするという点からは，開かれた質問が有効のように思えるかもしれない。しかし，必ずしもそうとは言えない。ここで矢継ぎ早に「なぜ？」，「どうして？」と自分が絶え間なく質問される場面を想像してみてほしい。一方的に問い詰められているように感じることはないだろうか。開かれた質問が乱発されると，質問を受ける調査参加者が威圧感や圧倒される感じを覚えてしまうことも生じうる。その結果，本来であれば得ることのできた豊かな情報を得る機会を逸してしまうことにつながってしまうかもしれない。

こうした観点から，開かれた質問と閉じた質問は優劣の観点から論じられるものではなく，両者はどちらも欠かすことのできない面接における問いかけのスキルと考えられる。調査的面接では，場面に応じてこの2つの問いかけを使い分け，あらかじめ予定した面接時間を踏まえながら効率よく，かつ，調査参加者に負担をかけない形で情報収集を進めていくことが望まれる。

④面接の終了

尋ねたいことの聞き取りを終えたら，面接者の方から面接の終了を切り出し，終了の挨拶と併せて録音を終了する。調査に協力してもらったことへの感謝を述べつつ，調査参加者に感想や疑問がある場合にはこのタイミングで話を聞かせてもらう。もし，取り扱って欲しくない面接内容があるようであれば，そのことについても確認を行っておく。この段階での対話から得られる内容は直接的に面接内容に影響することはないかもしれないものの，その後，別の調査参加者に面接を行っていく際の参考になることも少なくない。

4. 面接結果の整理

面接内容の収録に用いた録音機材から，音声データをPCに保存する。データ漏洩防止のために，オフライン環境にあるPCで作業を行う。PC以外にもバックアップ用として外部の保存媒体（外付けSSDやHDD，USBメモリ等）にデータを保存し，これらの媒体の紛失がないように厳重に管理する。

音声データに基づき，面接内容のトランスクリプトを作成する。具体的には，音声データを聞きながら調査参加者と面接者の発言を区別することができるように，会話の内容を文字に起こしていく作業を行う。具体例を示す。

> ※　面接者の発言は（　），調査参加者の発言は〈　〉とする。
> （それでは今日はよろしくお願いします。）
> 〈はい，こちらこそよろしくお願いします（笑）。〉
> （それではまず，いくつか確認させてほしいことがあるので質問させてください。年齢とご職業，最終学歴について教えて頂けないでしょうか。）
> 〈はい。歳は23歳。職業は公務員で，最終学歴は○×大学の経済学部を卒業です。〉

会話内容の逐語のみならず，その際の非言語コミュニケーションの様子（例：沈黙や表情，感情表出等）を付記しておくことにより対話の文脈的な理解が可能となり，その後の適切な分析へとつながる。

5. データ分析

まずは調査参加者の属性を整理することから始まる。今回の例であれば，調査参加者ごとに年齢，職業，最終学歴をまとめた一覧表を作成する。

次に，構造化された質問項目を土台にしながら，トランスクリプトをもとに調査参加者の発言内容を整理する。リサーチクエスチョンに沿って類似した反応や発言内容の関連性などを分析しながら，1つの意味のまとまりをもつカテゴリーを生成していく。研究成果をわかりやすく，かつ，誤解なく伝えるためにカテゴリーにどのような名前をつけるかは重要な作業となる。カテゴリーのネーミングが妥当であることを示すために，代表的な発話例をいくつかピックアップしておくことが望ましい。

複数のカテゴリーが生成されていくなかで，相互の関連性が見出されてくることがある。そのような際はカテゴリー間の関連について図示すると結果の全体像が見えやすくなる。また，同じカテゴリーの中でもさらに細かく分析を行っていくことで，同一カテゴリー内で下位分類を行うことが可能な場合もある。そのような際には，もととなったカテゴリーを大カテゴリー，細かく分類されたそれぞれのカテゴリーを小カテゴリーとして整理していくこととなる。カテゴリー内での相互関係を図示することや大小のカテゴリーを説明する表の作成も結果の整理において有用である。

このようにカテゴリー間およびカテゴリー内の関連を整理しながら，最終的にはリサーチクエスチョンに対する答えや新たな研究仮説を導き出していく。作業の過程が恣意的なものとならないように，その都度，指導教員と相談しながら分析を進めることが望ましい。

ステップアップ！追加分析

面接法ではICレコーダーやスマートフォンの録音機能を用いて対話内容の録音を行うことが一般的だが，調査参加者の協力を得ることが可能な場合は面接場面そのものを録画しておくことも有用である。調査参加者および面接者の双方で通信環境や機材の手配が整うのであれば，本章の研究テーマであるビデオ会議システムに備わっている録画機能を活用することも有効であろう。このことを通じ，面接内容の音声をテキスト化した言語コミュニケーションに基づくトランスクリプトの分析のみならず，面接の際の面接者と調査参加者との間で生じている非言語コミュニケーションに関する行動データを含めたより詳細な分析も可能となる。もちろん，この場合は得られる情報が広範にわたることから，得られたデータの解釈や考察については慎重になる必要があるが，より豊かな知見を見出すことにつながることもあるだろう。リサーチクエスチョンを設定する際に，面接における言語コミュニケーションから得られる情報のみでその問いを明らかにするための情報が十分に得られるのか，非言語コミュニケーションの解釈までも含めた分析が問いに対する答えを得るために必要なのかについての事前の検討が重要である。

レポート執筆に向けたアウトライン

問　題

1. チームワークにおけるコミュニケーションの位置づけ
2. テレワーク下でのコミュニケーションとそのチームワークへの影響
3. テレワーク下でのコミュニケーションツールの違いによるチームワークへの影響
4. 本研究の目的：ビデオ会議ツールを用いたテレワーク下におけるコミュニケーションはチームワークにどのような影響を及ぼすか？

方　法

調査参加者　テレワーク経験のある社会人に面接調査への協力を依頼した。調査の同意が得られた15名（男性9名，女性6名，平均年齢27歳）が研究に参加した。調査参加者の人口統計学的変数について表1に整理した。

調査デザイン　30～40分の半構造化面接を実施した。平均面接時間は1名あたり37分であった。

面接手続き　面接は※※大学XXX学部の面接室で行われた。調査参加者の同意の下，面接内容は録音された。面接では人口統計学的変数として調査参加者の年齢，職業，最終学歴について尋ねた。その後，リサーチクエスチョンに沿って事前に準備した4つの質問を

表1　調査参加者の人口統計学的変数

No.	年齢	職業	最終学歴
1	23	地方公務員	大学卒業（経済学部）
2	22	民間企業（金融関係）	大学卒業（法学部）
14	26	民間企業（IT 関係）	大学院終了（情報学研究科）
15	24	自営業	大学卒業（工学部）

行った。これらへの質問を行うなかで必要に応じて追加の質問を随時行った。

分析手続き　録音データに基づきトランスクリプトを作成した。このトランスクリプトに基づき，リサーチクエスチョンに対応したカテゴリーの作成を行った。分析内容の妥当性を担保するために，分析のプロセスにおいて社会心理学を専門とする教員1名との協議を随時実施した。

結　果

分析の結果，ビデオ会議を用いたテレワークにおけるコミュニケーションの特徴として，「移動によるロスの削減」「同期型コミュニケーションによる安心感」「日常との連続性」という3つの大カテゴリーが抽出された。これらのカテゴリーはそれぞれ複数の小カテゴリーから構成されることも明らかとなった（表2）。また，これらのカテゴリーがお互いに関連しながらテレワークにおけるチームワークを促進することが明らかとなった。テレワークにおけるチームワークを促進するカテゴリー間の関係について図示した（図1）。

考　察

・研究の目的および得られた結果について簡潔に述べる。
・各カテゴリーの意味やカテゴリー間の関係について述べる。先行研究を参考にしながら独りよがりな解釈にならないように留意する。実験や質問紙調査ではなく，調査的面接だからこそ明らかになった点については本研究の強みとして強調する。

表2「移動によるロス」カテゴリーとその小カテゴリーのまとめの例

カテゴリー1：「移動によるロスの削減」
小カテゴリー1：「移動時間の短縮効果」 例 〈やはり移動時間の短縮効果は大きいですね。私は通勤に片道1時間半かかっていたので，1日約3時間，時間の余裕ができることを通じて仕事の質を向上させたり，自己研鑽のための時間を捻出したりできるので，テレワークは助かります。〉 〈営業先との打ち合わせもビデオ会議システムで済ませることができるようになり，効率よくやりとりができるようになりました。〉
小カテゴリー2：「通勤による疲労減少効果」 例 〈テレワークのおかげで満員電車に乗らなくなったので，新型コロナウイルスに感染する機会が減っただけでなく，通勤上の負担も軽減されて心にゆとりができました。そのことが人間関係を好転させているように感じます。今後もこうした多様な働き方を認めてほしいなと思っています。〉
小カテゴリー3：「経済的負担の軽減効果」 例 〈出張管理を行う業務に就いているのですが，私の会社では大幅に今年度は移動に関する費用が軽減されました。元々会社では部分的にテレワークを導入していたのですが，出張費が浮いた分を新たなプロジェクトの立ち上げやテレワークのさらなる促進のための設備投資や人材育成に運用する方向のようです。おかげで会社自体は活気付いてきていますね。〉

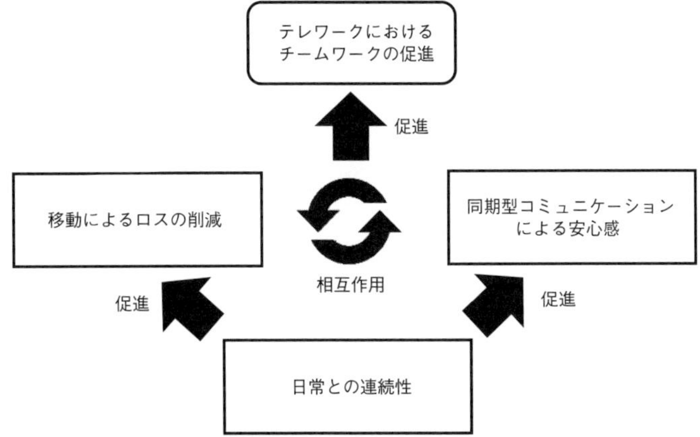

図1　テレワークにおけるチームワークを促進する要因間の関係

・研究の方法論的な限界や今後の課題について言及する。特に今回の場合は統計的検定を行っていないため，結果の一般化に限界があることには必ず触れておく。

引用文献

・本文中で言及した文献をリストにして掲載する。詳細は，第2章5節「5. 引用・引用文献表の書き方」(p. 27) を参照のこと。

まとめ

本章では「テレワーク時代におけるチームワークを支えるコミュニケーション」という比較的新しい話題をテーマにした研究例の紹介を行いました。変化の早い現代社会では，このように未知の現象に遭遇することも少なくありません。十分な先行研究が存在しない場合には，今回のように多様な情報を収集し，仮説探索的な研究を通じて課題を整理することがあります。このような際に調査的面接法は力を発揮します。

しかし，安易に面接法に飛びつくのは危険です。新規的と思われるテーマに関しては，類似した内容が他の専門用語を用いて研究がなされていないかについて先行研究の十分なレビューが必要です。面接法のデータ分析が恣意的になりやすい危険性について触れましたが，関連領域も含めた日々の文献レビューの積み重ねがこのことを防いでくれるのに役立ちます。時折，統計的検定の苦手さを理由に面接法を卒業研究での選択肢に入れる例も見受けられます。ここまでこの章を読んでいただけた方であれば，面接法が決して簡単ではないこともおわかりいただけたことでしょう。研究目的に応じた方法を選択し，そこからどのようなデータが得られ，何をどこまで言えるかについて考え続けることは心理学の醍醐味の1つです。

■ 参考図書

Dickinson, T. L., & McIntyre, R. M.(1997).A conceptual framework for teamwork measurement. In M. T. Brannick, E. Salas, & C. Prince (Eds.),*Team performance assessment and measurement: Theory, methods, and applications*(pp. 19–43). Mahwah, NJ: Lawrence Erlbaum Associates.

三沢 良・佐相 邦英・山口 裕幸 (2009). 看護師チームのチームワーク測定尺度の作成　社会心理学研究,

24 (3), 219-232.
山口 裕幸 (2008). セレクション社会心理学 24　チームワークの心理学：よりよい集団づくりをめざして　サイエンス社

調査的面接法／2
個々人の行動の変化を掴む

前村奈央佳

はじめに

心理学の研究の多くは，できるだけ多くの参加者からデータを集めて分析し，仮説を検証し，得られた結果を一般化することを目的としています。その場合，母集団の一般的な傾向を掴むことがまずは重要で，参加者個人に接したり，個々のデータに着目して議論したりすることはあまりありません。ですが，研究テーマによっては，研究対象となる参加者個々人に疑問を投げかけ，その声を直接じっくり聴くことで新たな発見の糸口が掴めることもあります。本章では，実際に筆者が出会った学生の日常的な疑問を事例に，調査的面接法の実施に至るまでの構想の段階から，レポート作成に至るまでの流れを紹介します。

研究のタネ：（例）留学経験による装い行動の変化

海外留学を終えて帰国した友達に久しぶりに会って，「あれ？　なんか感じ変わった？」と思うことはありませんか。長期の海外滞在で逞しくなり，自分に自信がつき，表情や話し方が変わったのかもしれません。いえ，もっとわかりやすい「見た目」の部分で，洋服の選び方，着こなし方，化粧の方法などが変わった（派手になった！地味になった！など）と感じられることがあります。長期間の海外滞在後にファッションやメイクの方法が変わる人がいたとして，なぜ，そうなるのでしょうか。従来の研究から，この現象をどのように捉えられるかを考えてみます。

まずは，被服・化粧などを含めた「装い行動」の研究としてアプローチすることが考えられます。神山（2014）では，装い行動の社会・心理的機能として，①「自己の確認・強化・変容」機能，②「情報伝達」機能，③「社会的相互作用の促進・抑制」機能が挙げられています。そして①は個人の内面に向かう影響力であり，②③は他者に向かう影響力としています。上の例の場合，海外経験などの大きな環境の変化という〈刺激〉によって，自己の捉え方が変容し，「なりたい自分」「見せたい自分」が変わることが，装い行動の変化として現れると考えることができます。また，装い行動のファッションとしての側面を強調して捉えると，国が違えばそのとき流行している服装や化粧の方法が異なることが多いため，現地での流行に同調すれば渡航前とは違った装いになっていく……と推測できます。また，ある場面に相応しいメイクや服装に現れる社会規範が文化によって違うといった，比較文化研究としてのアプローチもありうるでしょう。

あるいは，このテーマに関して異文化間接触の側面を重視したい場合，異文化間心理学の研究をレビューするところから取りかかる場合もあるでしょう。日本学生支援機構（JASSO）が公表している調査結果によると，2018年には約11万5千人の日本人学生が海外に留学していて，うち約1万5千人は，現地に6か月以上の長期滞在をしています（JASSO，2020）。大学生の海外留学や現地での異文化適応については，現地の語学力，（語学以外の）コミュニケーション力，パーソナリティ，ソーシャル・サポートの有無などの要因が影響すると考えられます。異文化体験による個人の心の変化については，新しい体験の新鮮さで有頂天になる時期から始まり，両文化の違いによるストレスに葛藤する時期が訪れ，現地の習慣に慣れ友人ネットワークが形成され，自己が再統合されるに至るといった，カルチャー・ショックのプロセス（Adler, 1975；近藤, 1981；稲村, 1980 など）として説明されています。装い行動の変化も，現地への適応プロセスの一環と捉えて検討していくことも可能です。

このように，研究のタネ「留学経験による装い行動の変化」は，装い行動の研究や，異文化間接触の研究からアプローチができそうです。ただし，この両者を組み合わせた先行研究（異文化状況における装い行動）そのものを探そうとすると，参考にできる研究例，統計的な資料が激減します。そもそもこの現象は何が原因で結果なのか，仮説を立てることも難しいかもしれません。こういった場合に，研究テーマに該当する参加者個人（＝事例，ケース）に着目し，じっくり面接を行い，集められた少数のケースを詳細に分析し，現象の全体像を掴んで解釈，説明を試みるといった研究の方法（調査的面接法）が選択肢の1つとして考えられます。

調査的面接法を実施する流れ

上のようにテーマが決まったら，実際に面接を行う準備をします。全体の流れは次のようになります。「やってみよう実証研究」の〈2．方法〉で以下(2)～(5)を具体的に説明します。

(1)研究テーマを決める
- a．問題意識の明確化
- b．研究目的の設定

(2)面接の企画・準備をする
- a．面接法の選定（構造化，半構造化，非構造化／個人面接，グループ面接など）
- b．研究対象者（参加者）の選定と募集
- c．質問項目の具体化と面接調査票（記録用紙）の作成
- d．同意書の作成
- e．面接環境（実施場所や録音機器）の確保

(3)面接の実施
- a．予備面接（練習）の実施
- b．面接の実施と記録

(4)データの整理と分析
- a．文字起こし（テープ起こし）
- b．分析
- c．考察

(5)レポート・論文の作成

(準備するもの)

●作成する文書：面接のシナリオ（必要に応じて），面接調査票，同意書

●その他の準備物：録音／録画機器，筆記用具，PC など，面接の記録に用いる機材・物品

やってみよう実証研究

留学経験が女子学生の装い行動に及ぼす影響：日本人留学生への聞き取りを通して

【研究のタイプ】調査的面接（個人面接法／半構造化面接・仮説探索型）
【実習人数】２人（面接者１名・参加者１名）
【独立変数】特に設定しない
【従属変数】特に設定しない
【統計的検定】必要に応じてクロス集計，χ^2 検定，t 検定など

1. 概要と目的

「現代の若者ファッション」「今年流行するファッション」は一般にも注目を集めるが，被服や化粧などの装い行動やその移り変わりは，社会学や人類学など，さまざまな学問領域から議論される。社会心理学的な観点から，集合現象としての装い行動は，他者への一時的な同調行動とも捉えられる。装い行動は当然ながら，暑さ・寒さ，日差しなど，自然環境によって変化する。一方で，装う場面や文脈に焦点を当てると，装い行動は個人の趣向と社会規範との折衷点が表象されているとも考えられ，社会環境への適応行動の１つと捉えることができる。そういった意味で，ファッション，装い行動が時代とともに変化しているのは自明であるが，同時代においても国や文化が変われば装い行動が異なることもまた，明らかである。

では，自然環境・社会環境が何らかのきっかけで突然大きく変化したとき，個人の装い行動はいかなる影響を受けるのか。別の表現をすると，地理的に遠い場所への移動など，個人が大きく環境を変えたとき，その装いはどのように変化するのか。本研究では，個人にとって大きな環境の変化の１つである海外滞在経験が，装い行動にもたらす影響について探索的に検討する。ここでは，被服と化粧行動を併せて検討するため，中・長期の留学を経験した女子大学生に焦点を当てる。

2. 方　　法

①面接の企画と準備

テーマと方向性が決まったら，具体的な質問項目を決め，調査票を作成し，参加者を募集して面接場所を確保するなどの準備を行う。

a. 面接法の選定

面接の方法（構造化／半構造化／非構造化）と，一度に面接を行う人数（個人面接，グループ面接など）を決める。本研究は「なぜその恰好・化粧をするのか」といった個人的な考え・趣味・志向性について尋ねるため，率直で正直な回答を得るためには個人面接が適当だと考えられる。ここでは，半構造化された形式（調べたい内容に関するオープン・クエスチョン（自由に回答できる）な質問項目を設定する方法）にて，個人面接を行うこととする。

b. 研究対象者（参加者）の選定と募集

◆参加者の選定

研究対象を誰にするのかを具体的に決める。〈研究目的に即して妥当〉かつ〈研究者本人が，現実的にアクセス可能な〉参加者を確保する必要がある。本研究の目的は，「海外滞在経験が

装い行動に及ぼす影響を探索的に検討すること」なので，海外留学経験のある女子大学生に協力を求めるのが現実的かつ適当な選択肢の1つである。最近の傾向として，留学は数週間程度のものが増え短期化していると言われるが，装い行動の変化は現地の生活への適応行動の一種とも考えられることから，一定期間以上の海外で生活した人を対象とするのが望ましい（たとえば，短期間の海外旅行で装い行動に大きな変化が生じるとは考えにくい）。また，海外滞在からあまりに時間が経過していると記憶が薄れて回答が難しいと思われる。以上のことから，本研究では，〈過去3年以内に半年以上の留学経験をもつ女子学生〉を対象とすることとした。参加者数は多い方が望ましいが，面接の書き起こしや後の分析に膨大な時間と手間がかかるため，研究者の限られたリソース（研究資金，時間など）と照らし合わせて判断される。

◆参加者の募集

大学生を参加者として募集するのは比較的容易であるが，本研究では上のような特定の経験をもつ人を有意抽出する必要がある。たとえば，大学内の留学を扱う部署に依頼し参加者を募る，多くの学生が留学する学部・コース（国際××学部，コースなど）の授業内で呼びかける，興味のありそうな学生の集まる語学サークル等で募集する，などの方法が考えられる。また，留学経験者同士の友人ネットワークを活用し，1人目の参加者を見つけたら同様の経験をもつ知り合いを次々と紹介してもらうスノーボール・サンプリング法も適している。

c. 質問項目の具体化と面接調査票（記録用紙）の作成

面接では参加者に何を尋ねたいのかをリストアップし，具体的にどのような文言で尋ねるかを決める。ここで尋ねたいことを箇条書きにしてみると，次のようなイメージになる。

＊基本的な項目

年齢（現在と，留学していたときの年齢），滞在先の国地域名，留学した時期，留学期間，留学中の滞在形式（ホームステイ，ルームシェアなど），留学目的

＊主な項目（被服・化粧行動に関する項目）。同様の項目を化粧についても尋ねる

・（留学前）服装を選ぶ際に心がけていたこと
・（留学中）服装を選ぶ際に心がけていたこと
・毎日の着装に使用する時間，1か月あたり使用するお金など
・留学前後の服装の変化の有無，有の場合はどのような変化か，そのきっかけと理由

＊周辺的な項目

参加者の内面，装い行動の変化に影響を与える可能性のある事柄について尋ねる。
たとえば，以下のようなもの。

・留学期間中に印象に残った出来事
・留学中の対人関係
・留学期間を通した幸福感の上下

リストアップができたら，言葉遣いに注意しながら面接調査票（記録用紙）を作成する。調査票は，面接のシナリオを兼ねて丁寧に作っておくとよい。図1に，調査票の表紙の例を挙げた。ここでは，調査のお願いと「基本的な項目」の一部を表紙に組み込んでいる。面接に要する時間は，1人30分～1時間程度と想定した。

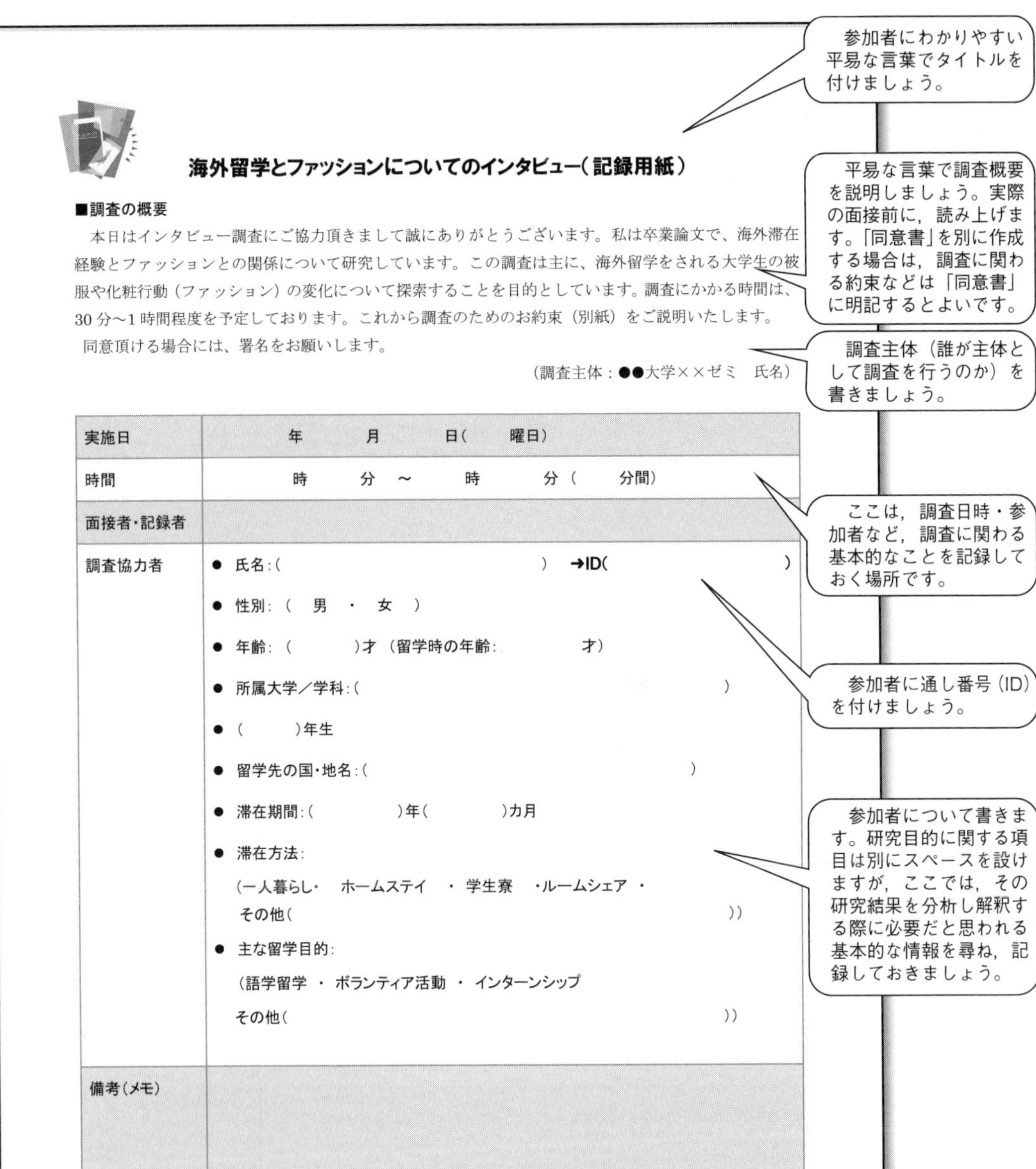

海外留学とファッションについてのインタビュー（記録用紙）

■調査の概要

本日はインタビュー調査にご協力頂きまして誠にありがとうございます。私は卒業論文で、海外滞在経験とファッションとの関係について研究しています。この調査は主に、海外留学をされる大学生の被服や化粧行動（ファッション）の変化について探索することを目的としています。調査にかかる時間は、30 分〜1 時間程度を予定しております。これから調査のためのお約束（別紙）をご説明いたします。

同意頂ける場合には、署名をお願いします。

（調査主体：●●大学××ゼミ　氏名）

実施日	年　月　日（　曜日）
時間	時　分　〜　時　分（　分間）
面接者・記録者	
調査協力者	● 氏名：（　）➜ID（　） ● 性別：（ 男 ・ 女 ） ● 年齢：（　）才（留学時の年齢：　才） ● 所属大学／学科：（　） ● （　）年生 ● 留学先の国・地名：（　） ● 滞在期間：（　）年（　）カ月 ● 滞在方法： （一人暮らし・ ホームステイ ・ 学生寮 ・ルームシェア ・ その他（　）） ● 主な留学目的： （語学留学 ・ ボランティア活動 ・ インターンシップ その他（　））
備考（メモ）	

p.0

図１　面接調査票（記録用紙）表紙の例

d. 同意書の作成

面接は，参加者の負担も大きく，またプライバシーに関することを多く含む個人情報を得るため，事前に丁寧な説明をし，同意書を取得しておく必要がある。面接調査の主旨を説明したうえで，「1. 個人情報の取り扱い方」「2. 回答は任意であること（答えたくないことには答えなくてよいこと，途中で面接を中止してもよいこと)」「3. 結果のフィードバックの方法」などについて説明し，質問があれば丁寧に対応する（図 2 参照)。内容の了解と参加への同意が得られれば，署名をしてもらう。同意書は，研究終了後一定期間が経過するまで大切に保管する。

※謝礼（調査協力の御礼）について

面接は，参加者にとってコスト（長い拘束時間，プライバシーの開示など）のかかる研究法である。この，参加者のコストに対する対価として謝礼を渡すことが多い。研究費があれば，謝礼として現金やプリペイドカードを渡すこともできるが，学生同士の研究で換金性の高いものを扱うのは難しく，また高額なものを渡すのも適切ではない。実用性が高く，「ちょっとあればうれしいもの」を渡すとよい。また，謝礼として「調査結果のフィードバック」も喜ばれる。

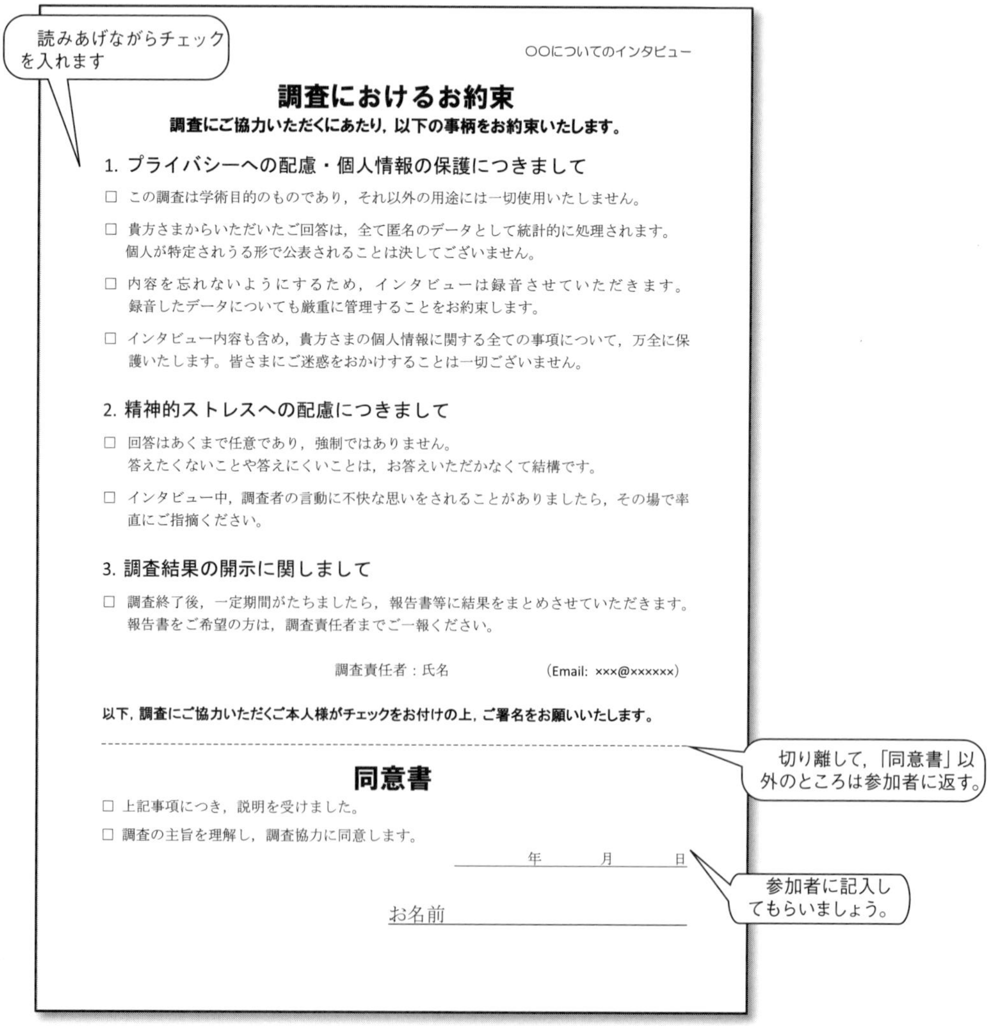

〇〇についてのインタビュー

調査におけるお約束

調査にご協力いただくにあたり，以下の事柄をお約束いたします。

1. プライバシーへの配慮・個人情報の保護につきまして

□ この調査は学術目的のものであり，それ以外の用途には一切使用いたしません。

□ 貴方さまからいただいたご回答は，全て匿名のデータとして統計的に処理されます。個人が特定されうる形で公表されることは決してございません。

□ 内容を忘れないようにするため，インタビューは録音させていただきます。録音したデータについても厳重に管理することをお約束します。

□ インタビュー内容も含め，貴方さまの個人情報に関する全ての事項について，万全に保護いたします。皆さまにご迷惑をおかけすることは一切ございません。

2. 精神的ストレスへの配慮につきまして

□ 回答はあくまで任意であり，強制ではありません。答えたくないことや答えにくいことは，お答えいただかなくて結構です。

□ インタビュー中，調査者の言動に不快な思いをされることがありましたら，その場で率直にご指摘ください。

3. 調査結果の開示に関しまして

□ 調査終了後，一定期間がたちましたら，報告書等に結果をまとめさせていただきます。報告書をご希望の方は，調査責任者までご一報ください。

調査責任者：氏名　　(Email: ×××@××××××)

以下，調査にご協力いただくご本人様がチェックをお付けの上，ご署名をお願いいたします。

同意書

□ 上記事項につき，説明を受けました。

□ 調査の主旨を理解し，調査協力に同意します。

年　月　日

お名前

図 2　同意書の例

e. 面接環境（実施場所や録音機器）の確保

面接は，静かで，他者からの邪魔が入らない環境で実施する方がよい。特に面接内容がプライバシーに関わることを多く含む場合，周りに他者がいると参加者が話すのをためらってしまい，適切にデータを収集することができなくなることがある。また面接場所は，研究者が話しやすい場所ではなく，参加者が話しやすい場所が望ましい。参加者にとって慣れた場所の方が，リラックスして面接に協力してもらうことができるだろう。

実際に面接を始めると，参加者は多くのことを語ってくれる。すべての語りをその場で記録することは不可能であり，また記録作業に没頭しすぎると肝心のコミュニケーションが疎かになってしまう。参加者の話を面接者が傾聴していることを示すことで，参加者は心を開いて語ってくれる。面接者が面接に集中し，かつ記録を確実にするためにも，録音機器（IC レコーダーなど）を使用した方がよい。ただし，録音する際には，その旨を参加者に伝え，これも同意を得たうえで行う必要がある。

②面接の実施

a. 予備面接（練習）の実施

面接を実施する前に，予備面接（練習）を行い，全体の流れについてシミュレートしておく。スムーズに進行させるうえで質問の順序は適切か，答えづらい・わかりづらい質問はないか，どの質問に時間がかかるか（かけたいか）などをチェックする。また，回答者の方から質問が出る場合もある。いろいろなケースを想定し，対応の仕方をできる限りシミュレートしておいた方がよい。

b. 面接の実施と記録

十分な準備と練習ができたら，本調査を行う。ただし実際の本調査では，参加者の回答の流れによって，シミュレートしたものと違ってくる可能性もある。面接の主旨から大きく脱線しないように注意を払いながら，参加者の自由な語りを止めないよう，臨機応変に対応することが必要である。

3. データの整理と分析

①文字起こし

面接では，得られた語りをデータ化するために，文字起こし（テープ起こし）の作業を行う。文字起こしとは，その名のとおり，面接で話されたことを文字にする（テキストデータ）ことであり，最も重要なことは正確に書き起こすことである。また語られたことだけでなく，非言語的な事柄（笑い，ため息など）も文字起こしの中に加えることで，感情的な反応も捉えることができる。具体的な文字起こしの例は，以下のとおりである。なお，話し手が誰であるかがわかってしまうような情報については，匿名化の処理をする必要がある（図 3 参照）。

I（面接者）	：留学前，A さんが服装を選ぶ際に心がけていたことは何でしたか。
A（参加者）	：私，服にはあんまり興味がなくて。今あるものでとりあえずパッと組み合わせたものを着てました。しいて言えば，洗濯しやすいことかな。
I	：洗濯しやすいのも大事ですよね。だいたいどの服を着るか決めるのにどれぐらい時間をかけていましたか。
A	：もう早ければ 30 秒。（笑い）
I	：それは早すぎでしょ。では，月の平均で服代にどれぐらいお金をかけていましたか。
A	：う～ん…（10 秒考える）。服にお金使うのもったいない気がして，ワンシーズンに多くて 1 万円ぐらい。月で言えば 3000 円ぐらいかな。

図 3　文字起こしの例

また最近では，コンピュータの音声認識が向上したことで，録音したものを自分で読み直すことでテキストデータ化することができるようになってきている。従来のように，録音したものを何度も聞き直して，キーボードで打ち込むといった方法の場合，文字起こしは録音時間の4〜5倍かかっていた。これに対し，音声認識ソフトを使用することで大幅に文字起こしの時間を短縮することが可能である。ただし音声認識を使用した場合も，編集作業と確認は必須である。

②分　析

a. データの整理と集計

分析を始める前に，研究目的を再確認したうえで，まずは参加者から得られたすべての情報を整理しておく。入力の方法は，数量的なデータと同様に，Excelシート等を用い，参加者1人のデータを1行に入力する。文字起こしデータから，特に分析に使用する回答（文字データ）を抜き出し，同じ行に入れておくとわかりやすい。なるべく多くのデータを1枚のシートで見渡せるようにするとよい。これらの作業を行うのは，回答全体を見渡すことにより，まずは全体的な傾向を掴むためである。分析の方針を決める参考になる。

たとえば，参加者の属性が表1のようにまとめられたとする。装い（被服・化粧）にかける時間のデータからは，それぞれの平均値（*SD*）が算出され，留学前／留学中の比較も可能である。渡航先，滞在形式，留学目的による影響が見られないか，確認しておく必要もあるだろう。

表1　参加者の基本的属性（例）

ID	年齢（現在）	年齢（留学時）	渡航先	期間（か月）	滞在形式	留学目的	洋服選び時間（分）		化粧時間（分）		
							留学前	留学中	留学前	留学中	
1	21	20	カナダ	9	ホームステイ	語学	10	3	20	5	・・・
2	22	20	米国	10	学生寮	インターン	3	2	5	5	・・・
3	23	22	オーストラリア	10	シェア	ワーホリ	15	10	15	10	・・・
4	22	21	中国	9	学生寮	語学	15	5	20	3	・・・
5	22	21	カナダ	7	ホームステイ	語学	5	5	10	5	・・・
6	21	20	カナダ	9	学生寮	ワーホリ	10	3	10	5	・・・
7	23	21	米国	8	学生寮	語学	5	5	5	3	・・・
8	21	20	イギリス	9	シェア	語学	10	10	20	20	・・・
9	22	21	オーストラリア	8	シェア	ワーホリ	5	3	5	2	・・・
10	23	22	中国	10	学生寮	語学	15	5	20	5	・・・
11	21	20	カナダ	12	シェア	ワーホリ	15	10	15	20	・・・
12	22	21	中国	11	学生寮	語学	10	10	10	5	・・・

b. データ分析

研究目的と得られたデータの整理によって分析の方針が決まったら，質的データの分析に進む。調査的面接で得られたデータの分析方法は，グラウンデッドセオリー法，KJ法，ナラティブ分析などが挙げられるが，ここでは，KJ法（川喜田,1967）の要領でデータを分類・カテゴリー化し，結果を図解化して示す方法を紹介する。能智（2005）によると，KJ法は「ラベル作り」「グループ作り」「図解化」「叙述化」の4ステップで行う。これを参考に，図4〜図6に「カテゴリー化」から「図解化」までの手順とそのイメージを示した。

◆分析例：「留学前・留学中に化粧をする際に心がけている（た）こと」

1）カード（ラベル）を作る

まず，テープ起こしされた参加者の回答から情報を切り分けたり，抜き出したりする作業を行う。抜き出された情報は，カードに転記する。1枚のカードに書かれた内容が長すぎると，後の分類作業が難しくなる。1枚に1つの要素（＝内容，テーマ）になるように，会話を途中で区切ることもある。データを要約してもよいが，研究者の主観によって情報を切り捨ててしまわないよう注意が必要である。カードは，名刺サイズ程度のものに印刷すると，読みやすく，作業しやすい（図4参照）。

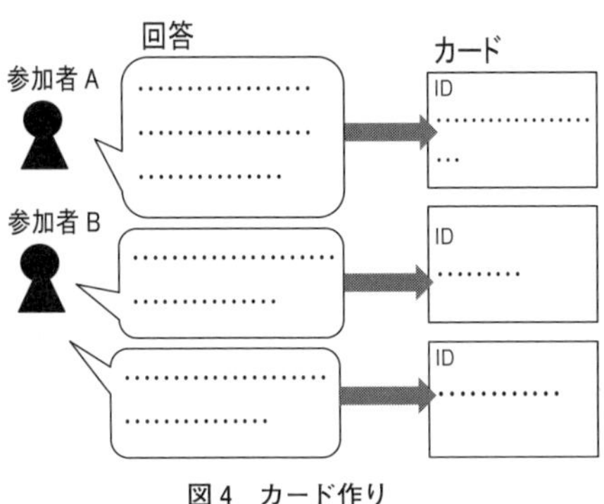

図4　カード作り

2）カード（ラベル）をならべる（図5参照）

作成されたカードを集めて，1つ1つの内容が読めるよう，大きい机の上など，広い場所にならべる。

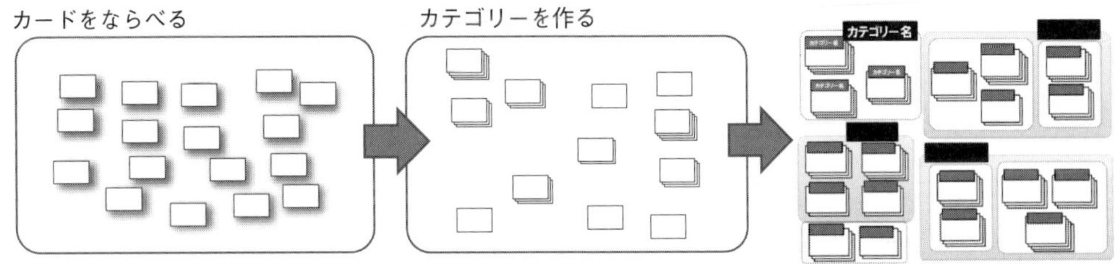

図5「カードをならべる」から「カテゴリーの配置」への作業の流れ

3）カテゴリーを作る

カードを1枚ずつよく読みながら，同じような内容は重ねて置き，カード（ラベル）を束にしたカテゴリー（グループ）を作っていく。このとき，異なるカテゴリーでも，似ているものはできるだけ近くに配置する。

4）カテゴリーに名前（カテゴリー名）を付ける／さらに，カテゴリーを作る

カテゴリーができ上がってきたら，そのカテゴリーの内容を端的に表した名前を付ける。また，小カテゴリーを複数集めた中カテゴリー，中カテゴリーを複数集めた大カテゴリー……といったように，階層的になっている場合はそれぞれ中カテゴリー，大カテゴリーにも名前を付けていく。

5）カテゴリー間の関係性を考える

カテゴリーができ上がり，それぞれの位置がある程度決まってきたら，カテゴリー間の関連

性（因果関係や相関関係がないかなど）を検討する。次の図解化の準備として，二次元の図を想定し，タテ軸とヨコ軸（図で言うと，上下と左右）の意味合いを考えながら配置していくとよい。たとえば，時間軸が想定できる場合や，（内容が）ポジティブかネガティブか，強弱などの軸が背景に見えてくることがある。軸を引くことが難しい，あるいは適切でないテーマもあるので一概には言えないが，軸があることで，理解しやすく説得力のある図となる。

2）～5）の作業は，面接者以外の第三者（ここでは「判定者」と呼ぶ）に依頼するのが一般的である。その際，分類作業は判定者が個別に行い，複数の判定者のカテゴリー一致率を算出しながら適切な図を模索する方法もあるが，分類作業やカテゴリーの配置自体を3～4名の判定者で協議しながら進め，図解化する方法もある。授業内での実習や，卒業論文のための研究であれば後者の方法が採用されやすい。

6）図にまとめる

5）でできあがったカテゴリーの配置をもとに，図を作成する。ここでは，「化粧をする際に心がけていたことは何ですか？」の質問に対する参加者の回答をもとに，留学前（日本）から留学中（渡航先）にかけての化粧行動について図解化した例を紹介する。左右の方向に時間軸を想定し，上下の軸は回答に現れる感情（ポジティブからネガティブへの流れ）とした（図6参照）。

最近はここまでの作業をPC画面上で行えるツール（Web上でホワイトボードを共有できるもの：Google Jamboard〈https://jamboard.google.com/〉など）もある。これらを使えば，カードを印刷する手間などが省略できるメリットもありそうだ。

また，上ではKJ法の要領で回答を図解化する方法を紹介したが，この方法は〈参加者個人〉ではなく，回答全体の傾向を掴むことや，回答に表れた概念間の関連性を検討する場合に適している。ときには，KJ法の結果に加えて，〈参加者個人〉に着目したい場合や，出てきた事例の一部について背景も含めて詳しく説明したい場合も出てくる。そのときは，レポート（論文）の結果の一部に，参加者の生の声（素データ）から典型的なエピソードを抜き出し，議論する箇所を作るのも効果的だろう。

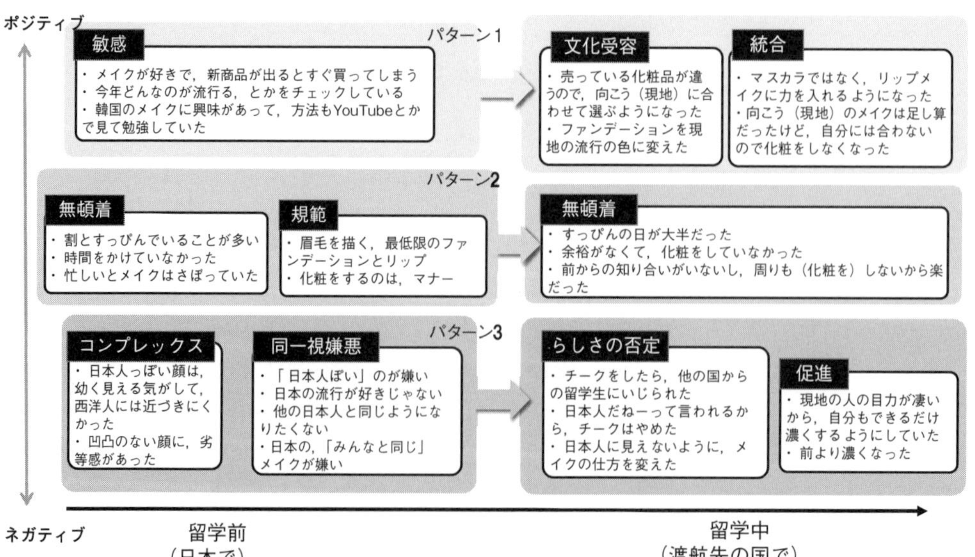

図6　留学前・留学中における化粧に対する心がけの変化のパターン

レポート執筆に向けたアウトライン

問　題

1. 研究の着想・現象の記述
2. 装い行動に関する研究のレビューと，異文化間接触に関する研究のレビュー（2つの異なる研究視点のレビュー）
3. 2つの視点を踏まえた研究の目的・テーマの展開

方　法

参加者　海外への留学経験のある大学生12名であった。なお本研究では，被服だけでなく化粧行動も研究のテーマとするため，調査対象者はすべて女性であった。調査対象者の平均年齢は21.9歳（SD＝0.79）であった。

調査手続き　半構造化面接法を実施した。面接は個人で実施し，1人あたりの面接時間は30〜60分であった。面接に先立ち，研究の主旨と研究倫理に関して説明し，同意の得られた調査対象者に対してのみ，面接を実施した。面接終了後，感謝の意を伝えて謝礼（大学のオリジナルグッズ（文具））を手渡した。

面接項目　留学に関する項目：留学期間，留学先，留学目的，滞在形式
被服に関する項目：服装を選ぶ際に心がけていたこと，毎日の服装にかけていた時間（それぞれ留学前・中について尋ねた）
化粧に関する項目：化粧をする際に心がけていたこと，毎日の化粧にかけていた時間（それぞれ留学前・中について尋ねた）
留学前後での変化：服装，化粧について留学前後でどのような変化があったか，変化があった場合，そのきっかけと理由

結　果

・参加者の属性

参加者の留学先としては，カナダが4名，米国が2名，オーストラリアが2名，中国が2名であった。滞在期間の平均は9.33か月であり，留学目的としては語学研修が7名と最も多く，他はワーキングホリデーが4名，インターンシップが1名であった。

・装い行動にかける時間の比較

留学前と留学中で，被服や化粧にかける時間がどれほど変わったかを比較するために，対応のあるt検定を行った。分析の結果，被服と化粧のいずれにおいても有意差が認められ（被服：$t(11)=3.46$，$p<.01$，化粧：$t(11)=2.86$，$p<.05$），留学前より留学中の方が被服（前：9.83分，中：5.92分）や化粧（前：12.92分，中：7.33分）にかける時間が短くなっていた。

・化粧行動の要素と留学前・中での変化：KJ法による分析（ここでは化粧行動の結果のみ例示）

化粧について，「心がけていたこと」で得られたコメントに対してKJ法による分析を行った。得られたコメント総数（カード）は31件であり，大きく3つのパターンに分類された。パターン1は普段から化粧に敏感なグループで，渡航先の流行に合わせた行動の変化が見られるため，「適応群」とした。パターン2は，そもそも化粧にあまり興味がな

いグループで，日本でも渡航先でも変わらずノーメイクという「無関心群」とした。パターン3は，自身のコンプレックスを隠し補うための化粧を強調していること，日本人的な外見への否定的態度が見られることから「自文化の否定群」とした。

【カテゴリー内訳】

パターン1：適応群（12件）

敏感—5件　(ex.　普段から化粧，化粧品が好き)
文化受容—4件　(ex.　現地に合わせるように化粧を変化させた)
統合—3件　(ex.　現地の化粧方法のうち，自分に合うものを取り入れた)

パターン2：無関心群（8件）

無頓着（留学前）−3件　(ex.　普段から化粧をあまりしない)
規範−2件　(ex.　化粧をするのは，マナーとして)
無頓着（留学中）−3件　(ex.　さらに，化粧をしなくなった)

パターン3：自文化の否定群（11件）

コンプレックス−2件　(ex.　日本人らしい顔が嫌だった)
同一視への嫌悪−4件　(ex.　いかにも日本人に見えるメイクはしたくない)
（日本人）らしさの否定−3件　(ex.　日本人に見えないようにメイクの仕方を変えた)
促進−2件　(ex.　現地の人の（彫の深い）顔に負けないよう化粧を濃くした)

（図解化した結果は，図6参照）

考　察

・研究目的を再度，簡潔に述べる。
・質的な分析法で得られた結果について，参加者の具体的な語りや経験と照らし合わせながら，深く洞察する。
・萌芽的な研究（まだ十分な研究成果が得られていない新しい研究）の場合，研究の独自性や取り組む意義を示すとともに，既存の理論や概念とどう整合できるか，その可能性を述べる。
・研究の問題点や限界点，改善点について述べる。

引用文献

・本文中で言及した文献をリストにして掲載する。詳細は，第2章5節「5. 引用・引用文献表の書き方」(p. 27) を参照のこと。

ま と め

本章では，身近な疑問から研究へと展開させていく流れ，その具体的な研究法として面接法と質的データの分析手段であるKJ法について紹介しました。研究は，本の中の世界だけではなく，現実世界の理解に役立つことが重要です。このことは，本の世界や既存の理論を否定するものではありません。日常的な現実を理論的に説明できてこそ，実践的にも意味のある研究となります。身近なことに興味や疑問を感じられる感覚（Sense of Wonder）を磨き，それを理論と結びつけていく思考力を高めていってください。研究の難しくも，楽しい世界を経験できるはずです。

ただし，どの研究法にも言えることですが，面接法は特に参加者に深く関わり，多くの個人情報を扱います。参加者の人権やプライバシーを保護できるよう，ラポール（信頼関係）をしっかり形成し，研究倫理を遵守しながら進めましょう。

補記：

本章で紹介した研究は，筆者のゼミに所属していた岩﨑真穂氏の卒業論文「留学経験が被服・化粧行動に及ぼす影響：日本人留学者へのインタビューを通じて」（神戸市外国語大学：2018 年 1 月提出）のテーマを使って，本テキスト用にデフォルメし構成し直したものです。わかりやすくするため，架空の内容が含まれています。

■ 引用文献

Adler, P. S. (1975). The transitional experience : An alternative view of culture shock. *Journal of Humanistic Psychology, 15*(4), 13–23.

独立行政法人　日本学生支援機構（JASSO）(2020). 2018（平成 30）年度日本人学生留学状況調査結果〈https : //www.studyinjapan.go.jp/ja/_mt/2020/08/date 2018 n.pdf〉(2020 年 10 月 16 日閲覧)

稲村　博（1980). 日本人の海外不適応（NHK ブックス 377）　日本放送協会

川喜田　二郎（1967). 発想法：創造性開発のために　中央公論新社

近藤　裕（1981). カルチュア・ショックの心理　創元社

神山　進（2014). 装い行動の心理を探る　大坊　郁夫・竹村　和久（編）　社会心理学研究の新展開：社会に生きる人々の心理と行動（高木　修（監修）シリーズ 21 世紀の社会心理学別巻）(pp. 54–70)　北大路書房

能智　正博（2005). 質的データの分析方法　伊藤　哲司・能智　正博・田中　共子（編）　動きながら識る，関わりながら考える：心理学における質的研究の実践（pp. 119–140)　ナカニシヤ出版

フィールド研究／1 店舗での商品購入時の意思決定プロセス

石盛真徳

はじめに

私たちは日々，消費者としてさまざまな商品を購入し，また多様なサービスを利用して生活しています。そして，私たちがそれらの商品購入やサービス利用を決断する際，いろいろな情報をもとに判断し，最終的な決定を行っています。そのような意思決定には，たとえば，現在の自分の状態，自分がその商品購入やサービス利用によって解決したい問題，どのような商品やサービスの選択肢があるのか，あるいは商品やサービスに関してすでにもっている知識といったさまざまな種類の情報が利用されます。消費者の商品購入時の意思決定プロセスを明らかにするためには，実際の商品購入場面でのフィールド研究が必要となります。そこで，この章では，実際の店舗という身近なフィールドで，消費者としての個人が商品購入時にリアルタイムに何を考えているのかについてのデータを発話プロトコル法という方法で集め，分析することによって，商品購入時の意思決定プロセスについて検討します。

消費者の意思決定プロセス

消費者の意思決定過程は，時間的な流れに沿って，図 8(1)-1 のような 5 段階でモデル化されています（杉本, 2012）。杉本（2012）によると，1 段階目の欲求（問題）認識で，消費者は自己の欲求や問題を認識し，購買に動機づけられます。問題解決の必要性を認識したあと，消費者は 2 段階目の情報探索で，望ましい選択肢に至るための意思決定に必要な情報の探索を行います。続く第 3 段階の選択肢評価では，情報探索によって得られた情報から，問題解決にはどのような選択肢があり，どれを選択するのがベストかといった解を見つけるために，ブランドなどの選択肢に対する評価を行います。そして，4 段階目の購買で，消費者は選択肢評価の結果に基づいて，どの選択肢を購買するかを決定することになります。最後の 5 段階目の購買後評価では，消費者は商品を使用経験に基づいて，意思決定の結果が適切であったかどうかを評価します。

購買へと至る意思決定の第 1 段階である欲求（問題）認識といっても，その認識の複雑性の程度は，消費者が置かれた状況によって異なります。竹村（1997）は，ハワード（Howard, 1989）の枠組みに従い，消費者の問題認識とその解決方法のプロセスを，その購買状況の複雑性から次の 3 つに分類できると説明しています。その 3 つの問題解決プロセスとは，ルーチン的問題解決プロセス，限定的問題解決プロセス，そして広範的問題解決プロセスです。ルーチン的問題解決プロセスが最も単純な問題解決のアプローチで，限定的問題解決プロセスは中程度に複雑な問題解決アプローチ，広範的問題解決プロセスが最も複雑な問題解決アプローチとなります。1 つめのルーチン的問題解決プロセスとは，たとえば「朝食時にいつも飲む牛乳がきれてしまった」場合に，家庭内の在庫がきれたという極めて単純な形で問題が認識され，

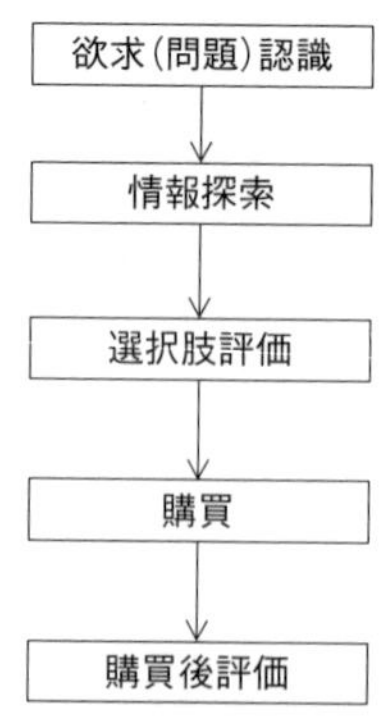

図8(1)-1　消費者の意思決定過程（杉本, 2012）

「いつものブランドの牛乳を購入する」という反復的な購買行動によって解決されるタイプのものです。そこでは消費者にとって関与があまり高くない場合，想起される選択肢が1つだけの定型的な購買意思決定がなされることが多く，購買問題は極めて単純な仕方で認識されます（竹村, 1997）。2つめの限定的問題解決プロセスは，種々の選択肢（多くの場合，ブランド）についての情報について消費者が熟知していて，しかも消費者に想起される選択肢が複数あるような問題認識での解決方法になります。このケースの問題認識プロセスは，やや複雑な問題認識で，問題解決には，複数の選択肢について，味や価格などの複数の属性に関する検討が必要とされます（竹村, 1997）。たとえば，チョコレートが食べたくなってスーパーマーケットの菓子売り場に買いに行くという状況を考えてみましょう。当初は，お気に入りのN社のKというブランドのチョコレートの購入を考えていました。けれども，売り場ではちょうどその時，M社のSというブランドのチョコレートが特売されていて，それを見るとその価格に魅力を感じ，また以前にそれを食べたときに満足したことも想起され，最終的にM社のSを購入したというような場合です。このようなケースは，限定的問題解決プロセスに該当します。そして，3つめの広範的問題解決プロセスのケースは，限定的問題解決プロセスのケースのように製品の属性についての学習がそれまでになされていません。したがって，どのような属性で選択肢を比較するかについての概念形成を始めに行う必要があり，それが行われてから，ようやく複数の選択肢の比較検討をすることになります。このような問題解決には，属性についての学習や概念形成や複数の選択肢について，複数の属性に関する検討が必要とされるため，問題認識は非常に複雑となります（竹村, 1997）。たとえば，大学入学に当たってパソコンの購入を検討するために，家電量販店を訪れたがCPUだとかSSDだとかわからない言葉だらけで，どのような基準で比較して考えればよいのかわからない場合が当てはまります。そこで，インターネットで検索したり，店員に教えてもらったりして，ようやくどのような属性を比較検討すべきなのかがわかり，それから複数のメーカーのいくつかの機種を検討し，実際にパソコンを購入するということになります。

 発話プロトコル法

発話プロトコル法は，エリクソンとサイモン（Ericsson & Simon, 1984）によって提案された意思決定過程についての分析技法です。その方法の特徴は，意思決定を行っている途中の意思決定者本人に，今何を考えているのか，その内容についてリアルタイムに話してもらい，その発話を手がかりとしてその個人の意思決定過程を分析する点にあります。どのように意思決定者の発話プロトコルが生み出されるかについては，図8(1)-2のような情報処理モデルで

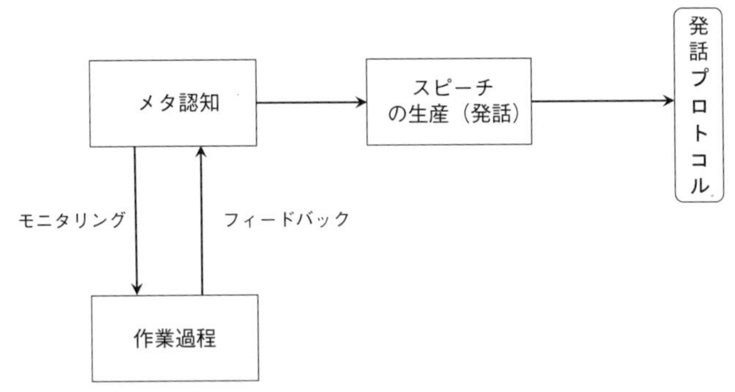

図8(1)-2　情報処理モデルに基づくプロトコルの生産（田中, 1993を一部改変）

説明されます。情報処理モデルでは，まず意思決定者はメタ認知（現在進行中の自分の思考や行動そのものを対象化して認識する能力）を用いて，自分の行っている作業過程についてモニタリングすると同時に，作業過程についてのフィードバック情報を受けとめている状況にあることが説明されています。そして発話プロトコル法では，そのような状況で意思決定者のメタ認知として認識している内容を「スピーチの生産（発話）」として出力するという作業を追加で行い，その結果，分析可能な発話プロトコルのデータが得られるわけです。もちろん，私たちは普段の意思決定でそのようなメタ認知の内容に関する「スピーチの生産」を常に行っているわけではありませんので，スムーズに発話を行うには一定のトレーニングが必要です。ただし，原田（1993）が指摘するように，たとえば，父親が子どもを前にオムレツを作っているという状況を考えると，「ほらフライパンが温まってきたぞ，じゃ油を入れてっと，おっと少し多かったかな，余分なのはふきとって，で，よおし，焼くぞぉ……」などとメタ認知の内容について子どもに聞かせるために「スピーチの生産（発話）」をしながら料理という作業を進めるなどといったことは実際にあるでしょう。したがって，多少のトレーニングによって，作業過程そのものをあまり妨害することなく，メタ認知の内容を発話することは可能なのです。

発話プロトコル法のメリットは，何といってもリアルタイムにメタ認知の内容が発話されるので，当人の記憶に依存せずに把握できることにあります。後から意思決定場面を振り返って，そのときに，あなたは何を考えていましたかと尋ねられても，詳細には思い出せなかったり，そのときの実際の考えとは違うことを思い出してしまうということが起こりえます。しかし，現在進行中の思考についての発話プロトコルでは，その問題は小さくなるのです。もちろん，発話プロトコル法についても，発話すること自体がその人の意思決定過程に影響を与える可能性がある（Shannon, 1984）こと，あるいは思考が高速の場合は情報処理の一部しか報告されないこと（古庄ら, 2003）といった問題点が指摘されています。これらの問題点を完全に解決することはできませんが，たとえば意思決定場面をビデオ撮影した映像の分析と合わせて，データを補完する等の方法（古庄ら, 2003）も工夫され，問題の軽減が図られています。この章で，具体例の1つとして取り上げる食品購買時の消費者の情報処理プロセスについては，新山ら（2007）が子どもをもつ主婦を対象に発話プロトコルデータを収集し検討しています。新山ら（2007）の研究では，3つの問題解決プロセス（ルーチン的問題解決プロセス，限定的問題解決プロセス，広範的問題解決プロセス）が，具体的にどのような決定方略（感情依拠型など）と対応しているのかが詳細に検討されていますので，必要に応じてそちらも参照してください。

やってみよう実証研究

発話プロトコル法による商品購入時の意思決定プロセスの検討

【研究のタイプ】フィールド研究（発話プロトコル法・仮説探索型）
【実習人数】1名以上（3名程度で発話プロトコルデータやその他の調査結果を共有して分析することが望ましい）
【機材】スマートフォン（発話プロトコルの録音用）
【独立変数】購入商品の種類（3つ程度の種類の異なる商品購入場面とする）
【従属変数】売り場での発話プロトコル
【分析】発話プロトコルの質的分析

1. 概要と目的

私たちは消費者として，日常的に商品の購入やサービスの利用に際して，さまざまな意思決定を行っている。本研究では，そのような日常的な商品購入場面での意思決定プロセスを明らかにするために，杉本（2012）の消費者の5段階モデル（①問題認識→②情報探索→③選択肢評価→④購買→⑤購買後評価）に基づき，商品購入時の意思決定プロセスについて，発話プロトコル法を用いて検討する。なお，プロトコルデータの分析には，消費者の問題認識の複雑性に応じて取られる解決方法が決定されるというハワード（Howard, 1989）の枠組み（ルーチン的問題解決，限定的問題解決，広範的問題解決）を利用する。

2. 分析の枠組み

本研究では，商品購入場面での意思決定プロセスを探索的に検討するため，明確な仮説は設定しない。しかし，ハワード（Howard, 1989）の枠組みによれば，日常的に購入している商品や問題認識が明確化されているケースについては，ルーチン的問題解決が行われる傾向にあるなど，消費者の問題認識の複雑性に応じた意思決定プロセスが行われていると考えられる。したがって，分析では，意思決定の流れの中で，問題認識と問題解決方法との間にどのような対応関係があるのかを中心に検討する。

3. 調査方法

調査者自らが，調査参加者となり，発話プロトコルデータを収集する。

プロトコルデータの収集：それぞれの商品の売り場に到着してから，購入する商品を決定するまでに意識に浮かんだことすべてを口に出して，スマートフォンで録音する。実際の売り場では，環境音が存在しているので，スマートフォンを口に近づけて発話する。

発話プロトコルデータの記述：スマートフォンで録音された内容を文字起こしし，分析対象となる発話プロトコルデータを作成する（例としては，表1を参照）。授業内で作業する場合にはイヤホン等を利用する。

4. データの分析

各商品の購入の発話プロトコルを消費者の5段階モデル（①問題認識→②情報探索→③選択肢評価→④購買→⑤購買後評価）を使って整理しつつ，それぞれの意思決定プロセスについて分析する。そのうえで，それらの意思決定プロセスの共通点についても検討を行う。ここでは，表1に示した3つの商品購入の発話プロトコルデータの分析例を示す。なお分析結果は，

表1　20代女性の3つの商品購入時のプロトコルデータの記述例

昼ごはんの購入 データ収集日時：20XX年6月XX日　15：01〜15：02 場所：自宅近くのコンビニエンスストアのインスタントラーメン売り場 購入商品の決定までの所要時間：1分13秒 〈発話プロトコル〉 ちょっと遅いけど昼ごはん食べよ。もー，パパッと食べたいし，インスタントラーメンにしよ。…いつも食べてる「どん兵衛」か…。食べたことないのにするか迷うな。あ，なんかめっちゃでかくて，安いのあるやん。うわ，迷う。いやでもな，食べ過ぎはあかんし，安くすませたいし，やっぱ「どん兵衛」やな。
アイスクリームの購入 データ収集日時：20XX年6月XX日　14：20〜14：21 場所：自宅近くのスーパーマーケットのアイスクリーム売り場 購入商品の決定までの所要時間：55秒 〈発話プロトコル〉 どーしよう。あっ，「ピノ」の抹茶や。でも昨日も抹茶食べてんなー。でもまだ星当たったことないねんな。やめたやつが星入ってたらショックすぎる…。これにしよっかな…。暑いしな。どうしようかなあ…。「ガリガリ君」いいな，でも食べるん遅いし，すぐ溶けるしな…。いや，でもそもそも食べたら太る…。でも今日だけやったらいいかな…。よし，やっぱ溶けても大丈夫な「クーリッシュ」にしよ。
飲料の購入 データ収集日時　20XX年6月XX日　14：24〜14：25 場所：自宅近くのスーパーの飲料品売り場 意思決定までの所要時間：1分13秒 〈発話プロトコル〉 運動してきた後やし暑いし，炭酸飲みたいな。でもなー，最近めっちゃ太ったしな…。どうしよお。炭酸飲んだら晩ご飯食べれなさそうやし…。どうしよかなー。あ，水にしよっかな。「桃の天然水」にしよう，かな…。「いろはす」のみかんもなー，飲んだことないしありやな…。どうしよ。あっ，水の炭酸水ありやな。でも炭酸やん…。でも水やな。ほな，「桃水」にしよう。

発話プロトコルを適宜引用しながらまとめるとよい。

表1の発話プロトコルデータの分析例

表1に示された「昼ごはんの購入」の発話プロトコルデータの場合，①問題認識の段階では「遅い昼ご飯の購入」という問題から「パパッと食べたいし，インスタントラーメンにしよ」という選択肢の絞り込みを行っている。次の②情報探索の段階では，売り場に並ぶ商品を眺めながら，ルーチン的問題解決プロセスで「いつも食べてる『どん兵衛』」を購入するか，「食べたことないの」にするのかを考えていると，「めっちゃでかくて，安いのあるやん」と新たな商品を見つけ，「うわ，迷う」という状態となった。次の③選択肢評価の段階で，「いや，でもな，食べ過ぎはあかんし」と見つけた商品の「めっちゃでかくて」というサイズの大きさに対して，否定的な評価を与えた。そして，「安くすませたいし，やっぱ『どん兵衛』やな」と④購買を決定した。最終的な結果としては，いつも食べている「どん兵衛」を購入するというルーチン的問題解決となったが，これまで食べたことのない商品の購入も選択肢として検討されており，問題解決プロセスとしては，限定的問題解決が行われたと言える。遅くなった昼食を手早くすませたいという明確な動機づけから意思決定が開始されたため，より限定的な選択肢の検討につながったと考えられる。

「アイスクリームの購入」の発話プロトコルでは，暑いという①問題認識から，アイスクリーム購入が動機づけられ，②情報探索の結果，「ピノ」「ガリガリ君」「クーリッシュ」という3つの選択肢が検討対象となった。そして，③選択肢評価の段階で評価が行われているが，

「ピノ」は，アイスクリームの形が星になっている「当たり」の可能性が考えられるが，昨日その商品を食べたという経験からそれほど高く評価されなかった。「ガリガリ君」はかき氷タイプの商品であり，暑さを和らげるという意味では高評価であったが，溶けたら食べにくいことから，総合的な評価としては低くなった。最終的に購買が決定された「クーリッシュ」については，発話プロトコルデータ上は，それほど選択肢として詳しくは検討されず，「溶けても大丈夫」という理由から選ばれた。ここで検討の俎上に上った3種類のアイスクリームは，調査参加者にとってはもともと評価の高いものであり，事前の評価にそれほど違いはなかったと考えられる。その中で，「溶けても大丈夫」という評価基準が優先された結果，「クーリッシュ」が選ばれたのであろう。「クーリッシュ」の購入までにそれほど迷わなかったというのは，意思決定までの所要時間が55秒と短かったことからも推測される。以上のように，アイスクリーム購入では，消費者が熟知している複数の商品から購入商品を決定しており，典型的な限定的問題解決が行われたと言える。

「飲料の購入」の意思決定プロセスは，①問題認識としては，運動後にさわやかな味の飲み物を摂取して，のどの渇きをいやしたいという動機づけから開始した。②情報探索の結果，さわやかな味の飲み物の候補として，まず炭酸飲料が挙げられたが，炭酸飲料はカロリーが高い，「晩ご飯食べれなさそう」という理由で回避された。そして迷っているときに，「桃の天然水」という選択肢が新たな検討対象となった。また続いて，売り場で目に付いた「いろはすのみかん」も検討対象とされた。その他に第三の選択肢として炭酸水も挙げられたが，やはり炭酸飲料だとして回避された。そして，③選択肢評価の結果，健康的なイメージのある水ということが決め手となり，「桃の天然水」の④購買が決定された。「飲料の購入」の意思決定プロセスにおいても，ある程度は商品特性を知っている複数の選択肢が検討されており，限定的問題解決が行われたと言える。

この調査参加者の3つの商品購入の意思決定プロセスは，昼ごはんの購入，アイスクリームの購入，飲料の購入のいずれのケースにおいても，「遅い昼ご飯を手早く済ませたい」「暑さを和らげるためにアイスクリームを食べたい」「のどの渇きをいやしたい」といった明確な動機づけから出発しており，問題認識としては比較的単純であったと言える。したがって，広範的問題解決プロセスのような，複雑な問題解決のアプローチは取られなかった。ただし，いつものものを購入するルーチン的問題解決プロセスとなるまでは単純ではなく，意思決定までの所要時間はいずれも1分程度と短いながらも，複数の選択肢から検討して購入商品が決定されていた。その他には，すべて1分程度の短い発話プロトコルデータにもかかわらず，昼ごはんの購入で「食べ過ぎはあかん」，アイスクリームの購入で「食べたら太る」，飲料の購入で「最近めっちゃ太った」と発話されているように，太ることに関する言及が行われている点が特徴的であった。最近体重が増えたことを気にかけており，いずれの飲食物の購入においても「太らないこと」が重要な判断基準として用いられていた。

なお，発話プロトコルデータ（表1）だけでなく，表2のように調査参加者の属性や各商品の買い物の頻度や購入商品等に関するデータを一覧表としてまとめて報告すると購入の過程が明らかになる。

表 2　調査参加者の属性と購入商品に関するデータ

調査参加者	野菜の購入	洗濯用洗剤の購入	昼ごはんの購入
調査参加者 A 20 代・男性	データ収集日時と購入決定までの時間：20 XX 年 10 月 XX 日 18：35〜3 分 25 秒 購入場所と利用頻度：近所のスーパーマーケット，たまに利用する。 購入した野菜と価格：ほうれん草，1 束 180 円 購入理由：みそ汁の具として利用する目的で購入。 購入頻度：普段から料理はするわけではないので，野菜は自分ではほとんど購入しない。今回は何か野菜がいるかと母親に尋ねたところ，「ほうれん草を買ってきて」と依頼されたため購入した。	データ収集日時と購入決定までの時間：20 XX 年 10 月 XX 日 15：20〜37 秒 購入場所と利用頻度：近所のドラッグストア，よく利用する。 購入した洗濯用洗剤と価格：アリエールイオンパワージェルサイエンスプラス　詰め替え用超特大サイズ 1.35 kg，498 円 購入理由：普段から家で使用している洗濯用洗剤なので購入した。 購入頻度：頼まれたときに買いに行く程度 その他：家にすでに容器はあるので，詰め替え用を購入した。	データ収集日時と購入決定までの時間：20 XX 年 10 月 XX 日 12：51〜1 分 10 秒 購入場所と利用頻度：大学内のコンビニエンスストア，大学に来たときはほぼ毎回利用する。 購入した昼ごはんと価格：ざるそばと鮭おにぎり。2 つ合わせて 570 円 購入理由：手早く食べられるから。 購入頻度：普段からコンビニで麺類とおにぎりのセットをお昼ご飯として購入することが多い。

ステップアップ！追加分析

自分自身の発話プロトコルデータと同じカテゴリーの商品を購入した調査参加者のデータを合わせて検討することで，調査参加者の属性や購入頻度がどのように商品購入時の意思決定プロセスに影響しているのかを，より深く検討することができる。たとえば，表 1 の発話プロトコルデータの分析の結果，調査参加者の意思決定においては「太らないこと」が重要な判断基準となっていたが，他の調査参加者ではどうかを，比較することは重要である。たとえば，別の 20 代女性のコンビニエンスストアでの飲料購入時の発話プロトコル（40 秒）として次のようなデータが得られたとする。

「やばい，めっちゃ喉乾いた。うわー，何飲もう。普通に水飲みたいけど，このメロン味の炭酸も気になる。でも甘いやつってまた喉乾くしなあ。逆にアイスティーにしよっかな。あ，野菜ジュースいつもよりも安くなってる。最近野菜足りてないし，野菜ジュースでいいや」。

この発話プロトコルからは，「健康的であること」が飲食物購入の際の判断基準として用いられていることがわかる。このような同じカテゴリーの商品購入の判断基準を合わせて検討することで，同年代の女性が飲食物の判断基準として何を重要視しているのかを検討することが可能となる。

また，表 2 の調査参加者 A は「普段から料理はするわけではないので，野菜は自分ではほとんど購入しない」ことから，このとき，野菜としては，母親から依頼された「ほうれん草」を購入している。それに対して，普段からよく料理をする別の調査参加者がいた場合，どのようなポイントに着目して（献立として何を考えているのか，野菜の新鮮さ等），商品を選択するしているのかが比較可能となる。

レポート執筆に向けたアウトライン

レポートのタイトル
自分の研究内容に即したタイトルを工夫して付ける。

問　題

1. 消費者の商品購入時の意思決定プロセス
2. 意思決定プロセスの段階
3. 問題認識の複雑さに応じた問題解決
4. 本研究の目的：商品購入時の意思決定プロセスの探索的検討
5. 検討のポイント：意思決定の流れの中での問題認識と問題解決の対応関係

方　法

調査参加者　○○大学○○学部において，XXX を受講する 3 名が自ら調査参加者となって，商品購入時の発話プロトコルデータの収集を行った。各調査参加者の性別・年齢は，2 名が 20 代女性，1 名が 10 代男性であった。

購入商品の設定（表 2 の場合の説明）　本調査での購入商品として，野菜 1 つ，洗濯用洗剤 1 つ，昼ごはん（お茶と弁当など，複数の商品を購入する場合は，すべての商品のプロトコルデータを合わせて収集）を設定した（表 2)。野菜と洗濯用洗剤は調査参加者により普段の購入頻度が異なることが予想され，購入頻度の差異に基づく分析を可能とするために選択した。それに対して，昼ごはんはいずれの調査参加者も日頃から購入していると予想され，普段の購入商品決定時の意思決定プロセスを把握するために設定した。また，昼ごはんの場合は単品での購入だけではなく，いくつかの商品の組み合わせでの購入時の意思決定プロセスも把握可能であることも設定の理由であった。

発話プロトコルデータの収集手続き　調査参加者は，売り場に到着してから商品の購入決定までの意思決定プロセスに関する発話プロトコルデータの記録を行った。具体的には，売り場で商品選択をする際に頭に浮かんだこと（自分の注意が向いている対象，気分・感情，考えなど）をすべて声に出して話して，スマートフォンに録音した。なお，録音した音声データを書き起こしたものを発話プロトコルデータとして分析に用いた。

結果と考察

・発話プロトコル法のような質的研究法では，結果と考察を分けて論述することが困難であるので，「結果と考察」とまとめて記述することが多い。
・はじめに，調査参加者の各商品購入時の発話プロトコルデータ（例としては，表 1）や各調査参加者の属性，具体的な購入商品，購入理由，購入頻度などの情報について一覧表（例としては，表 2）を作成し，提示する。
・各商品の購入の発話プロトコルを消費者の 5 段階モデル（①問題認識→②情報探索→③選択肢評価→④購買→⑤購買後評価）を使って整理する。
・発話プロトコルデータの内容を分析して，売り場での商品選択の特徴を抽出のうえ，意思決定プロセスを分析し，考察する。
・着目するポイントとしては，問題認識（これが足りない，これに困っている，頼まれたなど)，関与の程度（絶対ほしい，なんとなく)，問題認識状況の複雑さ（ルーチン的問題解決プロセス，限定的問題解決プロセス，広範的問題解決プロセス)，属性比較（価格，品質，機能など)，店頭での広告による情報取得，事前の知識の使用，意思決定までの所要時間，購買後の評価（発話プロトコルデータには表現されないので別途まとめておく）などがある。
・この実習では自らが調査参加者として，発話プロトコルデータを収集しているので，そのときに気づいた方法論としての特徴，データ収集時点や分析時点での難しかった点，うまくいった点や改善点などについても，レポートの「まとめ」として報告するとよい。

たとえば，表1の発話プロトコルデータを基にした，レポートの「まとめ」の例としては，下記のとおりとなる。

「私は声を発することに少し気を取られ，意思決定プロセスをうまく言語的に表現できなかった部分があった。うまくいった点としては3つの購入商品すべてを飲食物にしたことで，結果がまとめやすかったことが挙げられる。今回の実習を通して，1つの商品を選ぶ際に，頭の中でこんなにたくさんもの考えが巡っていることを知ることができた。おそらく頭の中で考えているときは，今回のデータで収集されたよりも多くの考えが目まぐるしく回っていたのだろう。自分の思っていることをそのまま声に出すのは結構難しかったが，自分が思っていることを客観的に把握するトレーニングにもなったのは自分にとって大きいことだと言える」。

引用文献

・本文中で言及した文献をリストにして掲載する。詳細は，第2章5節「5. 引用・引用文献表の書き方」(p. 27) を参照のこと。

まとめ

本章では，フィールド研究の実習として，「店舗での商品購入時の意思決定プロセス」について，発話プロトコル法を用いて検討しました。フィールド研究では，厳密に要因を統制したうえで因果関係を検討することは困難です。ですが，それでも購入する商品の種類を工夫し，また複数人に調査を行うことで，分析に値するデータを収集し，意思決定プロセスについての考察を行うことができるんだ，という手ごたえが実感されたことでしょう。その経験を踏まえて，日常生活での商品購入時の意思決定場面に立ってみると，あらためて気づくこともあると思います。フィールド研究は，より本格的なフィールドワークへとつながる第一歩でもあります。この実習をきっかけにフィールド研究の楽しさに目覚めた方は，是非とも卒業研究等でも日常的なフィールド研究で扱えるテーマを選んで，取り組んでみてください。やり遂げたときには，困難さを上回る充実感が得られるはずです。

■ 引用文献

Ericsson, K. A., & Simon, H. A.(1984). *Protocol analysis: Verbal reports as data.* Cambridge, MA: The MIT Press.

古荘 貴司・平岡 敏洋・熊本 博光 (2003). 経路選択行動における選択肢集合形成過程に関する微視的および巨視的分析　土木計画学研究・講演集（CD−ROM), *27*, III (8).

原田 悦子 (1993). プロトコル・データの収集方法　海保 博之・原田 悦子 (編)　プロトコル分析入門——発話データから何を読むか (pp. 79–105)　新曜社

Howard, J. A. (1989). *Consumer behavior in marketing strategy.* Englewood Cliffs, NJ: Prentice Hall.

新山 陽子・西川 朗・三輪 さち子 (2007). 食品購買における消費者の情報処理プロセスの特質――認知的概念モデルと発話思考プロトコル分析――　フードシステム研究, *14*, 15-33.

Shannon, B. (1984). The case of introspection. *Cognition and Brain Theory*, *7*, 167-180.

杉本 徹雄 (2012). 消費者の意思決定過程　杉本 徹雄 (編) 新・消費者理解のための心理学 (pp. 39-55)　福村出版

竹村 和久 (1997). 消費者の問題認識と購買意思決定　杉本 徹雄 (編) 消費者理解のための心理学 (pp. 42-55)　福村出版

田中 敏 (1993). プロトコルの発生過程　海保 博之・原田 悦子 (編)　プロトコル分析入門――発話データから何を読むか (pp. 37-57)　新曜社

フィールド研究／2 写真調査法

加藤潤三

はじめに

心理学の研究ではいろいろなツールを使います。たとえば紙であったり，レコーダーであったり，パソコンであったり……。驚くほど高価な装置を使うこともあります。これは，心理学が人間のさまざまな側面を，より適した形で測定しようとする研究的な営為であり，挑戦であり，進歩なのです。

本章で取り上げる写真も，心理学研究の有益なツールとなります。具体的には，地域コミュニティというフィールドを舞台に，地域の魅力をどのようにすれば発見できるのかということについて，写真を利用した研究法－写真調査法を紹介します。実際の研究の手続きとともに，質的な分析方法（KJ 法）についても解説します。写真調査法をやってみましょう。

写真を利用した研究の方法

みなさんのスマートフォンの中には，たくさんの写真が保存されていると思います。またデジタルカメラ，ご両親のスマートフォンの中にも，みなさんが映った写真がたくさん残されていると思います。写真は，時間と場面を切り取ることができます。たとえば高校の文化祭の写真は，みなさんの高校という時期の，文化祭という場面を切り取ったものです。そして写真は，データが残されている限り，いつでもその切り取った時間・場面を再現する（見る）ことができます。

このような特性を活かし，写真はさまざまな研究分野で利用されてきました。たとえば地理的な変化を捉えるために航空写真を利用したり，地域の文化や風習，町並みを捉えるために住民が当時撮影した写真や地域の図書館などに記録されているアーカイブを利用するなど，すでに撮られた写真を素材（データ）として，研究を展開させることができます。

一方，心理学の分野では，自己表現，他者理解，所属集団に対するアイデンティティの測定，地域コミュニティの発見・確認，心理療法，教育プログラムなどにおいて写真を利用した研究が行われています。それぞれ自叙写真法，写真投影法，写真調査法など，方法論としてさまざまな名称が用いられていますが，心理学的研究において，写真は自己からコミュニティまで，また研究から実践まで，幅広い対象・目的で使用されています。

ここで心理学的な研究方法としての写真のメリットを示すと，表 8(2)-1 のような点が挙げられています。写真は「誰もが，その場で，きれいに，またイメージ的なものまでもデータにする」ことができるのです。

フィールド（地域コミュニティ）における写真調査

上記のような写真調査法（本章では写真を利用した調査をまとめて写真調査法と表現しま

表8(2)-1　写真を利用した研究法のメリット（岡本ら，2010；大石，2010など）

①	簡便性と即時性	年齢や国籍を問わず誰もが簡単に扱える。 撮影をしたいと思ったその場で瞬時に撮影できる。
②	言語化の過程を含まない	概念化・言語化できない対象（イメージや心理的世界）を読み取ることができる。 調査参加者の言語能力に依存することなく，誰でも参加できる。
③	個人の振り返りや教育効果	関心の低い人や子どもを対象とするフィードバックに適している。 写真を共有することで，異なる視点や他者の視点を得られる。
④	仕上がりの美しさ	特別なスキルがなくても，ある程度美しく撮影できる。 （絵の場合，その人のもともとの絵のうまさに依存する）

図8(2)-1　写真調査法の枠組み

す）のメリットは，物理的に広く，さまざまな生態学的要因を含む地域コミュニティというフィールドにおいて，より効果を発揮します。たとえば「夏の沖縄の，高台の橋の上から見た海の風景」といった複雑な要素を含む対象であっても，写真のシャッターを押せばそれを撮影（＝データ化）することができます（図8(2)-1)。環境心理学の理論（レンズモデル；Gifford, 2007）から言えば，写真は，撮影者が環境を知覚する手がかり（実際の環境の構成要素である遠手がかりと観察者の主観的な印象である近手がかり）が何であったかを顕著に示してくれるのです。また，この風景の地を初めて訪れた人でも，近所のよく知っている人でも，心に残る地域の風景として同じように写真に記録することができます。

ただし写真それだけでは，データとして十分な**妥当性**があるとは言い切れません。たとえば先の「夏の沖縄の，高台の橋の上から見た海の風景」も，撮影者が橋を含めた風景全体を撮りたかったのか，それともあくまで橋を撮りたかったのに遠景の海が映りこんだかでは，ずいぶん話が異なります。そして撮影者以外の第三者（研究者）が，写真だけを見て，撮影者がどういう意図のもと，何を撮影したのかをすべて的確に推測することは不可能です。写真をデータ化する際には，撮影した写真をもとに面接調査や他記式のアンケートを行うことで，データの詳細を補完でき，さらにその写真にまつわる語り（**ナラティブ**：たとえば同行者との思い出や昔来たときの出来事など）を引き出すこともできます。

フィールドで写真を活用した研究例として，地域コミュニティにおける地域資源の発見・開発，観光地域づくり，子どもの危険認知などの研究があります。このうち加藤ら（2014）は，沖縄県の有名な観光スポットである国際通り一帯をフィールドとした写真調査法を行っています。調査に参加した調査参加者は，周辺マップを渡され，その範囲内で1時間，「気になったもの」を撮影しました。終了後，調査参加者が撮影した写真を見返しながら，インタビューで何を撮ったのか（撮影対象），なぜ撮ったのか（撮影理由）が尋ねられました。なおこの研究では，観光客・移住者・地元民といった異なる属性（**デモグラフィック**）の調査参加者が研究

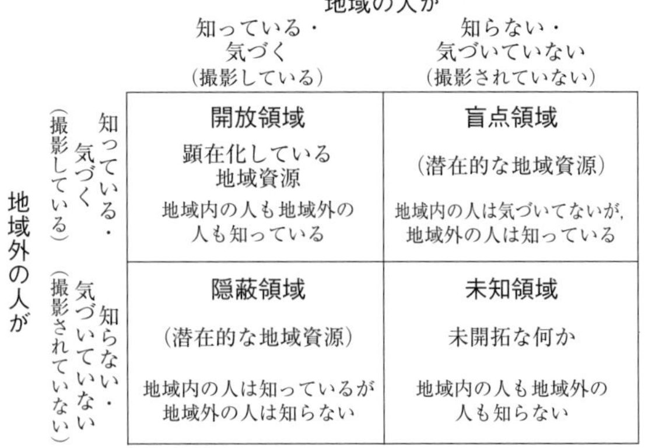

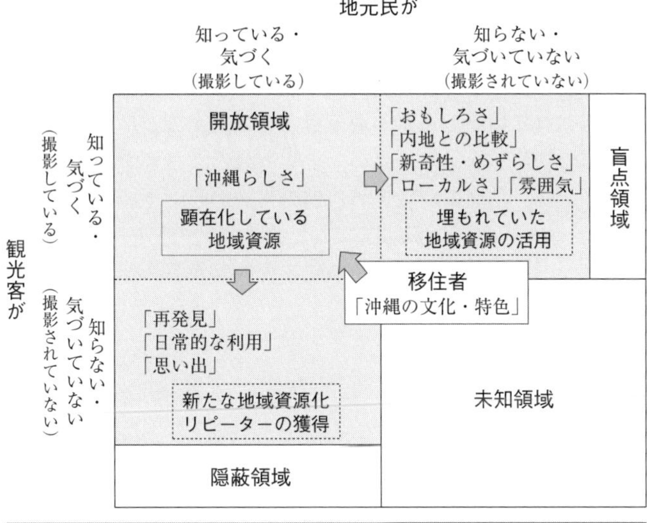

図8(2)-2　写真調査法におけるジョハリの窓[1]的アプローチ

に参加しました。地域において，観光客は一時的に訪れた地域外の人，地元民は地域に住み続けている地域内の人，そして移住者は地域外から地域内にやってきた人です。この地域内・外の視点を組み合わせることで，誰もが認識し顕在化している地域資源と，地域内の人が気づいていない，もしくは地域外の人に知られていない潜在的な地域資源を発見することができるようになります（図8(2)–2上）。そして加藤ら（2014）の研究では，撮影された写真から，観光客・移住者・地元民の間での共通の視点と個別的な視点が分類され，潜在的な地域資源として図8(2)–2（下）のような要素（**カテゴリー**）が見出されました。

ただし，地域資源としてどのような要素が見出されるかは，フィールドによって変わってきます。ここでは，要素を抽出していく分析法を含め，フィールドで写真調査法を実施する方法を見ていきましょう。

1　ジョハリの窓（Luft & Ingham, 1955）とは，自己と他者から見た自己の領域の表し方に関する理論であり，対人関係の進展や自己理解に利用される。この研究では，地域という枠組みに理論を応用・展開したものである。

やってみよう実証研究

写真調査法による地域の魅力の発見：沖縄をフィールドとしたデータ

【研究のタイプ】フィールド研究（写真調査法・仮説探索型）
【実習人数】20名（地元出身の大学生12名，県外出身の大学生8名）
【材料】デジタルカメラ（もしくは調査参加者のスマートフォンでも可）
パソコン（写真のデータを保存・大きく映写するため）
調査票（もしくはインタビューシート・ICレコーダー）
マップ，ペン
【分析方法】KJ法

1. 概要と目的

日本社会全体における人口減少に伴い，どう地域を創造していくのか，魅力ある地域づくりや地域活性化が重要視されている。近年の地域計画では，全国どこにでもあるような画一的なやり方ではなく，地域の独自的な価値を高め，その地域らしさが感じられるようなやり方が求められている。本研究では，地域に居住する住民の視点から，その地域らしさや独自的価値を見出すべく，「地域の魅力ある要素」を抽出することを研究の目的とする。また地元出身者と県外出身者（いずれも大学生）で比較し，その組み合わせから，新たな地域資源の発見を試みる。

2. 写真調査法の方法

①調査の依頼と説明

調査参加者に調査への協力を依頼し，調査方法を説明する。

沖縄本島の中であなたが魅力を感じる場所や対象，行為，イベントを写真に撮ってください。撮影は今日から1週間でお願いします。写真は何枚撮ってもらっても結構です。

調査依頼・説明のポイント：

撮影範囲・撮影対象・撮影期間・撮影時期・撮影方法を決めて，伝える。

- 撮影範囲は自分の研究のフィールドの範囲で設定する。撮影範囲に則したマップを手渡すことで，どこを撮影したかを書き入れてもらうことができる（カメラにGPSを取り付ければより詳細に撮影場所を特定できる）。
- 撮影対象として，何を撮ってきてもらいたいのかを明確に伝える。地域の問題点を研究したければ，「あなたが地域の中で問題があると感じる」としてもよい。撮影枚数が多くなりすぎる場合，「特に○○なものを5枚」といったように制限を設けてもよい。
- 撮影期間はフィールドの範囲も考慮して設定する。撮影期間が短すぎると，時間帯によって生じる魅力の変化が捉えられない（地域の夜景に魅力を感じていても，昼の1時間で撮影を依頼すると，それを撮影できない）。
- イベントや自然などは，撮影する時期や季節の影響を受けやすい。一度きりの調査の場合，その影響を考察するためにも，撮影時期をレポート中に明記する。
- 調査参加者のスマートフォンで撮影してもらってもよいが，個人情報に対する注意が必要である。人数が多いと難しいが，できれば研究用に用意したデジタルカメラを貸す方がよい。

②調査の実施

説明した内容に沿って調査を実施してもらう。撮影期間が長めの場合，調査参加者が最後にまとめて撮影しないよう，撮影期間の間で声掛けするのもよい。

③写真データの回収とアンケートの実施

撮影期間終了後，デジタルカメラを回収する。その際，写真を見ながら，アンケート用紙に「何を撮影したのか」「なぜ撮影したのか」を記入してもらう。これをインタビューで行うことも可能である。質問を重ねられる分，より多くの語りや情報を得ることができる。

✓　写真データをパソコン等に取り込み，きちんと保存できていますか。
✓　すべての写真について，撮影対象・撮影理由をアンケート用紙に書いてもらいましたか。
✓　分析に必要な調査参加者の属性を記録してありますか。

注：調査手続き上の注意点

写真調査法では多くの**個人情報**を扱うため，**研究倫理**に対する配慮がより必要である。写真調査法において注意すべき研究倫理として以下のようなものがある。

・調査参加者自身のスマートフォンを使用した場合，調査参加者のプライベートな写真を見たり，誤って保存しないようにしなければならない。
・撮影禁止のものを撮影しないのは当然のこと，許可の得られた個人以外は不用意に人物を撮影しないこと（個人の肖像権を侵害しない），そこで行われている活動を邪魔しないこと（たとえば授業中に撮影するなど）を，調査参加者に注意喚起しなければならない。万一，調査参加者の不注意でトラブルになったとしても，その責と解決は研究者が負わなければならない。
・提供してもらった写真の利用方法（公表の有無，保管期間など）について説明し，調査参加者の承諾を得る。
・人物や組織が特定され，それが**プライバシーの保護**に反する場合は，写真に必要な加工（ぼかしやトリミングなど）を行う（加工に問題がないか，調査参加者に確認をとった方がよい）。

3. データ入力（結果の整理）

回答済みのアンケート用紙に写真を差し込み，すべて印刷する（図1）。また結果を整理しやすいよう，アンケートの回答をまとめたExcelシートを作成する（表1）。Excelのセルにリンクを貼り付けることで，簡単に写真にアクセスすることができる。

4. データ分析

写真調査法で得られた写真およびアンケートの自由記述は，いずれも**質的なデータ**である。一般に**量的データ**は統計を用いて分析を行うが，質的データに関してもさまざまな分析法が開発されている。本研究では，質的データをまとめ，要素（カテゴリーないしグループ）を抽出する方法としてKJ法（川喜田,1967）を用いる。KJ法は，研究の分析法としてだけでなく，ブレーンストーミングやアイデアの創出など，『創造的開発』のための手法としても用いられている。KJ法の大まかな流れとして4つのステップがある。

写真①(撮影者：○○) 出身（O地元・県外）
対象：国際通りのシーサー
日時：2013年8月8日12：00

（あとで写真を差し込むと視覚的に整理しやすい）

撮影した理由
沖縄の有名な観光スポット。入り口のシーサーがより沖縄らしさを醸し出している。

図1　アンケート用紙の印刷イメージ

表1　写真の内容一覧

NO.	撮影者	出身	撮影対象	撮影理由	画像
1	A	地元	赤瓦の家	赤瓦は沖縄の伝統的な瓦屋根で文化的な価値があり．景観としても美しく沖縄らしい雰囲気が感じられると思ったから。	C:¥デスクトップ¥写真一覧¥Aさん①.jpg
2	A	地元	エイサー	お盆の時期に踊られる伝統芸能で夏の風物詩。創作エイサーも踊られ，パフォーマンスとして人を楽しませる魅力もある。	C:¥デスクトップ¥写真一覧¥Aさん②.jpg
3	A	地元	シーサー	沖縄には至るところにシーサーがあり，沖縄のシンボルとして定着している。ひとつひとつ表情が違うのも面白い。	C:¥デスクトップ¥写真一覧¥Aさん③.jpg
…	…	…	…	…	…
74	T	県外	ニライカナイ橋	眺めがとてもいい。海がきれいで，遠くに久高島が見える。	C:¥デスクトップ¥写真一覧¥Tさん①.jpg
75	T	県外	夜の首里城	観光スポットとしては有名であるが，静かでライトアップされた夜の首里城が魅力的であると思う。	C:¥デスクトップ¥写真一覧¥Tさん②.jpg

第1ステップ：カードの作成（紙きれづくり）

1つのデータを1枚のカードに記述する。なおカードの中に，データに関する情報として，「とき」「ところ」「出所」「採集者」も書き入れる。

第2ステップ：グループ編成

集まったカードを分類する。似ているもの同士をまとめ，（小）グループを作成する。作成したグループにラベルを付ける（表札づくり）。小グループ同士をまとめ，より大きなグループ（同様にラベルをつける）にすることもできる。

第3ステップ：A型図解

グループを空間配置し，図解化する。内容的に近いと感じられるグループ同士を近くに配置する。特にグループ同士の関係を示したいときは，グループ間に関係性を示す線や記号を書き加える。

第4ステップ：B型（文章化）

図解を踏まえて文章化を行い，ストーリーにする。

※KJ法は個人でもできるが，チームで協同して実施することも可能である。また複数の評定者が別々に作業し，その分類結果を比較（一致率（カッパ係数）を算出）するといった方法もある。できるだけ複数の眼で実施した方が，よい分類やアイデアを出せる可能性は高まる。

この流れに沿って，写真調査法で得られた写真データの分析を行う。なお本研究のように，地域で魅力を感じるものを個別ばらばらに撮影した場合，写真同士の間に関係性を想定することはできない。ここでは第3ステップのA型図解の空間配置までの分析を行う。ちなみに，以下に示す分析結果は，結果の一例にすぎない。KJ法の場合，評定者によって結果が変わる可能性があるが，客観的に見て妥当と判断できるところまで洗練させることが重要である。

①印刷した写真（図1）をすべて広げ，全体を概観する（紙面の都合から，ここでは撮影対象をカード化したものを提示する）。

②近いもの同士をまとめたグループを編成し，ラベルを付ける（図2）。

小グループ：首里城と龍潭池・夜の首里城・首里城⇒ラベルとして「首里城」を付ける。

大グループ：「首里城」，「城跡」，「斎場御嶽」⇒ラベルとして『沖縄の世界遺産』を付ける。

③A型図解（空間配置）を作成する（図3）。

④グループごとの**度数**を算出する（表3）。比較したい要因があればクロス集計を行い，χ^2 **検定**を行う（表4）。

表2　写真データ一覧(デモデータ)

調査参加者	出身	枚数	写真①	写真②	写真③	写真④
A	地元	3	赤瓦の家	エイサー	シーサー	
B	地元	4	サンゴ染め	ぶくぶく茶	首里のコンビニ	海の見えるお店
C	県外	4	エイサー	公設市場	国際通り	平和祈念公園
D	地元	4	海と空	ブセナテラス	糸蒲の塔	平和の礎
E	地元	4	A&W(レストラン)	さんぴん茶	首里城	沖縄そば
F	県外	4	マブヤースタジアム	桜坂(町の地名)	桜坂劇場	西原マリンパーク
G	県外	2	国際通り・平和通り	栄町		
H	県外	4	美ら海水族館	エイサー	斎場御嶽	沖縄そば
I	地元	4	ブルーシール	アメリカンビレッジ	泡盛	基地のフリマ
J	県外	4	外人住宅	シーサー	斎場御嶽	美ら海水族館
K	地元	4	海と白浜	カクレクマノミ	トロピカルビーチ	残波岬
L	地元	4	タコライス	エイサー	平和の礎	紅型
M	地元	4	エイサー	辺戸岬の朝日	与那原大綱引き	奥やんばるの森
N	県外	3	シーサー	カチャーシー	サンゴの海	
O	県外	4	首里城と龍潭池	首里の古いお店	首里の新しいお店	アメリカンビレッジ
P	地元	4	美ら海水族館	あまざサンサンビーチ	シーサー	斎場御嶽
Q	地元	4	ブルーシール	結婚式	サンゴ染め	中城湾
R	地元	4	ニライカナイ橋	奥武島	中城城跡	座喜味城
S	地元	4	お菓子御殿	勝連城跡	シークワーサー	エイサー
T	県外	3	ニライカナイ橋	夜の首里城	国際通り	

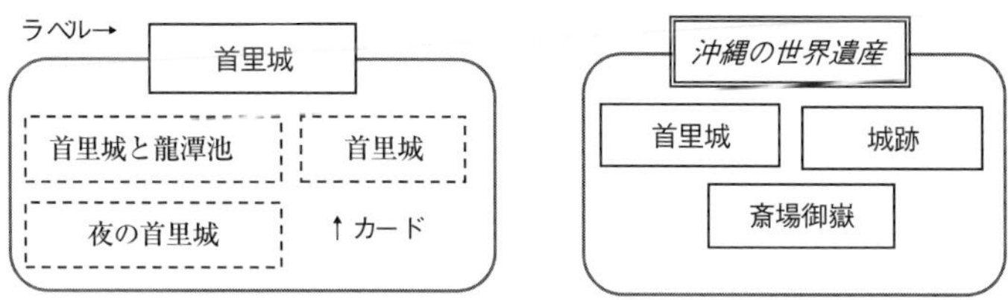

図2　KJ法によるグループ編成（左：小グループ，右：大グループ）の例

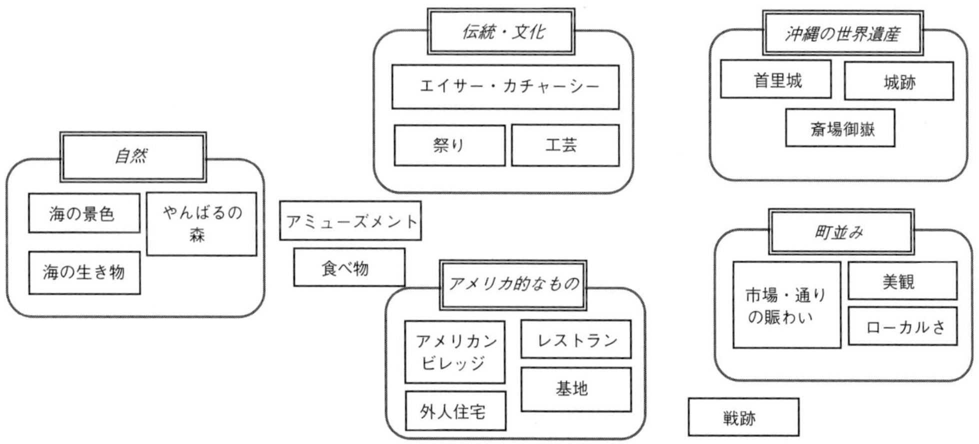

図3　沖縄の魅力的なもの（A型図解）の例

表3　各グループの度数（の一部）

大グループ	小グループ	度数	%
沖縄の世界遺産 9件（12.0%）	首里城	3	4.0
	城跡	3	4.0
	斎場御嶽	3	4.0

表4　出身によるグループの比較

	地元			県外			全体	
	度数	%		度数	%		度数	%
沖縄の世界遺産	5	10.6		4	14.3		9	12.0
町並み	2	4.3	▽	8	28.6	▲	10	13.3
伝統・文化	11	23.4		5	17.9		16	21.3
アメリカ的なもの	5	10.6		2	7.1		7	9.3
自然	13	27.7		3	10.7		16	21.3
食べ物	7	14.9		1	3.6		8	10.7
アミューズメント	1	2.1	▽	4	14.3	▲	5	6.7
戦跡	3	6.4		1	3.6		4	5.3
計	47	100.0		28	100.0		75	100.0

（▲有意に多い，▽有意に少ない，$p<.05$）

クロス集計とは，名義尺度による変数同士を組み合わせて集計したものであり，これにより変数間の関係性を見ることができる。そしてこのクロス集計で得られた変数間の関連性（独立性）を，統計的に検定するために用いられるのがχ^2**検定**である。χ^2**検定**は，名義尺度で分類したカテゴリーごとの頻度データ（度数）に対して用いられ，実際に測定された観測値と理論的に導き出された期待値のズレを検定することで，カテゴリー間に差異（＝関連性）があるかどうかを検証することができる。

ここでは魅力の要素（8グループ）×出身（2：地元・県外）のクロス集計を行い，カテゴリー間の度数に差があるかを統計的に検定するためにχ^2**検定**を行う。

次に，統計的仮説検定の流れに沿って，分析を進める。

①出身の違いによって魅力の要素の度数が違うという実際に調べたい仮説（対立仮説）とそれを否定する意味になる仮説（帰無仮説）を立てる。

◇　対立仮説：出身の違いによって魅力の要素の度数が違うだろう。

◇　帰無仮説：出身の違いによって魅力の要素の度数に差はないだろう。

②実際の結果が，帰無仮説が正しいという条件のもとではめったに起こらないようなものであるかを確認する。

観測値から期待値を求め，観測値と期待値の差の2乗を期待値で割った値の合計を求める。これをχ^2値と言う。今回のデモデータからχ^2値を算出すると「17.08」となる。

$$\chi^2\text{値}=\sum\frac{(\text{観測値}-\text{期待値})^2}{\text{期待値}}=17.08$$

χ^2分布表から，自由度に対応する各有意水準でのχ^2値の臨界値を確認し，有意な違いがあるかを確認する。自由度は「(行数－1)×(列数－1)」となる。今回のデモデータの場合，自由度は（8−1)×(2−1)＝7となる。

χ^2検定を行った結果，自由度＝7，χ^2値＝17.08となる。自由度＝7の場合，χ^2値の臨界値は5% 水準では「14.07」，1% 水準では「18.48」となる。したがって，5% 水準で有意であると判断できる。なお，レポート等で結果を報告する際は，「$\chi^2(7)=17.08,\ p<.05$」と記述する。

◇　この結果は，「帰無仮説が正しいとしたとき，つまり出身の違いによって魅力の要素の度数に差はないだろうと仮定したときに，今回得られたような結果が偶然得られる確率が5% 未満である」ということを示している。

③実際に調べたい結果（対立仮説）が支持されたかどうかを示す。

◇　分析の結果，帰無仮説が棄却されたので，対立仮説を支持することになる。

④出身の違いによって魅力の要素の度数が違うだろうということが明らかになったが，どのセルとどのセルの間で度数の差があるかがわかっていない。そのため，どのセルとどのセルの

間で度数の差があるかを明らかにする残差分析を行う。ここでは，8つの魅力の要素それぞれについて，出身で差があるかどうかを明らかにする。たとえば，「沖縄の世界遺産」という要素において，地元と県外で度数に差があるかどうかを明らかにする。

χ^2 検定および残差分析をパソコンで簡単に行う方法として，js-STAR（http://www.kisnet.or.jp/nappa/software/star/）がある。今回の場合，i(8)×j(2)表を選択し，表4の度数を入力する（図4）。分析を実行（「計算」のボタン）すると，χ^2 検定の全体的な結果が表示されるとともに，有意な場合は残差分析が行われる。「調整された残差」が計算され，これが統計的に有意な場合，その有意確率が示される（$^*p<.05$, $^{**}p<.01$）。また視覚的に理解しやすいよう，有意に多い場合は▲が，有意に少ない場合は▽が表示される。表4で言えば，「町並み」と「アミューズメント」においては，県外の方が有意に度数が多かった（地元で有意に少なかった）という結果になる。

図4　js-STAR による χ^2 検定

ステップアップ！追加分析

KJ法は，「評定者の理性と情念が適切に協力し合うこと（川喜田, 1970）」で，よりよい分析を行うことができる。これは多くの質的研究にも言えることであるが，これをいい塩梅でできるようになるには，質的研究に対する深い理解と分析の経験が必要である。未習熟な段階では，分析の客観性を保つことがなかなか難しい。

分析の客観性という点において，統計は有用であり，その力を借りるのも1つの手段である。カテゴリカルデータに対する統計分析もさまざま開発されており，たとえば対応分析や最適尺度法を使えば，A型図解の空間配置のように，カテゴリー間の関係性を統計的な分析結果から視覚的に表現することができる。

レポート執筆に向けたアウトライン

問　題

1. 地域コミュニティの問題に対する問題提起
2. 地域コミュニティの問題に対する写真調査法の利用の可能性（写真調査法によって，その地域問題にどうアプローチできるか）
3. 写真を利用した研究のレビュー
4. 本研究の目的

方　法

調査参加者　○○大学の大学生 20 名（性別：男性 8 名・女性 12 名，出身：地元 12 名，県外 8 名，平均年齢 21.1 歳（SD=0.43））が参加した。

調査地域　沖縄本島を調査地域として設定した。沖縄本島は，南北端でおよそ 100 km の島である。気候は亜熱帯であり，島全体が太平洋と東シナ海に囲まれている。サンゴ礁も生息する沖縄の海は日本でも有数のきれいさである。観光地としても有名で，令和元年における沖縄の入域観光客数は 1,000 万人を超えている。

> フィールド研究では，フィールドに関する丁寧な記述が必要である。

　また沖縄は，歴史の中で独自の伝統や文化を育んできたが，琉球処分や第 2 次世界大戦における地上戦，戦後のアメリカ軍政府による占領など過酷な歴史も歩んできた。今現在も，沖縄には米軍基地が集中しており，米軍・軍属による事件や事故が問題になっている。

調査手続き　○○の授業において写真調査法を実施した。調査時期は 20XX 年 X 月上旬であった。調査参加者には，「沖縄本島の中であなたが魅力を感じる場所や対象，行為，イベントを写真に撮ってください。撮影は今日から 1 週間でお願いします。写真は何枚撮ってもらっても結構です」と教示した。また撮影にあたって注意事項（許可を得ず人物を撮影しない，活動の邪魔をしないことなど）を説明した。説明終了後，デジタルカメラと沖縄本島のマップ（白地図）を配布した。

> フィールド研究では，時期的な要因も関連するため，実施時期を記述する。

　1 週間後，デジタルカメラを回収した。その際，写真を確認してもらうとともに，写真を見ながら，アンケート用紙に回答をしてもらった。最後に写真データの利用に関して説明と承諾を得て，調査を終了した。

> 研究倫理の観点から，同意や承諾を得ている場合は，その旨を記載する。

アンケート　写真 1 枚ずつについて，何を撮影したのか（撮影対象），いつ撮影したのか（撮影日時），なぜそれを撮影したのか（撮影理由）を自由記述で回答してもらった。

結　果

・写真の全体的傾向

　調査参加者 20 名から得られた写真の総撮影枚数は 75 枚であった。1 人あたりの平均撮影枚数は 3.75 枚（SD=0.55）であった。

> 得られた写真データの全体的な概要を示す。

・KJ 法による写真の分類

　写真を分類するために KJ 法を実施した。評定者は心理学者 2 名であり，両者で協議しながら，グループ編成および A 型図解の作成を行った。

> KJ 法の実施方法（評定者・評定の仕方など）も記述する。

カテゴリーを示すだけでなく，何が多かったのかも記述する。

分析の結果，75 枚の写真は 19 の小グループに分類された。さらに，いくつかの小グループをまとめた大グループが５つ得られ，単独の小グループを含め８つのカテゴリーが抽出された（表４・図３)。最も多かったのは「伝統・文化」と「自然」(いずれも 21.3 %）であり，次いで「町並み」（13.3%），「沖縄の世界遺産」（12.0%），「食べ物」(10.7%）となった。また度数は相対的に多くないものの「アメリカ的なもの」，「戦跡」は，沖縄が戦中・戦後たどってきた歴史の一端であり，他の地域にない特徴的な要素であった。

出身による度数の相違を検討するために χ^2 検定を行ったところ，有意差が認められた (χ^2（7）$=17.08$, $p<.05$)。残差分析の結果，「町並み」と「アミューズメント」は県外出身者の方が多かった（表４)。

考　察

・読み手が理解しやすいよう，研究目的を再度，簡潔に述べる。
・研究で得られた結果について，フィールドの情報（現状や歴史など）や先行研究と対応づけながら，意味や解釈を述べる。
・得られた知見が，フィールドにおいてどのように応用・展開できるかを述べる。
・研究の問題点や限界点，改善点について述べる。
・次のステップとしてどのようことが重要か，今後の課題を述べる。

引用文献

・本文中で言及した文献をリストにして掲載する。詳細は，第２章５節「5. 引用・引用文献表の書き方」(p. 27）を参照のこと。

まとめ

本章では，写真を利用した研究について紹介しました。写真は，自己から地域コミュニティまで，また研究から実践まで，幅広い対象・目的で使用されています。特に，さまざまな生態学的要因を含むフィールドにおいて，写真調査法は効果的ですが，本章ではその具体的な使用例として，地域の魅力の発見を目的とした写真調査法を実施しました。

ちなみに本章で扱ったデータの大半は，実際に沖縄の大学生が撮影したものです。写真調査法のメリットの１つとして，個人の振り返りや教育効果がありますが，調査に参加した大学生も「あらためて地域を見つめなおした」や「普段気にも留めていないものが魅力になりえることに気づいた」と述べるなど，研究への参加が調査参加者にポジティブな効果をもたらすことがあります。しかしその反面，研究が調査参加者にネガティブな影響を及ぼす可能性は潜んでおり，研究する立場にある者は常にその危険性を考えておかなければなりません。特にフィールドに関わる場合，そこに暮らしている人々がおり，その人たちの生活があります。研究のためとはいえ，それらを傷つけていいはずはありません。研究倫理を守りつつ，フィールドに貢献できるよう，高い意識と意欲をもってフィールドに出かけてみてください。

■ 引用文献

Gifford, R. (2007). *Environmental psychology : Principles and practice* (4 th ed.). Colville, WA : Optimal Books.

加藤 潤三・石盛 真徳・岡本 卓也 (2014). 地域資源の発見・開発手法としての写真調査法の可能性——沖縄県国際通りを事例として　コミュニティ心理学研究, *18* (1), 1-18.

川喜田 二郎 (1967). 発想法——創造的開発のために　中央公論新社

川喜田 二郎 (1970). 続・発想法——KJ 法の展開と応用　中央公論新社

Luft, J., & Ingham, H. (1955). *The Johari window : A graphic model for interpersonal relations.* Los Angeles, CA : University of California Western Training Lab.

岡本 卓也・石盛 真徳・加藤 潤三 (2010). 面接技法としての写真投影法　関西学院大学先端社会研究所紀要, *2*, 59-69.

大石 千歳 (2010). アイデンティティの表現手法としての写真投影法　東京女子体育大学・東京女子体育短期大学紀要, *45*, 131-141.

■ 参考図書

写真に関する研究

向山 泰代 (2010). 自叙写真法による自己認知の測定に関する研究　ナカニシヤ出版

野田 正彰 (1988). 漂白される子供たち——その眼に映った都市へ　情報センター出版局

質的研究・分析

石村 貞夫・加藤 千恵子・劉 晨・石村 友二郎 (2013). SPSS によるカテゴリカルデータ分析の手順 (第 3 版)　東京図書

サトウ タツヤ・春日 秀朗・神崎 真美 (編) (2019). 質的研究法マッピング——特徴をつかみ，活用するために　新曜社

太郎丸 博 (2005). 人文・社会科学のカテゴリカル・データ解析入門　ナカニシヤ出版

フィールドワーク

佐藤 郁哉 (2006). フィールドワーク——書を持って街へ出よう (増訂版)　新曜社

二次分析／1
性役割態度と関連する要因

大髙瑞郁

はじめに

「グローバル・ジェンダー・ギャップ報告書（Global Gender Gap Report）2020」によると，経済・教育・保健・政治分野における男女格差を示す，ジェンダー・ギャップ指数（Gender Gap Index: GGI，完全不平等を 0，完全平等を 1 とする指数）について，日本は 0.652 で，これは 153 か国中 121 位と，国際的に見て，日本の男女格差は大きいと言わざるをえません（World Economic Forum，2020）。鈴木（2017）は，日本では，男女格差を是正するための法制度は整っているにもかかわらず，男女の不平等が維持されていることを指摘し，そのメカニズムを考察するなかで，性役割態度に着目しています。この章では，性役割態度を「男女の役割に対する態度や価値観（鈴木，2017）」と定義し，その関連要因について，先行研究に基づき，JGSS-2010 データを二次分析して検証していきます。

性役割態度

社会調査で，性役割態度は「夫は外で働き，妻は家庭を守るべきだ」という意見に，賛成か反対かで測定されることが多く，賛成するほど伝統的，反対するほど平等的な性役割態度だと言えます。では，どのような人の性役割態度が平等的なのでしょうか。東・鈴木（1991）は，性役割態度に関する研究を展望し，主な関連要因として，性別・年齢・学歴・就労を挙げています。

①性　別

男性より女性の方が性役割態度が平等的であることが，さまざまな国で例外なく確認されています（東・鈴木, 1991；鈴木, 2017）。その理由について鈴木（2017）は，性別役割分業によって男性は利益を得やすく，女性は不利益を被りやすいためではないかと考察しています。

②年　齢

年齢が低いほど，性役割態度は平等的である傾向が，国内外で確認されています（東・鈴木, 1991；鈴木, 2017）。時代とともに社会が平等化し，そのなかで養育や教育を通じて，若者の平等的な性役割態度が育まれるからだと考えられます（東・鈴木, 1991）。

③学　歴

学歴が高いほど，性役割態度が平等的であることが，国内外で確認されています（東・鈴木, 1991；鈴木, 2017）。変数間の因果関係の検証からは，学歴が性役割態度に影響する一方，性役割態度は学歴に影響しないことも明らかにされています（東・鈴木, 1991）。このことから，教育が平等的な性役割態度の形成に寄与すると考えられます。

④就　労

女性の就労について，無職より有職の方が性役割態度は平等的である傾向が，国内外で確認されています（鈴木, 2017）。変数間の因果関係については，結婚後の就労が性役割態度に影響する一方，性役割態度は結婚前の就労に影響しないことを示した研究から（東・鈴木, 1991），結婚後も就労を継続することによって，性役割態度が平等的になると考えられます。

さらに鈴木（1999）は，高学歴の夫婦双方から回答を得たダイアド・データ（dyad data）を分析し，妻が無職・非正規就労より正規就労の方が，妻も夫も性役割態度が平等的であることを明らかにしています。一方，男性の就労は，多くの文化で当然と見なされ，性役割態度との関連について確かな知見は得られていません（東・鈴木, 1991）。また，鈴木（1999）は高学歴の夫婦のみを対象としているため，学歴については検証していません。

そこで本研究は，回答者本人の性別・年齢・学歴・就労だけでなく，妻だけでなく夫（まとめて配偶者）の年齢・学歴・就労も検証することで，新たな知見を得ようと試みます。

やってみよう実証研究

性役割態度と関連する要因

【研究のタイプ】二次分析（仮説検証型）
【実習人数】1名以上
【独立変数】回答者本人の性別・年齢・学歴・就労，配偶者の年齢・学歴・就労
【従属変数】回答者本人の性役割態度
【統計的検定】対応のない t 検定・相関分析・分散分析

1. 概要と目的

日本でジェンダー不平等（gender inequality）が維持されている原因の1つとして，性役割態度を取り上げ，その関連要因を検討する。性役割態度に関する研究を展望した先行研究は，主な関連要因として，性別・年齢・学歴・就労を挙げている（東・鈴木, 1991）。さらに，夫婦を対象とした研究は，夫婦間の影響も明らかにしている（鈴木, 1999）。そのため本研究は，回答者本人の変数だけでなく，配偶者の変数も含めて検証することで，性役割態度と関連する要因をさらに明らかにすることを目的とする。

2. 仮　説

1. 回答者本人が男性より女性の方が，回答者本人の性役割態度は平等的である。（対応のない t 検定）
2. 回答者本人および配偶者の年齢が低いほど，回答者本人の性役割態度は平等的である。（相関分析）
3. 回答者本人および配偶者の学歴が高いほど，回答者本人の性役割態度は平等的である。（相関分析）
4. 妻が正規就労の方が，回答者本人の性役割態度は平等的である。（分散分析）

3. 方　法

JGSS-2010 データを二次分析する。まず JGSS データダウンロードシステム（JGSSDDS）にて JGSS-2010 の利用申請を行い，データを入手する（詳細については JGSSDDS の利用方法〈https://jgss.daishodai.ac.jp/jgssdds/jgssdds_guide.html〉を参照）。なお，学部生は，個人で利用申請することはできないため，教員を介して利用申請を行うことに注意する（詳細については JGSSDDS の利用方法の【教育目的のデータ利用申請】を参照）。

図 1　JGSSDDS のトップページ
〈https://jgssdds.repo.nii.ac.jp/〉

今回用いる JGSS-2010 データは複数の調査によって収集されている。今回は 2 つの調査に着目する。第 1 に，面接票での調査である。文字どおり，面接によってデータを収集した調査である。第 2 に留置 A・B 票での調査である。こちらは，面接調査ではなく，配布された質問紙への回答を経てデータを集めた。今回は，**独立変数（原因となる変数）**を面接票内の変数から，**従属変数（結果の変数）**を留置 A・B 票内にある変数から用いている。なお，データは回答者個々人で通し番号が付けられており，面接票の回答と留置 A・B 票の回答で対応するようになっている（たとえば，面接票で通し番号 1 番の人は，留置 A・B 票でも通し番号 1 番となっている）。

配偶者に関する要因も含めて検証するため，結婚状況（面接票）：DOMARRY（結婚状況）に「1. 現在，配偶者がいる」と回答した者に限定して分析を行う。

4. デ ー タ

回答者本人の性別（面接票）：SEXA（性別）「1. 男」「2. 女」として，入力されている。

回答者本人の年齢（面接票）：AGEB（年齢）実数が記入されている。

回答者本人の学歴（面接票）：XXLSTSCH（最終学校（本人））「あなたが最後に通った（または現在通っている）学校は次のどれにあたりますか。あなたの配偶者やご両親についてもわかる範囲でお答えください。なお，中退も卒業と同じ扱いでお答えください。」について「1. 旧制尋常小学校（国民学校を含む）」「2. 旧制高等小学校」「3. 旧制中学校・高等女学校」「4. 旧制実業・商業学校」「5. 旧制師範学校」「6. 旧制高校・旧制専門学校・高等師範学校」「7. 旧制大学・旧制大学院」「8. 新制中学校」「9. 新制高校」「10. 新制高専」「11. 新制短大」「12. 新制大学」「13. 新制大学院」「14. わからない」「99. 無回答」の 15 の選択肢から 1 つ選ばれ，入力されている。

回答者本人の学歴については，佐々木（2012）を参考に「1. 旧制尋常小学校（国民学校を

表1　学歴における値の再割り当てによる数値の対応

XXLSTSCH	XXLSTSCH_t
1	0
2	0
3	1
4	1
5	1
6	2
7	2
8	0
9	1
10	1
11	2
12	2
13	2
14	.
99	.

注：XXLSTSCH が「1」の場合，XXLSTSCH_t では「0」を割り当てることを示している。

含む)」「2. 旧制高等小学校」「8. 新制中学校」を「0. 義務」，「3. 旧制中学校・高等女学校」「4. 旧制実業・商業学校」「5. 旧制師範学校」「9. 新制高校」「10. 新制高専」を「1. 中等」，「6. 旧制高校・旧制専門学校・高等師範学校」「7. 旧制大学・旧制大学院」「11. 新制短大」「12. 新制大学」「13. 新制大学院」を「2. 高等」，「14. わからない」「99. 無回答」を欠損値として，新しい値に置き換える〈値の再割り当て〉。なお，値が大きいほど，学歴が高いことを示している。

なお，値の再割り当ての作業時，変換ミス等の問題を避けるため，元の変数名であるXXLSTSCHは残しておき，新たな変数（たとえばXXLSTSCH_t）を作成し，新たな値を入力する（表1)。

回答者本人の就労（面接票)：XJOB 1 WK（先週の就労経験)「先週，あなたは収入をともなう仕事をしましたか。または仕事をすることになっていましたか。この中からあげてください」について「1. 仕事をした」「2. 仕事をもっているが，病気，休暇などで先週は仕事を休んだ」「3. 仕事をしていない」「9. 無回答」の4つの選択肢から1つ選ばれ，入力されている。

「1. 仕事をした」「2. 仕事をもっているが，病気，休暇などで先週は仕事を休んだ」の場合

TPJOB（就労形態)「あなたの仕事は，大きく分けて，この中のどれにあたりますか」について「1. 経営者・役員」「2. 常時雇用の一般従業者」「3. 臨時雇用（パート・アルバイト・内職)」「4. 派遣社員」「5. 自営業主・自由業者」「6. 家族従業者」「7. わからない」「9. 無回答」「8. 非該当」の9つの選択肢から1つ選ばれ，入力されている。

回答者本人の就労については，佐々木（2012）を参考に「8. 非該当」を「0. 無職」，「1. 経営者・役員」「2. 常時雇用の一般従業者」を「1. 正規」，「3. 臨時雇用（パート・アルバイト・内職)」「4. 派遣社員」を「2. 非正規」，「5. 自営業主・自由業者」「6. 家族従業者」を「3. その他」として，値の再割り当てを行う。

結婚状況（面接票)：DOMARRY（結婚状況)「1. 現在，配偶者がいる」「2. 離別」「3. 死別」「4. 未婚」「5. 離婚を前提に別居中」「6. 同棲中」「9. 無回答」の7つの選択肢から1つ選ばれ，入力されている。

配偶者の年齢（面接票)：SPAGEX（配偶者の年齢）実数が記入されている。「999. 無回答」

表2　回答者本人の性役割態度における値の再割り当てによる数値の対応

Q 4 WWHHX	Q 4 WWHHX_t
1	1
2	2
3	3
4	4
9	.

「888. 非該当」を欠損値として，値の再割り当てを行う。

配偶者の学歴（面接票）：SSLSTSCH（最終学校（配偶者））「1. 旧制尋常小学校（国民学校を含む）」「2. 旧制高等小学校」「3. 旧制中学校・高等女学校」「4. 旧制実業・商業学校」「5. 旧制師範学校」「6. 旧制高校・旧制専門学校・高等師範学校」「7. 旧制大学・旧制大学院」「8. 新制中学校」「9. 新制高校」「10. 新制高専」「11. 新制短大」「12. 新制大学」「13. 新制大学院」「14. わからない」「15. 結婚したことはない・離別した」「99. 無回答」の16の選択肢から1つ選ばれ，入力されている。

回答者本人の学歴と同様，佐々木（2012）を参考に「1. 旧制尋常小学校（国民学校を含む）」「2. 旧制高等小学校」「8. 新制中学校」を「0. 義務」，「3. 旧制中学校・高等女学校」「4. 旧制実業・商業学校」「5. 旧制師範学校」「9. 新制高校」「10. 新制高専」を「1. 中等」，「6. 旧制高校・旧制専門学校・高等師範学校」「7. 旧制大学・旧制大学院」「11. 新制短大」「12. 新制大学」「13. 新制大学院」を「2. 高等」，「14. わからない」「15. 結婚したことはない・離別した」「99. 無回答」を欠損値として，値の再割り当てを行う。なお，値が大きいほど，学歴が高いことを示している。

配偶者の就労（面接票）：SSJB 1 WK（先週の就労経験（配偶者））「配偶者の方は先週，収入をともなう仕事をしましたか。この中からあげてください。」について「1. 仕事をした」「2. 仕事をもっているが，病気，休暇などで先週は仕事を休んだ」「3. 仕事をしていない」「9. 無回答」「8. 非該当」の5つの選択肢から1つ選ばれ，入力されている。

「1. 仕事をした」「2. 仕事をもっているが，病気，休暇などで先週は仕事を休んだ」の場合

SSTPJOB（就労形態（配偶者））「配偶者の方の仕事は，大きく分けて，この中のどれにあたりますか」について「1. 経営者・役員」「2. 常時雇用の一般従業者」「3. 臨時雇用（パート・アルバイト・内職）」「4. 派遣社員」「5. 自営業主・自由業者」「6. 家族従業者」「7. わからない」「9. 無回答」「8. 非該当」の9つの選択肢から1つ選ばれ，入力されている。

回答者本人の就労と同様，佐々木（2012）を参考に「8. 非該当」を「0. 無職」，「1. 経営者・役員」「2. 常時雇用の一般従業者」を「1. 正規」，「3. 臨時雇用（パート・アルバイト・内職）」「4. 派遣社員」を「2. 非正規」，「5. 自営業主・自由業者」「6. 家族従業者」を「3. その他」として，値の再割り当てを行う。

回答者本人の性役割態度（留置A・B票）：Q 4 WWHHX（意見についての賛否：性役割分担）「夫は外で働き，妻は家庭を守るべきだ」について「1. 賛成」「2. どちらかといえば賛成」「3. どちらかといえば反対」「4. 反対」「9. 無回答」の5つの選択肢から1つ選ばれ，入力されている。

回答者本人の性役割態度については，「9. 無回答」を欠損値として，値の再割り当てを行う（表2）。なお，値が大きいほど，性役割態度が平等的であることを示している。

5. 仮説の検証（データ分析）

仮説を検証する前に，分析対象者の人数を度数分布で確認する。そして，量的変数である回答者本人および配偶者の年齢・学歴，回答者本人の性役割態度については，平均値と標準偏差

を算出し（結果：表3），質的変数である就労については度数分布を確認する（結果：表4）。それぞれ，全体だけでなく，性別ごとにも確認・算出する。

仮説を検証するため，まず仮説1について，回答者本人の性別を独立変数，回答者本人の性役割態度を従属変数として，対応のない t 検定を行う（第3章 p. 60）。つぎに仮説2，3について，回答者本人および配偶者の年齢・学歴，回答者本人の性役割態度について相関分析を行う（結果：表5，表6）。そして仮説4について，回答者本人の就労（参加者間）を独立変数，回答者本人の性役割態度を従属変数として，分散分析（第4章 p. 86）を行う（結果：表7）。同様に，配偶者の就労（参加者間）を独立変数，回答者本人の性役割態度を従属変数として，分散分析を行う（結果：表7）。それぞれ，全体だけでなく，性別ごとにも分散分析を行う。

以下では，仮説2，3について，相関分析（相関係数の詳細は第3章 p. 52，相関分析の詳細は第5章 p. 97を参照）を用いた統計的仮説検定の流れを説明する。

①独立変数と従属変数に有意な関連があるという**対立仮説**と，それを否定する**帰無仮説**を立てる。

・対立仮説：回答者本人および配偶者の年齢が低いほど，回答者本人および配偶者の学歴が高いほど，回答者本人の性役割態度が平等的である。

・帰無仮説：回答者本人および配偶者の年齢・学歴と，回答者本人の性役割態度に有意な関連はない。

②得られた結果が，帰無仮説が正しいという条件の下で，めったに生じないか確認する。

具体的には，回答者本人および配偶者の年齢・学歴，回答者本人の性役割態度について相関分析を行う（結果：表5，表6）。

相関分析を行った結果，たとえば，回答者本人の年齢と回答者本人の性役割態度の関連は，相関係数−.26，有意確率は1% 未満となった（この結果は，回答者本人の年齢が低いほど，回答者本人の性役割態度が平等的であることを示している）。

・この結果は「帰無仮説（：回答者本人の年齢と，回答者本人の性役割態度に有意な関連はない）が正しいと仮定したときに，この結果が偶然得られる確率は1% 未満である」ということを示している。

・心理学分野では一般的に，有意確率が5% 未満の場合に帰無仮説を棄却する。

③対立仮説が支持されたか示す。

・分析した結果，回答者本人の年齢について，帰無仮説が棄却されたので，対立仮説を支持することとなる。

他の変数についても同様に，仮説を検証する。

ステップアップ！追加分析

性役割態度は，どのような変数と関連するだろうか。性別役割分業観（留置A・B票）と，配偶者との関係満足（留置A・B票）：ST 5 SSREL（生活満足度：配偶者との関係）や，家事頻度（留置A・B票）：FQ 7 CKDNR（夕食の用意：頻度（本人））FQ 7 WASH（洗濯：頻度（本人））FQ 7 SHOP（買い物：頻度（本人））FQ 7 CLEAN（家の掃除：頻度（本人））FQ 7 GARB（ゴミ出し：頻度（本人））等の相関分析を行うと，性役割態度と関連する変数が明らかになるだろう。

レポート執筆に向けたアウトライン

問　題

1. 日本におけるジェンダー不平等の現状
2. 性役割態度の関連要因
3. 本研究の目的
4. 本研究の仮説（p. 180 参照）

方　法

日本版 General Social Surveys（JGSS）–2010 データの二次分析を行った。

データ　JGSS–2010【寄託者】大阪商業大学【調査対象】2009 年 12 月 31 日時点で全国に居住する満 20–89 歳の男女個人【有効回答数】5,003（うち留置調査 A 票 2,507，B 票 2,496）人（回収率：留置調査 A 票 62.2，B 票 62.1%）【調査時点】2010 年 2－4 月【調査地域】全国【標本抽出法】層化 2 段無作為抽出【調査方法】調査員による面接と，留置による自記式を併用（SSJDA Direct, 2020）[2]。

データの概要を示す。

分析対象者の限定方法・人数を示す。

変数の詳細を示す。

分析対象者　配偶者に関する要因も含めて検証するため，結婚状況（面接票）：DOMARRY（結婚状況）に「1. 現在，配偶者がいる」と回答した者 3,626 名に限定して分析を行った。

変　数（「4. データ」参照）

結　果

分析対象者　分析対象者の性別は，男性 1,739／女性 1,887 名であった。

分析対象者について性別の人数を示す。

記述統計　各変数の平均値および標準偏差を表 3，就労の度数分布を表 4 に示す。

量的変数について平均値・標準偏差，質的変数について度数分布を示す。

対応のない t 検定　仮説 1 を検証するため，回答者本人の性別を独立変数，回答者本人の性役割態度を従属変数として，対応のない t 検定を行った。その結果，仮説どおり，回答者本人が男性より女性の方が，性役割態度が平等的であることが示された（$t(3583)=9.03$, $p<.001$）（表 3）。

表 3　平均値（標準偏差）

平均値（標準偏差）	全体	男性	女性
回答者本人の年齢	54.74 (14.49)	56.89 (14.74)	52.75 (13.98)
回答者本人の学歴	1.18 (0.66)	1.18 (0.70)	1.17 (0.62)
配偶者の年齢	55.05 (14.45)	54.40 (14.30)	55.64 (14.55)
配偶者の学歴	1.16 (0.66)	1.11 (0.63)	1.20 (0.67)
回答者本人の性役割態度	2.56 (0.90)	2.42 (0.88)	2.68 (0.91)

2 JGSS の調査概要〈https://jgss.daishodai.ac.jp/surveys/sur_jgss 2010. html〉参照（大阪商業大学 JGSS 研究センター，2021）

表4　就労の度数分布

	全体	男性	女性
回答者本人の就労：無職	1,376	501	875
回答者本人の就労：正規	1,195	882	313
回答者本人の就労：非正規	640	118	522
回答者本人の就労：その他	408	235	173
配偶者の就労：無職	1,433	956	477
配偶者の就労：正規	1,324	271	1,053
配偶者の就労：非正規	452	364	88
配偶者の就労：その他	410	144	266

表5　回答者本人および配偶者の年齢・学歴と回答者本人の性役割態度の関連

相関係数	1	2	3	4
1. 回答者本人の年齢				
2. 回答者本人の学歴	−.34**			
3. 配偶者の年齢	.95**	−.34**		
4. 配偶者の学歴	−.36**	.60**	−.34**	
5. 回答者本人の性役割態度	−.26**	.18**	−.23**	.17**

*p<.05, **p<.01, ***p<.001

表6　性別ごとの回答者本人および配偶者の年齢・学歴と回答者本人の性役割態度の関連
（左下：男性，右上：女性）

相関係数	1	2	3	4	5
1. 回答者本人の年齢		−.40**	.97**	−.30**	−.25**
2. 回答者本人の学歴	−.29**		−.39**	.60**	.21**
3. 配偶者の年齢	.97**	−.30**		−.29**	−.26**
4. 配偶者の学歴	−.40**	.61**	−.40**		.17**
5. 回答者本人の性役割態度	−.23**	.17**	−.22**	.16**	

*p<.05, **p<.01, ***p<.001

相関分析　仮説2，3を検証するため，回答者本人および配偶者の年齢・学歴，回答者本人の性役割態度について相関分析を行った結果を表5，性別ごとの結果を表6に示す。

相関分析の結果を表で示し，表から読み取れることを文章で示す。

仮説どおり，回答者本人および配偶者の年齢が低いほど，回答者本人および配偶者の学歴が高いほど，回答者本人の性役割態度が平等的であることが，回答者の性別にかかわらず，明らかとなった。

分散分析　仮説4を検証するため，回答者本人の就労（参加者間）を独立変数，回答者本人の性役割態度を従属変数とする分散分析と，配偶者の就労（参加者間）を独立変数，回答者本人の性役割態度を従属変数とする分散分析を行った。

分散分析の結果を表で示し，表から読み取れることを文章で示す。

回答者本人および配偶者の就労と回答者本人の性役割態度の関連を表7に示す。

回答者本人の就労について，無職・その他より非正規・正規の方が（$F(3,\ 3574)=57.08,\ p<.001$），配偶者の就労について，無職よりその他・非正規，その他・非正規より正規の方が（$F(3,\ 3574)=81.91,\ p<.001$），回答者本人の性役割態度が平等的であることが示された。

それぞれ，性別ごとにも分散分析を行った結果，男性回答者においては，回答者本人（夫）が，その他・無職より非正規・正規の方が（$F(3,\ 1712)=25.62,\ p<.001$），配偶者（妻）が，無職・その他・非正規より正規の方が（$F(3,\ 1711)=33.85,\ p<.001$），回答者本人（夫）の性役割態度が平等的であることが示された。

女性回答者においては，回答者本人（妻）が，無職よりその他，その他より非正規，非正規より正規の方が（$F(3, 1858)=55.32$, $p<.001$），配偶者（夫）が，無職より非正規・その他・正規の方が，その他より正規の方が（$F(3, 1859)=26.10$, $p<.001$），回答者本人（妻）の性役割態度が平等的であることが示された。

したがって，夫も妻も，本人および配偶者が正規就労の方が，性役割態度が平等的であることが明らかとなった。

表7　回答者本人および配偶者の就労と回答者本人の性役割態度の関連

平均値（標準誤差）	全体	男性	女性
回答者本人の就労：無職	2.38 (0.05)	2.40 (0.08)	2.44 (0.04)
回答者本人の就労：正規	2.79 (0.05)	2.65 (0.05)	3.03 (0.10)
回答者本人の就労：非正規	2.66 (0.06)	2.60 (0.11)	2.79 (0.06)
回答者本人の就労：その他	2.40 (0.08)	2.25 (0.06)	2.62 (0.14)
配偶者の就労：無職	2.36 (0.04)	2.22 (0.04)	2.57 (0.08)
配偶者の就労：正規	2.71 (0.05)	2.69 (0.08)	2.83 (0.04)
配偶者の就労：非正規	2.56 (0.08)	2.46 (0.07)	2.74 (0.16)
配偶者の就労：その他	2.61 (0.07)	2.53 (0.12)	2.74 (0.06)

考　察

・目的および，仮説の支持・不支持について簡潔に述べる。
・仮説が支持されなかった理由を考えて述べる。
・結果の意味および，研究の意義について述べる。
・研究の問題点・改善点について述べる。
・今後の研究の方向性を考えて述べる。
・研究が社会に与える示唆を考えて述べる。

引用文献

・本文中で言及した文献をリストにして掲載する。詳細は，第2章5節「5. 引用・引用文献表の書き方」(p. 27) を参照のこと。

まとめ

本章は，日本における男女格差の現状を踏まえたうえで，性役割態度に着目し，その関連要因を検討しました。性役割態度に関する多くの先行研究を概観した2つの展望論文（東・鈴木, 1991；鈴木, 2017）に基づき，関連要因として，回答者本人の性別・年齢・学歴・就労を取り上げるとともに，夫婦間の影響も考慮する必要性（鈴木，1999）を鑑み，配偶者の年齢・学歴・就労についても検証を試みました。

具体的にはJGSS-2010データを二次分析し，結果は「回答者本人が男性より女性の方が，回答者本人および配偶者の年齢が低いほど，回答者本人および配偶者の学歴が高いほど，妻が正規就労の方が，回答者本人の性役割態度は平等的である」という仮説を支持するものでした。仮説では想定していなかった，夫の就労と回答者本人および配偶者の性役割態度の関連については，今後，他のデータを二次分析したり，新たにデータを取得したりして，さらに知見を積み重ねていく必要があるでしょう。

先行研究による確かな知見を礎として，新たな検証に挑戦することで，少しずつでも新たな知見を積み重ねていくことができます。次の誰かの研究の礎となるような知見を提供できるよう，一緒に努力していきましょう。

■ 引用文献

東 清和・鈴木 淳子（1991）．性役割態度研究の展望　心理学研究，*62*，270–276.

大阪商業大学 JGSS 研究センター（2021）．JGSS の調査概要
Retrieved from〈https ://jgss.daishodai.ac.jp/surveys/sur_jgss 2010. html〉(2021 年 5 月 11 日閲覧)

大阪商業大学 JGSS 研究センター（2022）．JGSSDDS の利用方法
Retrieved from〈https : //jgss.daishodai.ac.jp/jgssdds/jgssdds_guide.html〉(2023 年 5 月 30 日閲覧)

佐々木 尚之（2012）．JGSS 累積データ 2000–2010 にみる日本人の性別役割分業意識の趨勢：Age-Period-Cohort Analysis の適用　日本版総合的社会調査共同研究拠点　研究論文集，*12*，69–80.

清水 裕士（2016）．フリーの統計分析ソフト HAD：機能の紹介と統計学習・教育，研究実践における利用方法の提案　メディア・情報・コミュニケーション研究，*1*，59–73.

鈴木 淳子（1999）．高学歴夫婦における性役割態度の関係：就労とのかかわりに関する社会心理学的考察　理論と方法，*14*，35–50.

鈴木 淳子（2017）．ジェンダー役割不平等のメカニズム：職場と家庭　心理学評論，*60*，62–80.

World Economic Forum.(2020). Global Gender Gap Report.
Retrieved from〈http://www 3.weforum.org/docs/WEF_GGGR_2020.pdf〉(2020 年 9 月 30 日閲覧)

■ 参考図書

木村 涼子・伊田 久美子・熊安 貴美江（編著）(2013)．よくわかるジェンダー・スタディーズ：人文社会科学から自然科学まで　ミネルヴァ書房

■ 謝　辞

二次分析にあたり，東京大学社会科学研究所附属社会調査・データアーカイブ研究センター SSJ データアーカイブから「JGSS–2010（大阪商業大学)」の個票データの提供を受けました。

コラム　重回帰分析による検討について

大髙瑞郁・古谷嘉一郎

回帰分析とは，変数の関連を検証する分析の1つです。従属変数（目的変数，基準変数）は1つのみで，独立変数（説明変数）も1つの場合，単回帰分析，独立変数が2つ以上の場合，重回帰分析と言います。重回帰分析を行った場合，少なくとも決定係数 R^2 と標準偏回帰係数 β を報告しましょう。重回帰分析を行うことで，独立変数間の関連を統制することができます。

決定係数 R^2 は，従属変数の散らばりを独立変数によってどれくらい予測できるかを表したものです。決定係数は0から1の値をとります。仮に決定係数が0のときは，独立変数で予測がまったくできていないことを示します。一方，決定係数が1のときは，独立変数のみで従属変数の予測が完全にできていることを意味します。なお，決定係数には，データ数 N に対して独立変数の数が大きいほど，過大に推定される傾向があり，これを修正したものを自由度調整済み決定係数と言います。なお決定係数のみでは，分析に用いた独立変数のいずれか，あるいはすべてが従属変数を予測しているかということしかわからず，「どの」独立変数が，従属変数を「どの程度」予測しているかはわかりません。そのため，以下で示す偏回帰係数にも注目します。

複数の独立変数によって従属変数を予測するときに，ある独立変数から他の独立変数との関連を除いた残差変数によって，従属変数を予測する回帰係数を偏回帰係数と言い，標準化された偏回帰係数が標準偏回帰係数 β です。

なお，独立変数間の相関が高すぎたり，独立変数の数が多すぎることで，偏回帰係数の推定量が不安定になってしまう問題を多重共線性と言います。多重共線性の目安となる *VIF* が 2 以上の場合，多重共線性を疑い，独立変数を削除したり，合成したりして対処しましょう。詳しく知りたい方は，清水（2017）や，神山（1997）等を確認するといいでしょう。

ここでは，二次分析／1（p. 179）のデータを用いて重回帰分析を行う例を示します。

独立変数の加工

回答者本人の就労：XJOB 1 WK（先週の就労経験）については，佐々木（2012）を参考に「8. 非該当」を参照カテゴリー「0. 無職」として，「1. 経営者・役員」「2. 常時雇用の一般従業者」を「1. 正規」とする FULL（正規就労）ダミー変数，「3. 臨時雇用（パート・アルバイト・内職）」「4. 派遣社員」を「1. 非正規」PART（非正規就労）ダミー変数，「5. 自営業主・自由業者」「6. 家族従業者」を「1. その他」とする OTHERS（その他就労）ダミー変数を作成する。表 1 にダミー変数の作成例を記載した。注目してほしい点として，参照カテゴリーである「8. 非該当」は，FULL，PART，OTHERS どれにおいても 0 となる。ここでは，このダミー変数を使って，非該当，つまり無職を基準とした分析をする。つまり，無職と比べて正規就労の場合，非正規就労の場合，その他就労の場合だと性役割態度はどうであるかを分析することになる。

表 1　ダミー変数の作成例

TPJOB	FULL	PART	OTHERS
1	1	0	0
2	1	0	0
3	0	1	0
4	0	1	0
5	0	0	1
6	0	0	1
7	0	0	1
8	0	0	0

分　析

回答者本人の性別・年齢・学歴・就労，配偶者の学歴・就労を独立変数，回答者本人の性役割態度を従属変数として重回帰分析を行う（結果：表 2）。

まず，仮説を検証する前に，分析対象者の人数を度数分布で確認する。そして，量的変数である回答者本人の年齢・学歴，配偶者の学歴，回答者本人の性役割態度については，平均値と標準偏差を算出し，質的変数である回答者本人および配偶者の就労については度数分布を確認する。量的変数については，相関分析も行う。全体のデータ，男性だけのデータ，女性だけのデータ，それぞれで分析を行う。

つぎに，重回帰分析の統計的仮説検定を行う。第 1 に，分析に用いる独立変数が従属変数を説明しているかを確認し，第 2 に，独立変数のどれが従属変数と関連しているかを確認する。なお，以下では全体のデータについての分析について述べるが，男性，女性の分析も同様に行えばよい。

1. 独立変数が従属変数を予測しているか：決定係数（R^2）についての検定

①独立変数が目的変数を予測しているという対立仮説と，それを否定する帰無仮説を立てる。
- 対立仮説：独立変数が従属変数を予測している。
- 帰無仮説：独立変数が従属変数を予測していない。

②得られた結果が，帰無仮説が正しいという条件のもとで，めったに生じないか確認する。具体的には，決定係数についての有意性検定（*F* 検定）によって確認する。
- 表 2 の決定係数（R^2=.12）と，有意確率（$^{**}p<.01$）は，帰無仮説（：独立変数が従属変数を予測していない）が正しいと仮定したときに，この結果が偶然得られる確率は 1% 未満であることを示している。
- 心理学分野では一般的に，有意確率が 5% 未満の場合に帰無仮説を棄却するため，帰無仮説は棄却される。

③対立仮説が支持されたか示す。

表 2　回答者本人の性役割態度に対する重回帰分析の結果

従属変数：回答者本人の性役割態度（1. 伝統的－4. 平等的）			
	全体	男性	女性
N	3,543	1,700	1,843
独立変数		β	
回答者本人の性別（1. 男性／2. 女性）	.11**	−	−
回答者本人の年齢	−.08**	−.15**	−.14**
回答者本人の学歴	.09**	.09**	.09**
回答者本人の就労：正規（参照：無職）	.15**	.00	.21**
回答者本人の就労：非正規（参照：無職）	.10**	.04	.16**
回答者本人の就労：その他（参照：無職）	.00	−.10**	.06*
配偶者の学歴	.03	.03	.05
配偶者の就労：正規（参照：無職）	.13**	.19**	−.01
配偶者の就労：非正規（参照：無職）	.06**	.10**	.01
配偶者の就労：その他（参照：無職）	.08**	.11**	.00
R^2	.12**	.11**	.12**

*p<.05, **p<.01

・帰無仮説が棄却されたので，対立仮説を支持し，2 に移る。
・仮に帰無仮説が支持された場合は，ここで分析は終わりとなる。

2. 独立変数のどれが従属変数を予測しているか：標準偏回帰係数（β）についての検定
①従属変数をある独立変数が予測しているという対立仮説と，それを否定する帰無仮説を，それぞれの独立変数と従属変数のペアについて立てる。
・対立仮説：ある独立変数が従属変数を予測している。
・帰無仮説：ある独立変数が従属変数を予測していない。
②得られた結果が，帰無仮説が正しいという条件のもとで，めったに生じないか確認する。
・例　表 2「全体」の「回答者本人の性別（1. 男性／2. 女性）」の横にある標準偏回帰係数（β＝.11）と，有意確率（**p<.01）に注目する。
・この結果は，「帰無仮説（：回答者本人の性別が回答者本人の性役割態度を予測していない）が正しいと仮定したときに，この結果が偶然得られる確率は 1% 未満である」ということを示している。
・心理学分野では一般的に，有意確率が 5% 未満の場合に帰無仮説を棄却するため，帰無仮説は棄却される。
③対立仮説が支持されたか示す。
・分析した結果，帰無仮説が棄却されたので，対立仮説を支持することとなる。つまり，「回答者本人の性別が回答者本人の性役割態度を予測している」こととなる。
・他の独立変数（回答者本人の年齢，学歴，就労，配偶者の学歴，就労）の予測についても，同様に仮説を検証する。

結果の記述例

仮説を検証するため，回答者本人の性別・年齢・学歴・就労，配偶者の学歴・就労を独立変数，回答者本人の性役割態度を従属変数として重回帰分析を行った結果を表 2 に示す。

仮説どおり，回答者本人が男性より女性の方が，回答者本人の年齢が低いほど，回答者本人の学歴が高いほど，妻が無職より有職の方が夫も妻も，性役割態度が平等的であることが明らかとなった。ただし，配偶者の学歴については，性役割態度と有意な関連は認められず，仮説は支持されなかった。さらに，夫の就労について，男性回答者においてのみ，無職よりその他（自営業主・自由業者や家族従業者）の方が，性役割態度が伝統的であることが示された。

参考文献

神山貴弥（1997）．データを処理するⅡ――多変量解析　岩淵千明（編）　あなたもできるデータの処理と解析（pp. 169–212）　福村出版
清水裕士・荘島宏二郎（2017）．社会心理学のための統計学　誠信書房

二次分析／2 地域データから犯罪発生を読む

古谷嘉一郎

はじめに

みなさんは，新聞などで，「日本で一番幸福なところはどこだ」といった見出しを見たことがあるでしょう。こういった日本規模の調査を行うことは，私たちにとって簡単ではありません。しかしながら，政府などが行うデータを活用することが可能です。ここでは，他の章と異なり，日本の統計が閲覧できる政府統計ポータルサイト e-Stat を用いて，都道府県別のデータをダウンロードして，実際に分析をしてみましょう。

社会関係資本とその効果

ここでは，社会関係資本論（Putnam, 2000／柴内訳, 2006）の議論をもとに，地域データを用いた検討をしてみましょう。パットナム（R. Putnam）はアメリカの州レベルのデータを用いて，社会関係資本が高い地域ほど殺人率が低いことを示しています。この社会関係資本とは社会的ネットワーク，およびそこから生じる互酬性と信頼性の規範と定義されており，ボランティア活動などがその指標として用いられています。

社会関係資本の豊かな地域ほど，その地域に住む人の健康水準や，児童福祉の指標であるキッズカウント指数[1]が高いことがわかっています。その理由として，社会関係資本の1つと考えられるインフォーマルな社会的ネットワーク（例：近所と子守をし合う，近所で他の子どもたちと遊ぶのを許す）などのゆるやかなつながりによる助け合いの効果が考えられています。また，社会関係資本が豊かな地域ほど犯罪発生が少ないことがわかっています。この理由も社会関係資本で説明ができます。たとえば，ボランティア活動が活発化することによって，地域社会におけるゆるやかなつながりが形成され，さらにはその地域への関心を高めることで，その地域での犯罪発生を抑制する可能性があります（浦・古谷, 2008）。

そこで本章では，e-Stat のデータを用い，社会関係資本が豊かな都道府県ほど犯罪発生が低いことを検討します。特にここでは，パットナムが指摘した「社会関係資本と犯罪」の関係について，犯罪認知件数をもとにした検討を行います。

---

1 キッズカウント指数〈https://www.aecf.org/work/kids-count〉とは，アメリカのアニー E. キャシー財団が毎年公表している指数である。パットナムは指数を構成する指標として，低出生体重児のパーセント，乳児死亡率（1000出生当たりの死亡数）等，10指標を挙げている（Putnam, 2000／柴内訳，2006）。

やってみよう実証研究

社会関係資本と犯罪発生の関連：都道府県データをもとにした検討

【研究のタイプ】二次分析（仮説検証型）
【実習人数】1 人以上
【独立変数】今回の研究では特に設定しない
【従属変数】今回の研究では特に設定しない
【統計的検定】相関分析

1. 概要と目的

日本の都道府県データを用いて，社会関係資本と犯罪発生の関連を明らかにする。この社会関係資本とは社会的ネットワーク，およびそこから生じる互酬性と信頼性の規範と定義されている。社会関係資本における社会的ネットワークは組織，学校，地域などさまざまなものが想定されており，地域の社会関係資本の指標として，ボランティア活動などが用いられている。パットナム（Putnam, 2000）は，アメリカの州レベルのデータを用いて，社会関係資本が高い地域ほど殺人率が低いことを示している。そこで，本実習では，日本でも同様の結果が認められるかについて，政府統計の総合窓口 e-Stat のデータを用いて検討する。

2. 仮　説

社会関係資本が多いほど，犯罪発生は少ないだろう。

3. 方　法

政府統計の総合窓口 e-Stat〈https://www.e-stat.go.jp/〉にアクセスし，データを取得する。

e-Stat のトップページ（図 1 左側）「統計データを活用する」の，「地域」をクリックすると「都道府県・市町村のすがた」（図 1 右側）に切り替わる。「都道府県データ」左横のラジオボタンにチェックを入れて「データ表示」をクリックする。

すると，「地域選択」画面に切り替わる（図 2）。まず，「1　絞り込み」の「地域区分」にて，「都道府県」を選択する。つぎに，「2　地域候補」にて，「00000_全国」以外のデータを選択中地域に投入し，「確定」をクリックする。なお，「全て選択　>」をクリックしたのち，「00000_全国」をクリックしたうえで，「<　地域を削除」をクリックすると「00000_全国」以外のデータが選択中地域に投入される（図 3）。

そして，「確定」をクリックすると，「表示項目選択」場面に切り替わる（図 4）。まず，ここでは，ボランティア活動率を取得する。「1　絞り込み」にて，「データ種別」で「基礎データ」を選択し，「分野」にて，「G 文化・スポーツ」を選び，「2　項目候補」にて，「G 6417 ボランティア活動行動者率（10 歳以上）（%）」を選択し，「項目を選択」をクリックする。つぎに「1　絞り込み」に戻り，「分野」にて，「K 安全」を選び，「2　項目候補」にて，「K 4201 刑法犯認知件数（件）」と「K 420101 凶悪犯認知件数（件）」を選ぶ。そして，「項目を選択」をクリックする。刑法犯認知件数は，「刑法」に規定する犯罪について，被害の届出，告訴，告発その他により，警察が事件として取り扱った件数のことを指す。また，凶悪犯認知件数は，刑法犯認知件数の中でも，殺人などの凶悪な犯罪のものだけを抽出したものである。最後に，「1 絞り込み」に戻り，「分野」にて，「A 人口・世帯」を選び，「2　項目候補」にて，「A

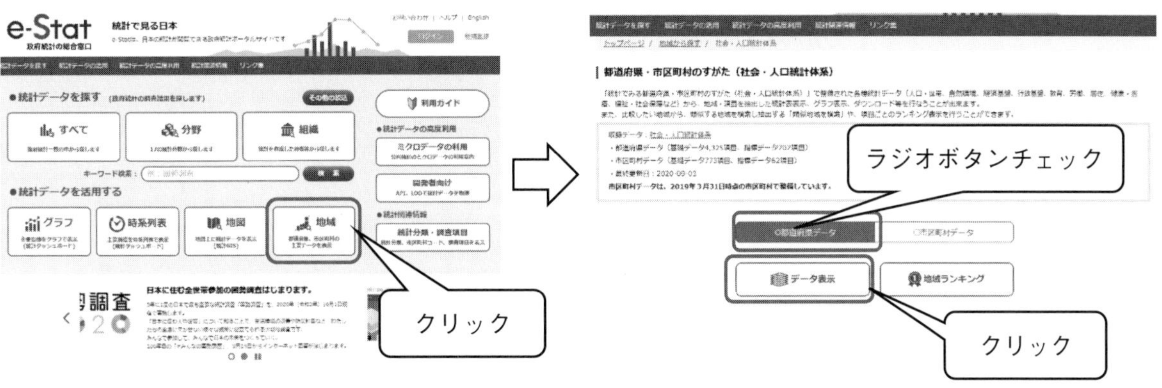

トップページ　　　　都道府県・市区町村のすがた

図１　政府統計の総合窓口 e-Stat

図２　地域選択画面

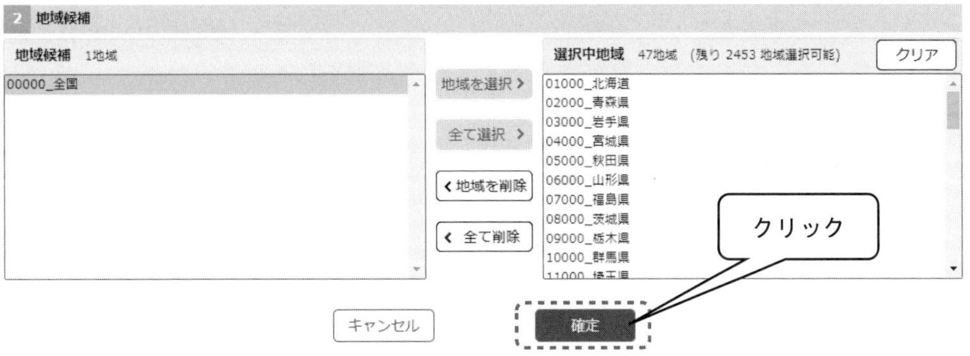

図３　「00000_全国」以外のデータが選択中地域に投入された状態

図 4　表示項目選択画面

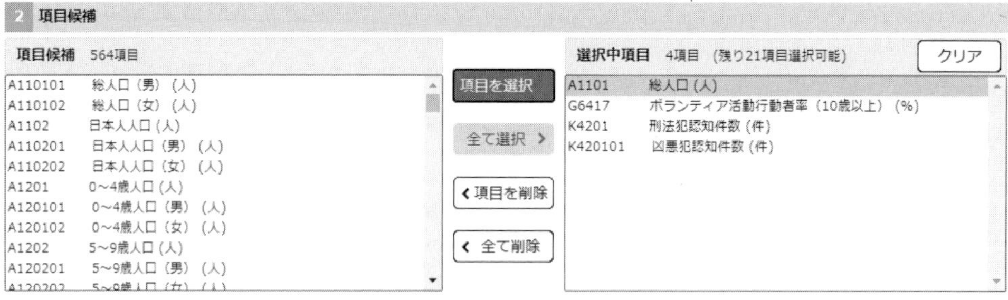

図 5　分析に用いるデータを選択した画面

図 6　2018 年度のデータ（A 1101 の総人口（人）のみ）

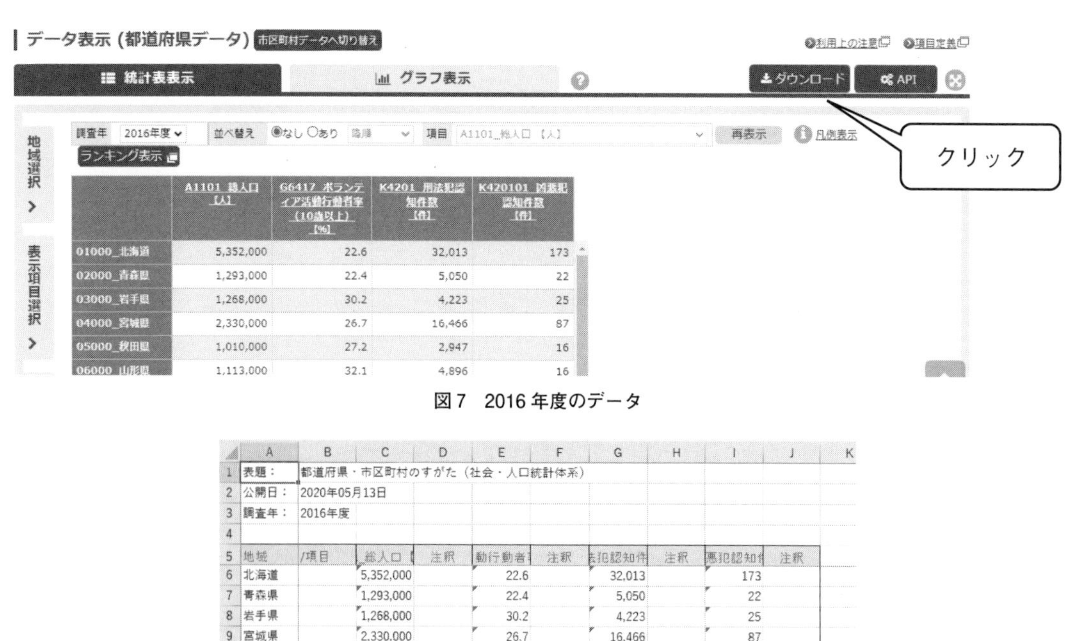

	A1101_総人口【人】	G6417_ボランティア活動行動者率（10歳以上）【%】	K4201_刑法犯認知件数【件】	K420101_凶悪犯認知件数【件】
01000_北海道	5,352,000	22.6	32,013	173
02000_青森県	1,293,000	22.4	5,050	22
03000_岩手県	1,268,000	30.2	4,223	25
04000_宮城県	2,330,000	26.7	16,466	87
05000_秋田県	1,010,000	27.2	2,947	16
06000_山形県	1,113,000	32.1	4,896	16

図 7　2016 年度のデータ

	A	B	C	D	E	F	G	H	I	J
1	表題：	都道府県・市区町村のすがた（社会・人口統計体系）								
2	公開日：	2020年05月13日								
3	調査年：	2016年度								
4										
5	地域	/項目	_総人口	注釈	動行動者	注釈	去犯認知件	注釈	悪犯認知件	注釈
6	北海道		5,352,000		22.6		32,013		173	
7	青森県		1,293,000		22.4		5,050		22	
8	岩手県		1,268,000		30.2		4,223		25	
9	宮城県		2,330,000		26.7		16,466		87	
10	秋田県		1,010,000		27.2		2,947		16	
11	山形県		1,113,000		32.1		4,896		16	
12	福島県		1,901,000		28.1		11,575		52	
13	茨城県		2,905,000		26.2		26,607		114	
14	栃木県		1,966,000		26.2		13,253		55	
15	群馬県		1,967,000		28.3		14,006		65	
16	埼玉県		7,289,000		24.2		69,456		371	
17	千葉県		6,236,000		25.2		57,277		285	
18	東京都		13,624,000		21.6		134,619		696	

図 8　ダウンロードしたデータ

1101 総人口（人）」を選んだ後，「項目を選択」をクリックする。以上の結果を示したものが図 5 である。

そして，確定をクリックしてみると，A 1101 の総人口（人）のデータしか示されない（図 6）。その理由は，年度で，調査をしていない，もしくは集計されないデータが存在するからである。

そこで，調査年を「2016 年度」に変更し，右にある「再表示」をクリックすると，図 7 のように，4 つの指標が示される。つまり，現時点において，2016 年度はこれら 4 つの指標が調査され，集計されている。

あとは，このデータをダウンロードして用いる。ダウンロード範囲は「ページ上部の選択項目（調査年）」，ファイル形式は「XLSX」，コードの出力は「出力しない」とする。なお，ヘッダの出力は，ファイルの形式が「XLSX」の場合，無効化されるため，無視してよい。

ダウンロードしたデータを Excel で開いてみる。データの一部を図 8 に示した。

このデータについて，余分な行と列を削除する。まず，1～4 行目までのデータを削除してつめる。さらに，数値の入っていないデータの箇所を削除してつめる（図 8 内，B 列，D 列，F 列，H 列，J 列）。さらに，49 行以降にある余分な文字や記号を削除する。削除済みのデータを図 9 に示す。

次に認知件数については，人口の影響を受けている，つまり人口が多いほど認知件数も多いため，認知件数を総人口で割った値を算出する。たとえば，Excel であれば，北海道の値は，セル F 2 に＝D 2/B 2，セル G 2 に＝E 2/B 2 と入力する。するとセル F 2 に都道府県人口あた

	A	B	C	D	E	F	G	H
1	地域	総人口【	動行動者	法犯認知件	悪犯認知件数【件】			
2	北海道	5,352,000	22.6	32,013	173			
3	青森県	1,293,000	22.4	5,050	22			
4	岩手県	1,268,000	30.2	4,223	25			
5	宮城県	2,330,000	26.7	16,466	87			
6	秋田県	1,010,000	27.2	2,947	16			
7	山形県	1,113,000	32.1	4,896	16			
8	福島県	1,901,000	28.1	11,575	52			
9	茨城県	2,905,000	26.2	26,607	114			
10	栃木県	1,966,000	26.2	13,253	55			
11	群馬県	1,967,000	28.3	14,006	65			
12	埼玉県	7,289,000	24.2	69,456	371			
13	千葉県	6,236,000	25.2	57,277	285			
14	東京都	13,624,000	21.6	134,619	696			

図 9　余分な情報を削除したデータ

	A	B	C	D	E	F
1	地域	総人口【	動行動者	法犯認知件	悪犯認知件数【件】	
2	北海道	5,352,000	22.6	32,013	173	0.005982
3	青森県	1,293,000	22.4	5,050	22	
4	岩手県	1,268,000	30.2	4,223	25	
5	宮城県	2,330,000	26.7	16,466	87	
6	秋田県	1,010,000	27.2	2,947	16	
7	山形県	1,113,000	32.1	4,896	16	
8	福島県	1,901,000	28.1	11,575	52	
9	茨城県	2,905,000	26.2	26,607	114	
10	栃木県	1,966,000	26.2	13,253	55	
11	群馬県	1,967,000	28.3	14,006	65	
12	埼玉県	7,289,000	24.2	69,456	371	
13	千葉県	6,236,000	25.2	57,277	285	
14	東京都	13,624,000	21.6	134,619	696	

図 10　北海道における犯罪認知件数を人口で割ったデータ

りの刑法犯認知件数，つまり刑法犯認知件数を人口で割った値が，セルＧ2に都道府県人口あたりの凶悪犯認知件数，つまり凶悪犯認知件数を人口で割った値が示される（図10）。これを残りのセルについても行うことで，計算結果が示される。

4. 仮説の検証（データ分析）

ボランティア活動行動者率と都道府県人口あたりの刑法犯認知件数，ボランティア活動行動者率と都道府県人口あたりの凶悪犯認知件数の相関分析を行う。

「ボランティア活動行動者率が高いと都道府県の人口あたりの刑法犯認知件数が低い」といったような，2つの変数の間に関係があるかどうかを分析する方法が相関分析である。詳細については，質問紙調査法1を確認してもらいたい。

①調査データ（デモデータ）を用いて相関係数 r を算出する。計算すると $r=-.49$ である。
②無相関検定を行う。

統計的仮説検定の流れに沿って，分析を進める。「ボランティア活動行動者率と都道府県の人口あたりの刑法犯認知件数には相関がある」という実際に調べたい仮説（対立仮説）と，それを否定する意味になるボランティア活動行動者率と都道府県の人口あたりの刑法犯認知件数には相関がない」という仮説（帰無仮説）を立てる。

◇　対立仮説：ボランティア活動行動者率と都道府県の人口あたりの刑法犯認知件数にには相関があるだろう
◇　帰無仮説：ボランティア活動行動者率と都道府県の人口あたりの刑法犯認知件数に

は相関がないだろう

◇　調査データから得られた結果が，帰無仮説が正しいという前提の下ではめったに起こらないようなものであるかを確認する。

➤　無相関検定の際には，t 値（t 検定で用いた t 値とは計算方法が違う）を用いる。

$$t=\frac{r\sqrt{\text{データの数}-2}}{\sqrt{1-r^2}}$$

➤　さらに，臨界値を確認するための自由度も必要である。自由度は以下の式に従う。

自由度＝データの数－2

➤　データの数は47，相関係数は $r=-.49$ であることから，自由度は45，算出された t 値は－3.77である。自由度46の場合，t 値の臨界値は5% 水準では「2.014」，1% 水準では「2.690」となる。算出された t 値の絶対値と臨界値を比較すると，算出された t 値の方が大きい。したがって，1% 水準で有意であると判断できる。なお，レポート等で結果を報告する際は，「r（自由度）相関係数，有意確率の記述」とする。具体的には（r（45）＝－.49, $p<.01$）となる。

③実際に調べたい結果（対立仮説）が支持されたかどうかを示す。

この結果は，「帰無仮説が正しい，つまり，ボランティア活動行動者率と都道府県の人口あたりの刑法犯認知件数には相関がないと仮定したとき，今回得られたような相関（$r=-.49$）が偶然得られる確率が1% 以下である」ということを示している。よって，帰無仮説は棄却され，対立仮説を支持することになった。

なお，都道府県人口あたりの凶悪犯件数についても，同様に確認をしてもらいたい。

ステップアップ！追加分析

今回示した以外にも，ボランティア活動行動者率にはさまざまなデータ（例：まちづくりのための…，安全な生活のための…など）がある。一口にボランティアと言っても，より地域安全等に関わるものの方が，相関が強いかもしれない。さらに，他の項目（例　人口当たりの警察官数，防犯ボランティア団体数，構成員数）と人口当たりの刑法犯認知件数の関連を確認することも意義がある。

また，都道府県別データだけでなく，市区町村データも存在するため，1つの都道府県に注目して関連性を検討することも興味深いだろう。

レポート執筆に向けたアウトライン

問　題

1. 社会関係資本の定義
2. 社会関係資本がもたらす効果
3. 本研究の目的：社会関係資本と犯罪発生の関連を明らかにする

方　法

政府統計の総合窓口 e-Stat〈https://www.e-stat.go.jp/〉にて，「統計で見る日本都道府県・市区町村のすがた（社会・人口統計体系）」で整備された各種統計データより，都道府県データについて，A 1101 総人口（人），G 6417 ボランティア活動行動者率（10歳以上）（%），K 4201 刑法犯認知件数（件），K 420101 凶悪犯認知件数（件）を用いた。なお，すべてのデータがそろっている 2016 年度のデータを用いた。

認知件数については，人口の影響を受けるため，それぞれの認知件数を総人口で除した値を計算し，人口当たりの刑法犯・凶悪犯認知件数を算出した。

結　果

統計量を記入する。

ボランティア活動行動者率と人口当たりの刑法犯認知係数の関係を明らかにするため，相関分析を行った。その結果，有意な中程度の負の相関（$r(45)=-.49$, $p<.01$）が認められた。また，ボランティア活動行動者率と人口当たりの凶悪犯認知係数についても相関分析を行った結果，有意な中程度の負の相関が認められた（$r(45)=-.49$, $p<.01$）。

考　察

・研究で得られた結果の意味，研究の意義について述べる。
・ボランティア活動行動者率と人口当たりの刑法犯・凶悪犯認知係数の相関分析の結果から，これらの変数間には相関関係があるのかどうかを明示し，社会関係資本と犯罪発生の関係性について，今回のデータから得られた事柄を述べる。
・研究の問題点，課題点について述べる（年度の問題，社会関係資本としてのボランティア活動行動者率の適切さ，社会関係資本として他の指標はどうかなど）。
・次のステップとしてどのようなものが考えられるか（例；犯罪発生以外ではどうかなど），またその研究ではどのような予測が可能であるかを述べる。

引用文献

・本文中で言及した文献をリストにして掲載する。詳細は，第2章5節「5. 引用・引用文献表の書き方」(p. 27) を参照のこと。

まとめ

本章では，e-Stat を用いて社会関係資本と犯罪発生の関連性を確認しました。都道府県や市区町村といった地域レベルでの大規模調査は簡単にはできません。しかしながら，e-Stat を用いることで地域レベルでの分析が可能になることがあります。なお，調べたい内容が e-Stat にないこともあります。そのため事前に e-Stat にある項目群の内容をよく確認する必要があります。

また，個人の価値観や行動といったものと地域の項目の関連を見たい場合もあると思います。その場合は，たとえば，二次分析 1 で用いた JGSS のデータについて，都道府県単位で平均値を求め e-Stat のデータと組み合わせて分析することが可能でしょう。

引用文献

Putnam, R. D. (2000). *Bowling alone: The collapse and revival of American community.* New York: Simon & Schuster.（柴内 康文（訳）(2006). 孤独なボウリング——米国コミュニティの崩壊と再生——　柏書房）

浦 光博・古谷 嘉一郎 (2008). ソーシャル・キャピタルが犯罪防止に及ぼす効果の検討　広島県警察・広島大学（編）「減らそう犯罪」共同研究の成果
Retrieved from 〈https://www.pref.hiroshima.lg.jp/uploaded/attachment/26316.pdf〉（2021年6月8日閲覧）

事項索引

人名索引

【編者】

古谷嘉一郎（ふるたに　かいちろう）　第 2.5(3)章, 第 3 章コラム, 第 5／1 章, 第 9／2 章, 第 9 章コラム（共著）
広島大学大学院生物圏科学研究科（2007 年）博士（学術）
関西大学総合情報学部教授
<読者へのメッセージ>
研究で実験や調査を行う際，様々な理由で，途方に暮れることがあると思います。僕も何度も何度も何度も途方に暮れました。そんなときは，「自分が調べたいことは何だったのか」をもう一度考えてみましょう。大丈夫，あなたならできるはず！

村山　綾（むらやま　あや）　第 1 章，第 2.5（1，2）章，第 4／1 章
大阪大学大学院人間科学研究科（2008 年）博士（人間科学）
近畿大学国際学部准教授
<読者へのメッセージ>
実証研究の醍醐味は，日常の「なぜ」からエッセンスを抽出し，相関関係や因果関係の文脈に落とし込んで研究計画を立てていくプロセスにあるのではないかと思っています。ぜひ具体と抽象を自在に往来できるスキルを身につけて下さい！

【執筆者】（執筆順）

冨永敦子（とみなが　あつこ）　第 2 章
早稲田大学大学院人間科学研究科（2012 年）博士（人間科学）
公立はこだて未来大学システム情報科学部教授
<読者へのメッセージ>
研究レポートを書くのは苦手ですか？　でも，それは書き方を教わっていないからです。書き方を知り練習すると，自分が伝えたいことを表現できるようになります。うまく表現できたときの爽快感は格別です。あなたも練習すればできるようになりますよ。

長岡千賀（ながおか　ちか）　第 2.5（4）章，第 6／1 章
大阪大学大学院人間科学研究科（2004 年）博士（人間科学）
追手門学院大学経営学部准教授
<読者へのメッセージ>
マーケティングの基礎である STP（順に，セグメンテーション，ターゲティング，ポジショニング）を自分の価値観や偏見だけでやってしまうと，大切なことを見逃すことがあります。そうしたとき，実証データを得て，それに基づいて考えることが，役に立ちますよ。

田中勝則（たなか　まさのり）　第 2.5（5）章，第 7／1 章
九州大学大学院人間環境学府（2015 年）博士（心理学）
北海学園大学経営学部准教授
<読者へのメッセージ>
初めての実証研究，一人で取り組むには辛く苦しいものかもしれません。そんな時は遠慮せずに指導教員やゼミ，研究室の仲間に助けてもらいましょう。産みの苦しみが緩和されるだけでなく，完成した際の喜びを共有してくれる人が増えていいことづくめです！

石盛真徳（いしもり　まさのり）　第 2.5（6）章，第 8／1 章
大阪大学大学院人間科学研究科（2009 年）博士（人間科学）
追手門学院大学経営学部教授
<読者へのメッセージ>
皆さんが心理学のみを専門とする学生とは異なる興味・関心をもっているのは強みといえます。是非ともそれらを生かしつつ，自由に研究テーマについての発想を広げ，どのように心理学的な実証研究を行うのか，いろいろと工夫してください。期待しています。

大髙瑞郁（おおたか　みずか）　第 2.5（7）章，第 9／1 章，第 9 章コラム（共著）
東京大学大学院人文社会系研究科（2013 年）博士（社会心理学）
東洋大学社会学部准教授

＜読者へのメッセージ＞
これまで，実際に確かめてみないとわからないことがたくさんありました。仮説が支持されないと，正直困ります。でも面白い！なんでなんで？の積み重ねが，次の研究につながると信じています。お互い，好奇心を大事に大切に！

鈴木公啓（すずき　ともひろ）　第3章
東洋大学大学院社会学研究科（2008年）博士（社会学）
東京未来大学こども心理学部准教授
＜読者へのメッセージ＞
人の行動をはじめ，様々な事柄や事象は数値に置き換えることが可能です。その数値を使って，いろいろな状態や関連性について把握することが可能になります。統計法はその際の便利な道具です。苦手な人もいるかもしれませんが，慣れると心強い味方になると思います。

杉浦仁美（すぎうら　ひとみ）　第4／2章
広島大学大学院総合科学研究科（2014年）博士（学術）
近畿大学経営学部講師
＜読者へのメッセージ＞
まずは，色々な心理学研究に触れてみることをお勧めします。テーマの多彩さに驚くはずです。次は，身近な疑問に目を向けて「実証するには，どうしたらいい？」と考えてみてください。そのアイデアを心理学者に話せば…，きっと「面白そう」と食いついてくれますよ！

花井友美（はない　ともみ）　第5／2章
千葉大学大学院自然科学研究科（2009年）博士（学術）
帝京大学経済学部観光経営学科准教授
＜読者へのメッセージ＞
本書を手に取ってくださった読者の皆さんの多くは，こういう実証研究をしてみたい！という期待とできるだろうか…という不安で胸がいっぱいなことでしょう。恐れず，本書を片手に第一歩を踏み出してください！　その先にはわくわくする実証研究の世界が広がっています！

進藤将敏（しんどう　まさとし）　第6／2章
東北大学大学院教育学研究科（2015年）博士（教育学）
北海学園大学経営学部准教授
＜読者へのメッセージ＞
研究では，手続きなどを失敗しないように念入りな準備が肝心ですが，それでも実際にやってみると想定外の失敗が多いです（子どもが対象だと特に）。でも，失敗の積み重ねこそが研究です。本書タイトルのように「やってみよう！」というノリを大切に。

前村奈央佳（まえむら　なおか）　第7／2章
関西学院大学大学院社会学研究科（2010年）博士（社会学）
神戸市外国語大学外国語学部准教授
＜読者へのメッセージ＞
その話，エヴィデンスは？科学的根拠は？といった指摘が，最近は日常的に聞かれるようになった気がします。この本を手に取って頂いた方々が，実証研究の手法を身に着けて，身近にある小さな疑問からも研究のタネをどんどん育ててくださいますように。

加藤潤三（かとう　じゅんぞう）　第8／2章
関西学院大学大学院社会学研究科（2009年）博士（社会学）
立命館大学産業社会学部准教授
＜読者へのメッセージ＞
研究では，きちんと測定し，分析し，書くことが求められます。「きちんと」するというと堅苦しく感じますが，多くの人に科学的に確からしいことを伝えるためには大切な手順になります。ただきちんとしてる限りにおいて，研究はテーマもやり方ももっと自由です。

やってみよう！ 実証研究入門
心理・行動データの収集・分析・レポート作成を楽しもう

2022年3月30日　初版第1刷発行
2023年6月30日　初版第2刷発行

定価はカヴァーに
表示してあります

編　者　古谷嘉一郎
　　　　村山　綾
発行者　中西　良
発行所　株式会社ナカニシヤ出版
〒606-8161　京都市左京区一乗寺木ノ本町15番地
Telephone　075-723-0111
Facsimile　075-723-0095
Website　http://www.nakanishiya.co.jp/
Email　iihon-ippai@nakanishiya.co.jp
郵便振替　01030-0-13128

装幀＝重実生哉／印刷・製本＝亜細亜印刷株式会社　Printed in Japan

ISBN 978-4-7795-1445-6　C 3011